JN060038

改訂版

同族会社のための

「合併・

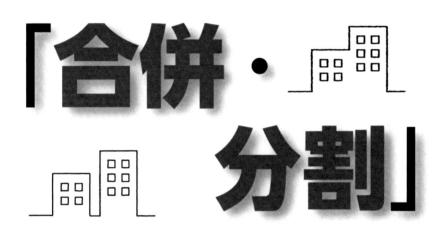

分割」

完全解説

EY新日本有限責任監査法人　公認会計士・税理士

太田　達也　著

税務研究会出版局

改訂にあたって

　本書の初版は平成29年7月に刊行され、合併・分割に関する実務について総合的に解説した書として、多くの読者にご愛読いただいた。今回は、次のいくつかの点について大幅な改訂を行った。

　第1に、その後の税制改正を踏まえて、最新の法令に基づいた加筆修正を行っている。特に、企業グループ内の適格組織再編成については、平成30年度税制改正により重要な改正が行われているが、もちろん織り込んでいる。

　第2に、事例を大幅に追加した。合併の事例を第4章に、分割の事例を第5章に追加している。

　第3に、令和元年12月11日付のTPR事件に係る東京高裁判決が世間に衝撃を与えたが、この判決の問題点について第4章に加筆している。

　第4に、わかりやすさを向上させるため、図表を各章に相当追加している。文章だけでなく、図表を併せて参照することにより、理解が進むことを意図している。

　第5に、分割型分割と分社型分割の区別、無対価合併が適格合併となるための要件、無対価分割が適格分割となるための要件の箇所はわかりにくいと思われる。大幅に加筆を行い、十分に理解できるように解説している。

　本書の内容は、合併・分割の税務・会計について、基本的事項から実務レベルの必要事項や留意事項までを一通りカバーしているものと思われる。会社実務担当者および税理士・会計士等の専門家に幅広くお薦めしたい。改訂後も、本書が引き続き多くの読者の方々にご愛読していただければ幸甚の限りである。

なお、本書の内容のうち意見にわたる部分には、筆者の個人的見解が含まれている。したがって、文責はすべて筆者にあることをお断りしておきたい。

　最後に、本書の企画・編集・校正にわたってご尽力をいただいた（株）税務研究会の長倉潤氏にこの場を借りて心から謝意を申し上げたい。

令和4年8月

公認会計士・税理士　太田達也

は じ め に

　本書は、同族会社における合併・分割の実務を総合的に解説する新刊書として刊行されるものです。

　会社や事業を整理・統合したり、不採算事業の整理を行ったりするうえで、合併および会社分割などの企業組織再編成の有効性が認識され、中小の同族会社においても活用例が増加する傾向が顕著です。同族一族が支配する法人同士の合併による統合、不採算事業を整理する会社分割、事業承継対策としての会社分割の事案など、様々な場面で活用されています。

　これらの活用にあたっては、その法務のポイントを押さえたうえで、特に税務上の取扱いについての総合的かつ横断的な理解・整理が重要です。税務上の取扱いとしては、適格判定を正しく行うことだけではなく、同族会社特有の問題、会計処理および税務処理、別表の記載方法、繰越欠損金の引継ぎ制限または使用制限の有無の判定など、専門的な観点からの十分な理解・整理が必要不可欠です。

　また、別表の記載を行うにあたっては、会計処理と税務処理との比較も必要になります。会計上の仕訳と税務上の仕訳をそれぞれ確認し、その差異については別表の調整が必要になります。

　本書の第1章においては、「合併・分割の法務」を取り上げています。合併および分割の手続の流れが整理できるようになっており、また、株主総会の決議を省略できる場合とできない場合をわかりやすくまとめています。さらに、合併比率および分割比率の算定方法、債務超過会社の合併および債務超過の事業の分割の取扱いなどを記述しています。

第2章では、「同族会社の合併・分割における適格判定」について詳しく記述しています。個人が株主である場合の適格判定の方法と留意点、無対価合併が適格合併になるための要件および無対価分割が適格分割となるための要件を詳細にまとめています。また、できる限り具体例を交えながら解説しました。

　第3章では、「企業組織再編税制の基本的な取扱い」を詳しく解説しました。企業組織再編成において課税が生じ得る3つの場面と課税が生じないための要件、適格合併に係る適格要件の内容と留意点、適格分割に係る適格要件の内容と留意点については、個々の適格要件の内容と留意点を詳しく解説しています。

　第4章では、「合併の処理」を解説しています。適格合併の税務処理、繰越欠損金の引継ぎ方法（別表の記載例を含む）、合併の会計処理、繰越欠損金の引継ぎ制限、使用制限等について、詳しく解説しています。また、章の最後に、同族会社間の合併の事例を取り上げ、具体的な仕訳、別表の記載方法についても解説しています。

　第5章では、「分割の処理」を解説しています。適格分割型分割および適格分社型分割の税務処理および会計処理、非適格分割型分割および非適格分社型分割の税務処理および会計処理をパターンごとにまとめています。また、章の最後に、同族会社の分割の事例を取り上げ、具体的な仕訳、別表の記載方法についても解説しています。

　第6章では、「合併、分割の税務処理（細目）」を解説しています。合併および分割ごとに、引当金・準備金、減価償却資産、圧縮記帳、一括償却資産、繰延消費税額等、繰延資産、確定申告書の添付書類、消費税・不動産取得税・登録免許税などの細目についてまとめています。

　第7章では、「持株会社化、M＆Aの活用」について解説しています。最近では、中小の優良会社において持株会社化を図る事例が徐々に

増加傾向にあります。株式の売買により事業の整理・統合がしやすいというメリットが大きいからであると考えられます。持株会社グループの中での組織再編成の実務処理、子法人の解散・清算の場面における実務処理や留意点、株式の譲渡（M＆A）の実務、営業権の評価方法、営業の許認可の承継の可否についてもまとめています。

第8章では、「合併か解散かの選択ポイント」について解説しています。会社を整理するときに、合併が有利になるケースと解散・清算が有利になるケースがそれぞれあります。「ケースごとの選択」の中では、同族会社において後継者がいない場合、不採算会社の整理、関係会社との間の貸付金・借入金がある場合など、ケースごとの事例やポイントをまとめています。

本書の記述にあたっては、平成29年度税制改正事項についても、政省令ベースの内容までをできる限り盛り込んでいます。同族会社における合併・分割の実務について、実務家の皆様のご参考となっていただければ幸いです。

なお、本書の内容のうち意見にわたる部分には、筆者の個人的見解が含まれています。したがって、文責はすべて筆者にあることをお断りしておきます。

最後に、本書の企画・編集・校正にあたっては、（株）税務研究会の堀直人氏にご尽力をいただきました。この場を借りて心から謝意を申し上げます。

平成29年6月

公認会計士・税理士　太田達也

目　次

第5章　分割の処理

第6章　合併、分割の税務処理（細目）

第7章　持株会社化、M & A の活用

第8章　合併か解散かの選択ポイント

第1章

合併・分割の法務

Ⅰ 合併

1. 合併の意義

　合併とは、2つ以上の会社が合併契約により1つの会社になることをいう。合併は、吸収合併と新設合併の2類型からなる。吸収合併とは、一方の当事会社が解散し、解散会社のあらゆる権利・義務が合併法人に包括的に承継される合併である。また、新設合併とは、既存の当事会社が解散し、解散会社のあらゆる権利・義務が新設会社に包括的に承継される合併である。

　合併の場合、資産・負債が個々の移転手続なしに包括的に承継されるという点がポイントである。事業譲渡のように個別の移転手続を必要としない[1]。そのため、万が一消滅会社に簿外負債があるときは、それも存続会社に承継されることになる。

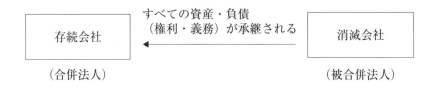

　なお、新設合併は、①証券取引所の上場資格等が新設会社には承継されず、再度取得し直す必要があること、②営業の許認可については設立前に申請できず、事業がスムーズに継続できない問題が生じ得ること、③新株発行手続、不動産の所有権移転の登記等の手続が、当事会社すべてについて求められるため、合併に必要な費用や事務作業量が増大すること、以上の理由からそれほど利用されていない。

1　不動産の移転については、第三者対抗要件を具備するために、所有権の移転に係る登記が必要になる。

同族会社における合併も吸収合併が中心であり、特に同一の同族株主グループが発行済株式等の過半数を保有している法人間の合併が多い。

2.　合併の手続

合併の手続は、次の流れによる。このなかで、株主総会の決議と債権者保護手続が重要な柱である。すなわち、株主の大多数の承認が得られること、債権者（特に銀行等の大口債権者）が異議の申述をしないこと、この2つが満たされることが必要である。

会社法上、合併の主な手続である株主総会の承認決議、債権者保護手続、反対株主の株式買取請求の手続などについて、それぞれ同時並行的に進めることもできる取扱いになっている。したがって、株主総会の承認決議の前に、債権者保護手続を先行して行うことも可能であるし、両者を同時並行的に進めることも可能である。

なお、会社法上、簡易合併または略式合併に該当する場合は、株主総会の決議を省略でき、取締役会の承認のみで機動的な対応が可能であるとされているが、同族会社においては、後で説明する簡易合併または略式合併の要件を満たせない場合も多く、株主総会の決議を行う場合が多いと考えられる。

＜合併の手続の流れ＞

（合併契約書の記載事項）

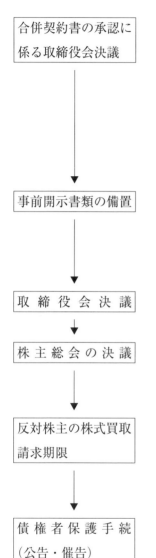

合併契約書の承認に係る取締役会決議	存続会社、消滅会社の商号および住所、消滅会社の株主が保有する株式に代えて交付する対価に関する事項、対価の割当てに関する事項（合併比率）、合併後の存続会社の資本金および準備金に関する事項、合併の効力発生日など
事前開示書類の備置	備置開始日から合併の効力発生日後6ヵ月を経過する日まで所定の書面もしくは電磁的記録を本社に備え置かなければならない。
取締役会決議	株主総会の招集の決定に係る決議を行う。
株主総会の決議	合併契約の承認に係る決議を行う。簡易合併または略式合併の場合は省略できる。
反対株主の株式買取請求期限	反対株主は、株式買取請求権を行使することができる（買取請求に係る株式の数を明らかにして）。
債権者保護手続（公告・催告）	公告および催告を行う。

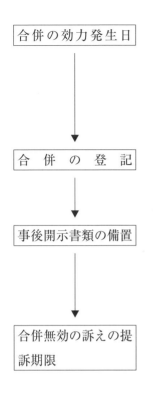

合併の効力発生日	合併の効力発生日は、吸収合併契約書に記載する事項であり、原則としてその日に効力が発生する（新設合併の場合は、設立の登記の日に効力が発生する）。
合併の登記	合併の効力発生日から2週間以内に登記を行う必要がある。
事後開示書類の備置	合併の効力発生日から6ヵ月間、所定の事項を記載した書面もしくは電磁的記録を本社に備え置かなければならない。
合併無効の訴えの提訴期限	合併無効の訴えは、合併の効力発生日から6ヵ月以内に訴えをもってのみ可。

(1)　取締役会決議

　合併契約を締結することは業務執行行為であるため、代表取締役が行うが、重要な業務執行行為に当たることから、それに先立って取締役会で決議することになる。また、取締役会において株主総会の日程も含めて、具体的なスケジュール等を検討することになる。

(2)　合併契約の締結

　合併契約は、株主総会における承認事項とされ、また、株主総会に先立って本店に備置きが必要な事前開示事項に含まれているため、手続のスタートとなる場合が少なくない。規模の大きい会社の合併の場合は、

合併契約に先立って覚書を取り交わす場合が多いが、同族会社の合併の場合は、直接合併契約を締結する場合も多いと思われる。

合併条件、存続会社・新設会社の組織・体制、合併手続の進行時期などを法定記載事項として記載する。

(3) 事前開示書類の本店への備置き

合併の各当事会社は一定期間にわたり、合併契約の内容など所定の事項を記載した書面（もしくは代替する電磁的記録）を本店に備え置かなければならない（会社法782条1項、794条1項）。備置開始日から合併の効力発生日後6ヵ月を経過する日まで、本店に備え置かなければならない。備置開始日とは、以下のうち最も早い日である。

> ・株主総会の2週間前の日
> ・反対株主に対する株式買取請求の通知の日または公告の日のいずれか早い日
> ・債権者保護手続に係る通知または公告の日のいずれか早い日

株主および債権者は、閲覧・謄写の請求をすることができる。株主にとっては株主総会において合併契約を承認するのかどうかなどの判断材料になるし、債権者にとっては合併に対して異議の申述をするのかどうかなどの判断材料になる。合併の効力発生日後6ヵ月を経過する日まで備置きが必要とされているのは、合併無効の訴えの提訴期限に合わせているためである。

株主だけでなく債権者のために行われる事項でもあるため、すべての株主の同意があったとしても、原則としてこの手続を省略することはできない点に留意する必要がある。

(4)　取締役会決議

　株主総会を開催するに先立って、取締役会による招集の決定に係る決議が必要である。株主総会の日時、場所、会議の目的事項を決議することになる。

　なお、株主全員の同意があるときは、原則として、招集の手続を経ることなく、株主総会を開催することができる（会社法300条）。

(5)　株主総会による承認決議

①　株主総会の決議要件

　会社が合併するには、各当事会社の株主総会の決議によって、合併契約の承認を受けなければならない（会社法783条）。ただし、存続会社については、簡易合併に該当する場合は省略できる。また、消滅会社については、簡易合併の規定は適用されないが、略式合併に該当する場合は省略できる。簡易合併と略式合併の内容については、次項で説明する。

　合併の決議については、原則として、特別決議が必要である（会社法309条2項12号）。特別決議とは、株主総会において議決権を行使することができる株主の議決権の過半数（3分の1以上の割合を定款で定めた場合は、その割合以上）を有する株主が出席し、出席した株主の議決権の3分の2（これを上回る割合を定款で定めた場合は、その割合）以上の賛成によって決議する方法である。

　例外として、消滅会社が公開会社（株式譲渡制限会社以外の会社）であり、その株主に対して譲渡制限株式を交付する合併については、消滅会社の株主総会において、議決権を行使することができる株主の半数以上（定款で加重されている場合は、加重された割合以上）であって、議決権を行使することができる株主の議決権の3分の2（これ

を上回る割合を定款で定めた場合は、その割合）以上の賛成によって決議することが必要である（会社法309条3項2号）。特殊決議といい、特別決議よりも重い要件が課される。

　合併に反対する株主は、会社に対して自己の有する株式を買い取ることを請求することができる（会社法785条1項、797条1項）。反対株主の株式買取請求権という。存続会社および消滅会社のそれぞれの株主に認められている。多数決原理によって合併を決定することから、合併に反対する株主に対して、投下資本を回収する手段を確保する趣旨である。

② 簡易合併および略式合併の内容

　簡易合併および略式合併のそれぞれの具体的要件は、次のとおりである。

簡易合併と略式合併の要件

	具体的な要件
簡易合併	消滅会社の株主に交付する財産の帳簿価額の総額が存続会社の純資産額に占める割合が20％以下である場合には、存続会社において株主総会の承認決議を省略できる（会社法784条2項）。（通常の存続会社株式を交付する合併の場合は、1株当たり純資産額×発行株式数が存続会社の純資産額に占める割合が20％以下の場合には、存続会社において株主総会の承認決議を省略できる。）ただし、①組織再編成によって合併差損が生じる場合、②存続会社が非公開会社（株式譲渡制限会社）であり、消滅会社の株主に対して、存続会社の譲渡制限株式が交付される場合には、株主総会決議を省略することができない（会社法796条2項ただし書）。
略式合併	吸収合併の当事会社の一方が、他方の総株主の議決権の90％以上を有するときは、①被支配会社が消滅会社になる場合、また

	は、被支配会社が存続会社になる場合のいずれであっても、被支配会社の株主総会決議を省略できる（会社法784条1項、796条1項）。 ただし、①被支配会社が消滅会社になる場合において、その会社が公開会社であって、かつ、その株主に譲渡制限株式が交付されるとき、または、②被支配会社が存続会社になる場合においては、その会社が非公開会社であって、かつ、消滅会社の株主に対して、存続会社の譲渡制限株式が交付されるときは、被支配会社における株主総会の決議を省略できない（会社法784条1項ただし書、796条1項ただし書）。

　上記の内容から、同族会社の合併の場合は、存続会社が非公開会社（株式譲渡制限会社）であり、消滅会社の株主に対して、存続会社の譲渡制限株式が交付される場合がほとんどであるため、簡易合併の要件を満たさない。存続会社において、株主総会決議をとるのが通常である。

(6)　反対株主の株式買取請求

　株主総会で合併に反対した株主や株主総会において議決権を行使することができない株主は、投下資本の回収を可能とするために、株式の買取請求をすることができる。そのため、各株主にその旨を通知または公告をする必要があり、合併の効力発生日の20日前までに行う必要がある。存続会社の株主および消滅会社の株主のそれぞれについて株式買取請求権が認められている。

　反対株主は、株式の買取請求をするためには、株主総会に先立って合併に反対する旨の通知をし、株主総会において反対の議決権行使をすることが必要である。合併の効力発生日の20日前から前日まで（新設合併等の場合には、通知・公告から20日以内）の間に株式買取請求をする必要がある。その場合、買取請求に係る株式の数を明らかにして行う必要

がある。

(7) 債権者保護手続

　合併については、存続会社および消滅会社それぞれの債権者にとって債権の引当てとなる会社財産の変動や債務者の変更を伴うことになるため、存続会社および消滅会社のそれぞれすべての債権者に対して債権者保護手続を行わなければならない。合併の効力発生日（新設合併では新設会社の成立の日）より前に、その債権者に対する保護手続を終了させなければならない（会社法789条）。

　存続会社および消滅会社は、それぞれの債権者に対して、①合併を行う旨、②合併の相手となる会社の商号および住所、③当事会社の計算書類に関する事項、④異議があれば一定の期間内[2]に異議を述べることができる旨を官報に公告し、かつ知れている債権者[3]に対して個別に催告を行う必要がある。公告は官報により、催告は知れている債権者に対して個別に通知する方法による。公告と催告は原則として両方とも行う必要がある。ただし、官報による公告に加えて、定款に定めた時事に関する事項を掲載する日刊新聞紙による公告または電子公告を併せて行う場合は、催告を省略することができる。

催告を省略できる場合

・官報による公告プラス日刊新聞紙による公告
・官報による公告プラス電子公告

　なお、知れている債権者が存在しない場合、催告を行うことはできな

2　1ヵ月を下回らない期間を会社が定める。通常は1ヵ月以内に異議を述べることができる旨を定める場合が多い。
3　知れている債権者とは、債権者を特定することができ、債権の発生原因がおおむね会社に判明している債権者をいう。

いが、その場合であっても公告を省略することはできない点に留意する必要がある。

　異議を述べた債権者に対しては、個別に弁済するか、または担保提供もしくは財産の信託（以下、「個別の弁済等」という）をする必要がある。通常は異議申述期間の満了をもって債権者保護手続は終了するが、異議の申述があった場合は、個別の弁済等が終わらない限り、債権者保護手続は終了しないものとされる。合併の効力発生日前に債権者保護手続が終了していることが必要であり、逆にいえば債権者保護手続が終了しない限り、合併の効力は生じないということになる。

　なお、合併により債権者を害するおそれがないときは、その個別の弁済等を行う必要はない（会社法789条5項ただし書き、799条5項ただし書き）。「債権者を害するおそれがないとき」とは、会社の資産、経営の状況、規模に照らして、債権額が少額である場合、債権の引当となる十分な担保がある場合などが該当すると考えられる。その場合は、合併の登記に際して、債権者を害するおそれがないことを証する書面を添付する必要があるが（商業登記法80条3号）、債権者を害するおそれがないと判断するケースはレアケースである。

　合併を行うにあたっては、事前に大口債権者に対する説明をし、同意をとっておくことが必要である。大口債権者が銀行である場合が多いと思われるが、銀行に対して合併の必要性・合理性を説明できるようにしておく必要がある。

　官報への掲載については、一定期間（通常2週間程度）をおいて予約する形をとる。債権者保護手続には、この期間と異議申述期間とを合わせて1ヵ月半程度の期間は必要であると考えられる。

　なお、公告、催告を省略した場合は、合併の無効原因になるため、債権者等の利害関係者が合併無効の訴えを提訴することができる。また、

変更登記の添付書類として、公告および催告をしたことを証する書面が必要であるため、変更登記に支障が生じるという問題も考えられる。

合併公告の記載例

```
　　　　　　　　　　　　　　　　　　　　　　　　　合併公告
　　　　　　　　　　　　　　　　　　　　　　　左記会社は合併して甲は乙の権利義務の全
　　　　　　　　　　　　　　　　　　　　　　部を承継して存続し、乙は解散することにい
　　　　　　　　　　　　　　　　　　　　　　たしました。
　　　　　　　　　　　　　　　　　　　　　効力発生日は令和〇年〇月〇日であり、両
　　　　　　　　　　　　　　　　　　　　社の株主総会の承認決議は令和〇年〇月〇日
　　　　　　　　　　　　　　　　　　　　に終了（または予定）しております。
　　　　　　　　　　　　　　　　　　　　この合併に対し異議のある債権者は、本公
　　　　　　　　　　　　　　　　　　　告掲載の翌日から一箇月以内にお申し出くだ
　　　　　　　　　　　　　　　　　　さい。
　　　　　　　　　　　　　　　　　　　なお、最終貸借対照表の要旨は次のとおり
　　　　　　　　　　　　令和〇年〇月〇日です。
　　　　　　　　東京都千代田区〇〇町〇丁目〇番〇号
　　　　東京都中央区〇〇町〇丁目〇番〇号
　　　　　　　　　　　　　　　（甲）〇〇株式会社
　　　　　　　　　　　　　　代表取締役　斎藤太郎
　　　　　　　（乙）〇〇株式会社
　代表取締役　鈴木一郎
```

上記の記載例において、「株主総会の承認決議は令和〇年〇月〇日に終了（または予定）しております。」と括弧書きを付している理由であるが、公告・催告は株主総会後に開始するのが通常ではあるが、株主総会の開催に先立って開始することも法的には可能であるためである。先立って開始しておけば、債権者保護手続をその分早く終了させることができる。また、日付は官報の掲載日である。掲載日の２週間程度前に官

報掲載を予約する形になるが、その時に掲載予定日を入れておくことになる。

(8)　消滅会社の権利・義務の存続会社への承継

　合併によって、消滅会社は解散・消滅し、消滅会社のすべての権利・義務が存続会社に包括的に承継される。この場合、消滅会社は、解散・清算手続なしに合併の効力発生日に解散・消滅する。消滅会社の株主が有していた消滅会社の株式は、合併をもって消滅するため、存続会社が消滅会社の株主に対して合併対価（通常は存続会社株式）を割り当てることになる。

　包括承継であるため、個々の権利義務の移転のための手続は必要なく、また、債務の引受けについて債権者の個別の同意を得る必要もない。

　また、消滅会社の権利義務の一部を承継しないということは認められない。消滅会社に偶発債務や簿外債務があったとしても、消滅会社が認識していたかどうかにかかわりなく、存続会社に承継されることとなる点に留意する必要がある。簿外債務の承継リスクを考慮すると、第三者をM＆Aで支配下に取り込む手段として合併を利用するケースは少なく、株式の取得の方法による場合が多い。

(9)　合併登記

　吸収合併をしたときには、効力発生日から2週間以内に、存続会社の本店所在地において、消滅会社につき解散の登記、存続会社につき変更の登記をしなければならない（会社法921条）。また、新設合併の際には、新設会社の設立の登記により成立する（会社法49条、922条）。

　会社法上、消滅会社の吸収合併による解散は、吸収合併の登記の後で

なければ、これをもって第三者に対抗することができない（会社法750条2項）。登記によって、合併による消滅会社の消滅の効果について第三者に対抗することができる。

⑽　事後開示書類の備置き

　合併の効力発生後、合併の当事会社の株主および債権者が合併無効の訴えを提起するかどうかを判断する材料として、存続会社は存続会社が承継した消滅会社の権利・義務その他一定の事項を記載した書面または電磁的記録を本店に備え置かなければならない（会社法801条1項、会社法施行規則200条）。合併無効の訴えの提訴が可能な期間に合わせて、合併の効力発生日から6ヵ月間の備置きが必要である。

　株主や債権者が閲覧・謄写請求をしたときは、それに応じなければならない[4]。

3.　合併比率の算定方法

　合併比率とは、合併の際、消滅会社の株主に対し、その持株に応じて交付する存続会社株式の割当比率のことをいう。

$$合併比率 \ = \ \frac{被合併法人の株式の1株当たりの評価額}{合併法人の株式の1株当たりの評価額}$$

　仮に、A社（存続会社）とB社（消滅会社）が、B社株式1株に対して、A社株式0.5株の合併比率で合併する場合、B社株式1株とA社株式0.5株が同じ価値ということになり、消滅会社B社株式を1株持って

4　ここでいう株主は存続会社の株主であり、消滅会社の株主であった者であっても、存続会社株式の割当てがされなかった者（存続会社株式以外の対価が交付されたり、無対価であったりするようなケース）は対象外である。

いる消滅会社の株主は、存続会社A社株式を0.5株交付されることになる。

　同族会社の合併の場合、株主が親族等であることが多いため、合併比率が適切でないと、親族等の間で利益移転（財産移転）が生じることになり、みなし贈与の認定がされる場合がある点に注意しなければならない。その点は、税務上の適格合併に該当するか非適格合併に該当するかは関係ない。

　例えば、消滅会社の株式1株に対して存続会社株式を0.5株割り当てるべきところ（1対0.5で価値が見合うところ）、存続会社株式を0.2株しか割り当てなかったとする。この場合は、消滅会社の株主の財産は減少し、存続会社の株主の財産はその分増加することになり、消滅会社の株主から存続会社の株主に対する贈与という実態になる。

　逆に、消滅会社の株式1株に対して存続会社株式を0.5株割り当てるべきところ（1対0.5で価値が見合うところ）、存続会社株式を0.8株割り当てたとする。この場合は、消滅会社の株主の財産は増加し、存続会社の株主の財産はその分減少することになり、存続会社の株主から消滅会社の株主に対する贈与という実態になる。

　合併比率を算定するにあたっては、消滅会社と存続会社のそれぞれの1株当たりの株式の時価の比率を算定する必要がある。株式の時価の算定方法には、いくつかの方法があるが、代表的なものとして次の方法が挙げられる。

① 　純資産評価法（時価純資産評価法）

② 　収益還元価値法

③ 　類似業種比準価額法

④ 　類似会社比準価額法

⑤ 　折衷法（複数の方法を折衷する方法）

　また、上記以外にも、上場会社等のように株式に市場価格がある場合は、その市場価格の比率に基づき評価する株価評価法がある。上場会社等の場合は、株価評価法を用いる場合が多い。

　ただし、絶対的なものがあるわけではなく、その合併ごとに適切と考えられる手法を適宜選択することになる。

　中小の同族会社の合併の場合、将来の収益予測は一般に困難であることが多いため、収益還元価値法を用いることは極めて少ない。時価純資産評価法が一般的に多く用いられている。評価方法に客観性が認められ、株主の理解を得やすいという点が考慮されているものと考えられる[5]。そのように対応すれば、みなし贈与の認定がされるおそれはないと考えられる。逆に、収益予測が困難である状況にもかかわらず、収益還元価値法を用いた場合、その理由が問われるし、合理的な説明が困難となることが考えられる。

　なお、規模の大きい合併の場合、合併比率の算定を第三者（税理士法人、コンサルティング会社等）に委託する場合が多い。

4.　債務超過会社の合併

　債務超過会社の合併は、会社法上、認められる。帳簿価額ベースで債

5　時価純資産評価法に類似業種比準価額法を加味する方法などが用いられている事例も一部みられる。

務超過である場合だけでなく、実質債務超過である場合も含まれると解されている。

　ただし、実質債務超過である消滅会社の株主に対して、資産価値のある存続会社の株式を割り当てる場合は、合併条件の不公正という理由により、存続会社における株主総会の決議が成立しなかったり、成立したとしても少なからずの反対株主からの株式買取請求権の行使がされたりすることが想定される。

　なお、同族会社の合併の場合、一方が資産超過会社であり他方が債務超過会社という関係で合併を行う場合も少なくない。このような場合に、債務超過会社の株主に対して資産超過会社の株式を割り当てると、株主間の不平等が生じるが、同族一族が支配している会社同士の合併の場合は、それでも株主総会の決議が成立してしまう可能性がある。会社法上は成立したとしても、税務上は株主間の財産移転が生じる結果になる場合に、みなし贈与の認定による贈与税課税のリスクが生じる点には十分な注意が必要である[6]。

5.　特例有限会社、持分会社の合併の可否

　会社は、他の会社と任意に合併することができる（会社法748条）。株式会社、合名会社、合資会社、合同会社の４種類の会社間で自由に合併することができる。会社法では持分会社と株式会社の合併を認めている（会社法748条）。吸収合併については、株式会社および持分会社[7]のいずれが存続会社となることもでき、また、新設合併についても、株式会社および持分会社のいずれが新設合併の設立会社となることもできる（会

6　当事会社の株主構成が同一で、かつ、各株主の持株割合が同一である場合は、株主間
　の財産移転は生ぜず、みなし贈与の問題は生じないと考えられる。
7　持分会社とは、合名会社、合資会社および合同会社をいう。

社法749条、751条、753条、755条）。

　一方、特例有限会社は存続会社となる合併をすることはできない点に留意する必要がある。特例有限会社のままでは存続会社にはなれないため（会社法の施行に伴う関係法律の整備等に関する法律37条）、有限会社から株式会社への組織変更を事前に、または並行して行うことで可能となる。合併登記の前日までに株式会社の登記が完了していれば、合併は可能であると解される。

　なお、持分会社が吸収合併、新設合併をするときは、存続会社（新設会社を含む）となる場合および消滅会社となる場合を問わず、定款に別段の定めがある場合を除いて、総社員の同意が必要であり、かつ、債権者保護手続を行う必要がある（会社法793条、802条、813条）。

Ⅱ　会社分割

1.　会社分割の意義

　会社分割とは、特定の事業を他の会社に承継させたり、新設会社に承継させることをいう。他の会社に承継させる会社分割を吸収分割といい、新設会社に承継させる会社分割を新設分割という。会社分割を用いることにより、不採算部門の分割および整理や事業部門の集約などが比較的簡単に行える。事業の整理・統合に有効性が高いと認識されており、最近では中小企業における事例も増加傾向にある。

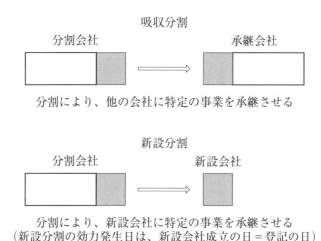

吸収分割

分割会社　　　　　　　　　　　　承継会社

分割により、他の会社に特定の事業を承継させる

新設分割

分割会社　　　　　　　　新設会社

分割により、新設会社に特定の事業を承継させる
（新設分割の効力発生日は、新設会社成立の日＝登記の日）

　会社法上、事業に関して有する権利義務の全部または一部の承継と規定されており（会社法 2 条29号、30号）、事業の移転だけでなく、単体の資産のみの移転も行うこともできる。ただし、実務上は事業の移転により行われる場合がほとんどである。

　税務上、分割の対価として交付される承継会社株式を分割会社に交付する分割を分社型分割といい、分割会社の株主に交付する分割を分割型

分割という。しかし、会社法上は、そのような類型はなく、税務上の分割型分割については、分割会社に交付された承継会社株式を同時に分割会社の株主に対して剰余金の配当（現物配当）として交付するという整理がされている。

　なぜそのように整理されているかであるが、会社法では対価の柔軟化、すなわち分割の対価を金銭で交付することも可能になったが、金銭交付型の分割を行い、金銭が分割会社の株主に交付される場合には、分割会社が資産等を売却して剰余金の配当を金銭により行うことと区別する理屈付けが困難であるからという理由である。ただし、分割における承継会社株式の現物配当については、吸収分割契約書（または新設分割計画書）への記載が要求され、かつ分割会社および承継会社の債権者の保護手続を必要とする一方において、剰余金の分配可能額の規制は受けない取扱いである点に留意する必要がある。規制の対象外とされている理由は、債権者保護手続により債権者の一定の保護が図られていると考えられるからである。

2.　会社分割の手続

　分割の手続は、次の流れによる。このなかで、株主総会の決議と債権者保護手続が重要な柱である。すなわち、株主の承認が得られること、債権者（特に銀行等の大口債権者）が異議の申述をしないこと、この2つが満たされることが必要である。

　会社法上、分割の主な手続である株主総会の承認決議、債権者保護手続、反対株主の株式買取請求の手続などについて、それぞれ同時並行的に進めることもできる取扱いになっている。したがって、株主総会の承認決議の前に、債権者保護手続を先行して行うことも可能であるし、両者を同時並行的に進めることも可能である。

　なお、会社法上、簡易分割または略式分割に該当する場合は、株主総会の決議を省略でき、取締役会の承認のみで機動的な対応が可能であるとされているが、同族会社においては、後で説明する簡易分割または略式分割の要件を満たさない場合も多く、株主総会の決議を行う場合が多いと考えられる。

＜会社分割の手続の流れ＞

| 分割契約書（分割計画書）の承認に係る取締役会決議 | ・分割契約書の記載事項（吸収分割の場合）分割会社および承継会社の商号・住所、分割会社が承継会社に承継させる権利・義務、承継会社が分割会社に交付する対価に関する事項、効力発生日など
・分割計画書の記載事項（新設分割の場合）新設会社の目的、商号、本店、発行可能株式総数その他の定款記載事項、組織体制に関する事項、承継する権利・義務、新設分割会社の株式の数、ならびに資本金および準備金の額、新設会社が分割会社に交付する対価など |

| 労働者との協議 | 会社分割に伴う労働契約の承継等に関する法律（通称、労働契約承継法）の規定に従う。 |
| 労働者（労働組合）に対する通知 | |

| 事前開示書類の備置 | 備置開始日から分割の効力発生日から6ヵ月を経過する日まで所定の書面もしくは電磁的記録を本店に備え置かなければならない。 |

| 株主総会の決議 | 簡易分割または略式分割の場合は省略できる。 |

反対株主の株式買取請求期限	通知または公告をした日から20日以内に買取請求権を行使することができる（買取請求に係る株式の数を明らかにして）。

↓

債権者保護手続（公告・催告）	債権者保護手続を省略できる場合がある。

↓

分割の効力発生日	・吸収分割の場合は、吸収分割契約で効力発生日と定めた日（ただし、債権者保護手続が終了していない場合は、効力は発生しない） ・新設分割の場合は、新設会社成立の日＝設立登記の日

↓

事後開示書類の備置	分割の効力発生後6ヵ月を経過する日まで、所定の事項を記載した書面もしくは電磁的記録を本社に備え置かなければならない。

↓

分割の登記	分割の効力発生日から2週間以内に登記を行う必要がある。

↓

分割無効の訴えの提訴期限	分割無効の訴えは、分割の効力発生日から6ヵ月以内に訴えをもってのみ可。

⑴　分割契約書（分割計画書）の承認に係る取締役会決議

　吸収分割の場合は分割契約書、新設分割の場合は分割計画書の作成が必要になる。

　吸収分割を行う場合は、分割会社と承継会社との間で吸収分割契約を締結する必要がある。分割契約の締結をすることは、業務執行行為であるため、代表取締役が行うが、重要な業務執行行為に当たることから、それに先立って取締役会で決議する。また、取締役会において株主総会の日程も含めて、具体的なスケジュール等を検討することになる。

　分割契約書の記載事項は、法定されている（会社法758条）。記載事項は、分割会社および承継会社の商号・住所、分割会社が承継会社に承継させる権利・義務（承継権利義務明細表）、承継会社が分割会社に交付する対価に関する事項、効力発生日などである。

　また、継続事業のみを新設会社に移転し、不採算事業を分割会社に残したうえで分割会社を解散・清算する手法を用いる場合は、新設分割を行うことになる。新設分割を行う場合には、分割計画書を作成する必要がある。分割会社となる会社が分割計画書を作成し、取締役会の承認決議を行うことになる。

　分割計画書の記載事項は、法定されている（会社法763条）。記載事項は、新設会社の目的、商号、本店、発行可能株式総数その他の定款記載事項、組織体制に関する事項、承継する権利・義務（承継権利義務明細表）、新設会社の株式の数、ならびに資本金および準備金の額、新設会社が分割会社に交付する対価などである。

⑵　労働者との協議および労働者に対する通知

　会社分割については、「会社分割に伴う労働契約の承継等に関する法律」（以下、「労働契約承継法」という）の規定に従う必要がある。以

下、労働契約承継法の取扱いに基づいて解説する。

① 労働者との協議

　　分割会社は、会社分割の効力発生日以後に労働者が勤務することとなる会社の概要、当該労働者が分割される事業に主として従事する労働者に該当するかどうかなどについて十分に説明をし、本人の希望を聴取したうえで、労働契約の承継の有無、承継される場合または承継されない場合それぞれにおける従事することが予定される業務の内容、就業場所などについて、労働者と協議しなければならない（平成12年商法等改正法附則5条）。

　　協議は、労働契約承継法が定める通知をすべき日までに十分な協議ができるように、スケジュールを考慮して開始する必要があると考えられる。

② 労働者に対する通知

　　分割会社は、会社分割に当たって、労働者（および労働組合がある場合は労働組合）に対して、当該会社分割に関する事項を通知しなければならない（労働契約承継法2条）。分割会社が通知しなければならない労働者（および労働組合）は、次のとおりである。
・承継される事業に主として従事する労働者
・上記以外の労働者であって、承継会社に承継させる労働者
・会社との間で労働協約を締結している労働組合

　　なお、中小企業の場合、労働組合を有する会社の数の割合は3％に満たないといわれている。その場合は、労働者に対する通知で足りる。

③　会社分割により承継される労働者

　会社分割により承継される事業に主として従事する労働者については、分割契約等に労働契約が承継される旨が定められれば、労働者本人の意思にかかわりなく会社法の原則どおり承継会社等に承継される（労働契約承継法3条）。

　「主として従事する労働者」とは何かであるが、基本的には、分割契約等を締結または作成する日において、承継される事業に専ら従事している労働者をいう。労働者が他の事業にも従事している場合には、それぞれの事業に従事する時間、果たしている役割などを総合的に判断して、「主として従事する労働者」に該当するかどうかかを決定することになる。なお、総務、人事、経理などのいわゆる間接部門に従事する労働者であって、承継される事業のために専ら従事している労働者は、「主として従事する労働者」に該当するものとして取り扱われる。

　会社法上、承継される事業にまったく従事していない労働者、または従として従事している労働者についても、分割契約等に定めることによって、労働契約を承継会社等に承継させることはできる。ただし、当該労働者は、承継される事業に主として従事する労働者に該当しないため、分割会社に異議の申出をすることができるものとされ、異議の申出をした場合は分割会社に残留することになる。

　承継される事業に主として従事する労働者を分割会社に残留させる場合、または承継される事業に主として従事する労働者以外の労働者を承継会社等に承継させる場合には、労働者は、異議を申し出ることができ、異議の申出をした場合、本人の意向に従って労働契約が承継され、または承継されないこととなる（労働契約承継法4条、5条）。

④　書面による通知（または異議申出）

　労働契約承継法上、分割会社による通知は、書面によることとされている。その様式としては、厚生労働省から労働者に対する通知の例（吸収分割の場合、新設分割の場合）、労働組合に対する通知の例（吸収分割の場合、新設分割の場合）が公表されている。

　労働者（および労働組合）に対する通知が書面によることとされているのは、個別の労働者に対して確実に到達する方法で提供するとともに、事後に紛争が生じて労働者の地位が不安定になることを防止する必要があるためであると考えられる。

　また、労働契約承継法上、労働者が異議申出をするときは、書面によることとされている。その様式も厚生労働省から公表されている。

　異議申出が書面によることとされているのは、労働者が異議を申し出た事実を分割会社に確実に到達させるともに、事後に紛争が生じて労働者の地位が不安定になることを防止する必要があるためであると考えられる。

(3)　事前開示書類の備置き

　備置開始日から分割の効力発生日（吸収分割の場合）または設立会社成立日（新設分割の場合）後6ヵ月を経過する日まで、分割契約書または分割計画書の内容その他法務省令で定める事項を記載し、または記録した書面または電磁的記録をその本店に備え置く必要がある（会社法782条1項2号、803条1項2号）。

　備置開始日とは、次に掲げる日のいずれか早い日をいう。

・株主総会の決議によってその承認を受けなければならないときは、

28

> 当該株主総会の日の 2 週間前の日
> ・反対株主に対する株式買取請求の通知の日または公告の日のいずれ
> 　か早い日
> ・債権者保護手続をしなければならないときは、公告の日または催告
> 　の日のいずれか早い日

　株主および債権者は、その営業時間内は、いつでも事前開示書類の閲覧請求または謄本または抄本の交付の請求をすることができる（会社法782条3項、803条3項）。

⑷　株主総会による承認決議

　効力発生日の前日までに、株主総会の決議によって、分割契約書または分割計画書の承認を受けなければならない（会社法783条1項、804条1項）。決議要件は特別決議である。ただし、簡易分割または略式分割に該当する場合は、株主総会の決議を省略することができる。

　①　簡易分割の内容

　　次のケースは、簡易分割として株主総会の決議を省略することができ、取締役会決議により実行できる。小規模な会社分割の場合は、株主に対する影響も軽微であると考えられるため、手続の負担を軽減する趣旨により、簡易分割制度が設けられている。

> ・分割会社の株主に交付する財産の帳簿価額の総額が承継会社の純資
> 　産額に占める割合が、20％以下の場合には、承継会社において株主
> 　総会の承認は不要（会社法796条3項）
> ・承継会社に承継させる資産の帳簿価額の総額が分割会社の総資産に
> 　占める割合が、20％以下の場合は、分割会社において株主総会の承

認は不要（会社法784条2項、805条）

　ただし、承継会社については、上記の要件を充たす場合であって
も、①分割差損が生じる場合、②承継会社が非公開会社（株式譲渡制
限会社）であって、分割会社の株主に対して、承継会社の譲渡制限株
式が交付される場合には、株主総会決議を省略することはできない
（会社法796条2項ただし書）。
　同族会社の分割の場合は、承継会社が非公開会社であり、分割会社
に対して、承継会社の譲渡制限株式が交付される場合がほとんどであ
るため、簡易分割の要件を満たさない。承継会社において、株主総会
決議をとるのが通常である。

② 略式分割の内容
　吸収分割の当事会社の一方が、他方の総株主の議決権の90％以上を
有する場合は、被支配会社が分割会社になる場合、または被支配会社
が承継会社になる場合のいずれについても、被支配会社の株主総会決
議を省略することができる。ただし、被支配会社が承継会社になる場
合、当該会社が非公開会社であり、分割会社に対して、承継会社の譲
渡制限株式が交付されるときは、被支配会社における株主総会の決議
を省略できない（会社法796条1項ただし書）。

(5)　反対株主の株式買取請求
　株主総会の決議に反対した株主は、分割の効力発生日の20日前から効
力発生日の前日まで株式の買取請求権を行使することができる（会社法
797条、806条）。会社分割により会社の財産の状態に重要な変動が生
じ、株主の利益に重大な影響を及ぼす可能性があるため、決議に反対し

た株主については、投下資本の回収の途を確保し、利益の保護を図る趣旨である。

　株式の買取請求権の行使を行うことができる株主は、次の要件を満たした株主である（会社法797条2項、806条2項）。

・株主総会に先立って決議に反対する旨を分割会社に対し通知し、かつ、当該株主総会において当該分割に反対した株主（当該株主総会において議決権を行使することができるものに限る）
・当該株主総会において議決権を行使することができない株主

　分割会社は、株主に対して、効力発生日の20日前までに（吸収分割の場合）、または株主総会の決議の日から2週間以内に（新設分割の場合）会社分割する旨ならびに相手方会社の商号および住所を通知しなければならない（会社法797条3項、806条3項）。

　反対株主が株式買取請求権を行使しようとする場合は、分割の効力発生日の20日前から効力発生日の前日までに（吸収分割の場合）、または株主に対する通知または公告をした日から20日以内（新設分割の場合）に行使する必要がある。行使できる期間が限定されている点に留意が必要である。

(6)　事後開示書類の備置き

　会社分割における分割会社および承継会社（新設会社を含む）は、会社分割の効力発生日後遅滞なく、効力発生日から6ヵ月間、会社分割に関する事項を記載した書面または電磁的記録をその本店に備えて、株主や債権者の閲覧の請求に応じなければならない（会社法791条、801条、811条、815条）。

(7)　債権者保護手続

① 　公告および催告

　　分割により財産の移転が生じ、分割の当事会社の財産の状態に重要な影響が生じ得る。債権者の有する債権の回収可能性に影響が生じることもあり得る。そこで、分割会社に対して債務の履行を請求することができなくなる債権者は、分割に対して異議を述べることができるとされている。分割会社に対して債務の履行を請求することができなくなる債権者とは、分割により承継会社に承継される債務に係る債権者である。

　　異議を述べることができる債権者が存在している場合には、会社は官報による公告に加えて、知れている債権者に対して個別の催告を行う必要がある。公告・催告には、債権者に対して、異議があるときは異議を申し述べることができる旨を記載することになる。1ヵ月を下回らない期間を異議申述期間として設定する必要がある。分割の場合は、異議を述べることができる債権者が限定されており、異議を述べることができる債権者が存在しない場合には、公告・催告を省略することができる。

② 　分割において異議を述べることができる債権者

　　会社分割において異議を述べることができる債権者は、次のとおりである。次のいずれかに該当しない債権者は、異議を述べることができない。

会社分割において異議を述べることができる債権者

① 　分割会社の債権者のうち、会社分割後において債務の履行を請求できなくなる債権者（会社法789条1項2号、810条1項2号）。す

なわち、分割により新設会社または承継会社に移転する債務に係る債権者である。ただし、新設会社または承継会社に承継された債務に係る債権者であっても、分割会社がその債務に対して連帯保証または重畳的債務引受を行う場合には、債権者は異議を述べることはできないとされている。

② 分割会社が分割の対価である新設会社株式または承継会社株式を株主に交付する場合の分割会社の債権者（会社法789条1項2号かっこ書、810条1項2号かっこ書）。（いわゆる分割型分割における分割会社の債権者）

③ 吸収分割の場合における承継会社の債権者（会社法799条1項2号）。

　債権者が異議の申述をした場合は、分割会社（または承継会社）は弁済、相当の財産の担保提供、または当該債権者に弁済を受けさせることを目的として信託会社等に相当の財産の信託をしなければならない。ただし、会社分割により当該債権者を害するおそれがないときは、その必要はない（会社法789条5項、810条5項）。「債権者を害するおそれがないとき」とは、会社の資産、経営の状況、規模に照らして、債権額が少額である場合、債権の引当となる十分な担保がある場合などが該当すると考えられる。債権者を害するおそれがないと判断するケースはレアケースである。

　異議申述期間内に、債権者が異議の申述をしなかったときは、分割について承認したものとみなされる。

③ 催告を省略することができる場合

　官報による公告のほかに、会社が定款の定めに従い、日刊新聞紙に

掲載する方法による公告または電子公告により公告する場合は、催告を省略することができる（会社法789条3項、799条3項、810条3項）。すなわち、官報による公告プラス日刊新聞紙による公告、または官報による公告プラス電子公告で対応すれば、催告を省略できる。

催告を省略できる場合

・官報による公告プラス日刊新聞紙による公告 ・官報による公告プラス電子公告

④　残存債権者を害することを知って行った分割の場合

　分割会社が、残存債権者（承継会社に承継されない債務に係る債権者）を害することを知って分割をした場合には、残存債権者は、承継会社（新設分割の場合の新設会社を含む。以下同様）に対して、承継した財産の価額を限度として、当該債務の履行を請求できるものと規定されている（会社法759条4項、761条4項、764条4項、766条4項）。承継会社に対して履行請求できるということは、承継会社が連帯保証したのと同様の効果となる。平成26年会社法の改正により、新設された規定である。

　このような改正が行われた経緯としては、会社分割制度を濫用して債権者を害するケースがあったからである。例えば新会社を設立して、そこに収益事業を移転する会社分割を行い、その分割会社の銀行等の債務を新設会社に承継させないで、分割会社をその後破産または特別清算で整理させるというような手法が用いられるケースがみられた。改正後の規定によれば、残存債権者は、詐害的な会社分割を取り消すのではなく、承継会社に対して、直接債務の履行請求を行うことになる。

　なお、残存債権者を害することを知っていることが要求される会社は、新設分割の場合は分割会社のみであり、吸収分割の場合は分割会社および承継会社の双方である（会社法759条4項）。

　次の図表のような、いわゆる第二会社方式については、平成26年会社法改正前は、（分社型分割の場合の）残存債権者は会社法上保護されなかったため[8]、民法上の詐害行為取消請求権（民法424条）の行使により、対抗するケースがみられたが、本改正により、会社法に基づく直接の履行請求により対抗することになる。

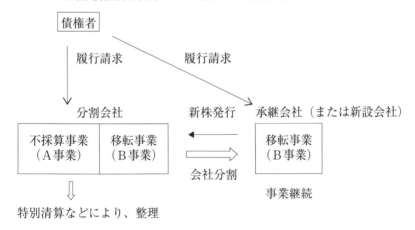

<残存債権者を害することを知って会社分割をした場合>

⑻　分割会社の権利・義務の承継会社への承継

　分割会社の権利・義務は、分割の日をもって承継会社に対して包括的に承継される。合併と同様に、資産および負債の移転について、個々の

8　分社型分割における残存債権者は、分割に対して異議を述べることができない。平成26年会社法改正前は、会社法上保護されなかったため、民法424条に基づいて対抗せざるを得なかった。

移転手続は要さないものとされており、包括的に承継されるという整理
になっている。

⑼　分割登記

　会社が吸収分割をしたときは、分割の効力発生日から2週間以内に、
その本店所在地において、3週間以内に支店の所在地において、分割会
社および承継会社それぞれについて変更の登記を申請する必要がある。
　また、新設分割の場合には、その本店所在地において、分割会社につ
いては変更の登記を行い、新設会社については設立の登記をしなければ
ならない。この分割会社における変更の登記と新設会社における設立の
登記は、同時に申請しなければならない。また、分割会社の本店所在地
を管轄する登記所の管轄区域内に新設会社の本店がないときは、分割会
社の変更の登記は、新設会社の本店の所在地を管轄する登記所を経由し
て申請しなければならないとされている。

⑽　事後開示書類の備置き

　分割会社と承継会社は、共同して、分割の効力発生後遅滞なく、一定
の事項を記載した書面等を作成する必要がある（会社法791条1項、会
社法規則189条）。
　吸収分割の当事会社は、分割の効力発生日後遅滞なく、作成した事後
開示書類等を効力発生日から6ヵ月間、その本店に備え置く必要がある
（会社法791条1項、2項、801条3項）。また、新設分割の場合、分割会
社と新設会社は共同して、新設分割の効力発生日後遅滞なく、作成した
事後開示書類等を効力発生日から6ヵ月間、その本店に備え置く必要が
ある（会社法811条2項、815条3項）。
　当事会社の株主および債権者その他の利害関係人は、これらの事後開

示書類等の閲覧、謄写等を請求することができる（会社法791条3項、
801条4項、5項、811条3項、815条4項、5項）。

(11)　分割無効の訴えの提訴期限

　会社分割に法令または定款違反があるときは、株主および監査役は会
社分割の差止めを請求することができる（会社法360条、385条）。事前
に差止めを請求できるという意味である。

　また、株主等の利害関係人は、分割無効の訴えを提訴できる。ただ
し、分割無効の訴えの提訴は、分割の効力発生日から6ヵ月以内に限ら
れる（会社法828条1項9号、10号、2項9号、10号）。

3.　会社分割の手続上の留意点

①　重畳的債務引受を行う方法

　会社分割は、包括承継であり、個々に取引先の同意を得ないで契約
関係を承継会社（第二会社方式の場合は、通常新設会社）に承継させ
ることができる。

　債権者保護手続により、取引先である債権者に対して催告を行う
と、取引先からの信用が維持できなくなるという問題が生じ得るた
め、事業再生の場面では催告をできるだけ省略したいというニーズが
生じる。その場合は、すでに説明したように、官報による公告のほか
に、会社が定款の定めに従い、日刊新聞紙に掲載する方法による公告
または電子公告により公告する場合には、催告を省略することができ
ることから、そのように対応するケースもみられる。

　また、分割会社の債権者で会社分割に対して異議の申述を行うこと
ができるのは、分割後において分割会社に対して債務の履行を請求で
きない債権者に限られている。そこで、承継会社に承継させる債務に

ついては、分割会社が重畳的債務引受をする方法により、催告を省略することも可能である。

　このように、事業再生の場面で会社分割を用いる場合は、債権者に対する催告をできる限り省略できる方法を選択するケースが少なくない。

②　商号の続用

　分割会社から事業の承継を受けた承継会社（新設会社を含む）が分割会社の商号をそのまま用いる場合は、会社法22条が類推適用され、承継会社が分割会社の債務をそのまま承継してしまうという問題が生じる[9]。

　そのため、商号を続用する場合は、分割会社の債務をそのまま承継することがないように、債権者に対して遅滞なく分割会社の債務を弁済する責任を負わない旨の通知を行うことも検討の余地がある。

会社法22条（譲渡会社の商号を使用した譲受会社の責任等）

1項

　事業を譲り受けた会社（以下、「譲受会社」という）が譲渡会社の商号を引き続き使用する場合には、その譲受会社も、譲渡会社の事業によって生じた債務を弁済する責任を負う。

2項

　1項の規定は、事業を譲り受けた後、遅滞なく、譲受会社がその本店の所在地において譲渡会社の債務を弁済する責任を負わない旨を登記した場合には、適用しない。事業を譲り受けた後、遅滞なく、譲受

9　最判・平成20年6月10日、判時2014号 P 150。

会社および譲渡会社から第三者に対しその旨の通知をした場合におい
て、その通知を受けた第三者についても、同様とする。

3項

　譲受会社が1項の規定により譲渡会社の債務を弁済する責任を負う
場合には、譲渡会社の責任は、事業を譲渡した日後2年以内に請求ま
たは請求の予告をしない債権者に対しては、その期間を経過した時に
消滅する。

4項

　1項に規定する場合において、譲渡会社の事業によって生じた債権
について、譲受会社にした弁済は、弁済者が善意でかつ重大な過失が
ないときは、その効力を有する。

4. 分割比率の算定方法

　分割比率とは、分割会社の株式1株に対して、承継会社の株式を何株
割り当てるかの割当比率である。分割比率は、「分割会社の分割する移
転事業の価額を分割会社の発行済株式数で除した価額」を「承継会社の
1株当たりの価額」で除して計算する。理論上、分割対象の事業の価値
（価額）と承継会社の価値（価額）が、この比率の基本となる。

$$\frac{\dfrac{\text{分割会社の分割する移転事業の価額}}{\text{分割会社の発行済株式数}}}{\text{承継会社の1株当たりの価額}}$$

　合併比率と同様に、中小の同族会社の分割の場合、将来の収益予測は
一般に困難であるため、収益還元価値法を用いることは極めて少ない。
時価純資産評価法が一般的に用いられている。分割の場合、類似業種比
準価額法を採用する場合に、直前期末の分割会社の類似業種比準価額の

うちの分割部分をどのように算定するのかという問題がネックになり得る。したがって、時価純資産評価法のみで評価するケースが多いようである。

　時価純資産評価法により対応すれば、評価方法の客観性は確保されているため、みなし贈与の認定がされるおそれはないと考えられる。逆に、収益予測が困難である状況にもかかわらず、収益還元価値法を用いた場合、その説明が問われるし、合理的な説明が困難となることも考えられる。

5.　債務超過の事業の分割

　会社分割の結果分割会社が債務超過となるケースと、債務超過の事業を移転するケースに分けて、それぞれ次のように整理することができる。

(1)　会社分割の結果、分割会社が債務超過となるケース

　会社法上、事前開示書類として、分割会社の「債務の履行の見込みに関する事項」を開示すればよいとされているのみである。債務の履行の見込みがないことを開示することも問題ないと解されている。結果として、不採算事業のみを分割会社に残す会社分割は可能であり、現実に利用されている事例も多い。

　この場合の債権者保護としては、分割型分割の場合は、債権者保護手続における債権者による異議の申述、分社型分割の場合は、先に説明した分割会社の残存債権者に認められる債務の履行請求によって債権者は一定の保護がされるが、会社分割そのものは無効にならないという意味である。

⑵　債務超過の事業を移転するケース

　承継会社が承継する事業が債務超過（負債＞資産）、および承継会社が交付する対価の簿価が会社分割によって承継する純資産額を超える場合であっても、株主総会で当該状況を説明し承認を得ることによって、会社分割は認められる（会社法795条2項）。

　この場合の債権者保護としては、吸収分割の場合の承継会社の債権者に認められる債権者保護手続における異議申述によって債権者は一定の保護がされるが、会社分割そのものは無効にならないという意味である。

　したがって、実際に実行するとなると、債権者からの異議申述または債務の履行請求が行われるときは、事実上困難である。特に大口債権者からの異議申述等がされる場合は、事実上実行できないものと考えられる。

6.　特例有限会社、持分会社の分割の可否

　会社分割における吸収分割承継会社および新設分割設立会社（事業の移転先法人）は、株式会社、合名会社、合資会社、合同会社の4種類の会社すべてなることができる。

　一方、特例有限会社は承継会社となる吸収分割をすることはできない点に留意する必要がある。特例有限会社のままでは承継会社にはなれないため（会社法の施行に伴う関係法律の整備等に関する法律37条）、特例有限会社から株式会社への組織変更を事前に、または並行して行うことで可能となる。分割登記の前日までに株式会社の登記が完了していれば、分割は可能であると解される。

　また、吸収分割会社または新設分割会社（事業の移転元法人）になることができるのは、株式会社および合同会社に限られ、合名会社および

合資会社はなることができない（会社法757条）。

　会社の種類ごとの組織再編の可否については、次の表のとおりである。

会社の種類ごとの組織再編の可否

		株式会社	特例有限会社	合同会社	合名会社・合資会社
合併	存続会社	○	×	○	○
	消滅会社	○	○	○	○
会社分割	分割会社	○	○	○	×
	承継会社	○	×	○	○
株式交換	完全親会社	○	×	○	×
	完全子会社	○	×	×	×
株式移転		○	×	×	×

第2章

同族会社の
合併・分割における
適格判定
（支配関係・完全支配
関係の判定を含む）

Ⅰ 同族会社の合併・分割の特徴

　近年、同族会社における合併・分割が増加傾向にある。平成11年商法改正による株式交換・株式移転の創設、平成12年商法改正による会社分割の創設および平成13年度税制改正による企業組織再編税制の創設等の一連の改正を受けて、大企業を中心に組織再編成が活発に行われた。事業の統廃合を行うことにより、経営の効率化を図ることの重要性が認識されていたからである。

　その後、中小の同族会社において、合併による会社の統合が行われたり、特定の事業のみを切り分ける会社分割が行われるようになった。不採算会社・事業を整理する、関連性のある事業同士を統合するなど、目的は一様ではないが、組織再編成による経営上の効果が認識されるようになってきた表れであるといえる。また、中小企業においても後継者難からＭ＆Ａが行われる事案も増加している。特定の事業を分社化により切り離した上で、その子会社株式を譲渡する方法により実行される場合が多い。

　さらに、最近では、中堅・中小企業であっても、事業の統廃合を進めやすい持株会社化を行う事例もみられるようになった。持株会社化することにより、株式の売買により、新たな事業を取り込んだり、切り離したりすることが比較的容易にできる。また、合併や分割を用いる事業子会社の統廃合も行いやすい。

　同族会社における合併・分割の特徴は、同族一族が支配している会社同士で行われることが多いという点である。同族一族が支配している法人間で行われる合併・分割は、再編前に当該同族一族との間に支配関係があり、再編後においても当該同族一族との間の支配関係の継続が見込まれる場合が多い。その場合は、税務上の適格要件を満たしやすく、適

格組織再編成に該当するケースが多い。

　また、合併の案件の場合、適格合併に該当する場合が多いが、その場合は被合併法人の繰越欠損金を合併法人に原則として引き継ぐ。ただし、繰越欠損金の引継ぎ制限規定（法法57条3項）に該当しないかどうかについて慎重な判断が求められる。適格合併、適格分割等の場合における合併法人、分割承継法人等における繰越欠損金の使用制限規定（法法57条4項）に該当しないかどうかについても、確認が必要である。

Ⅱ 同族会社における適格判定と留意点

1. 支配関係がある場合

　企業グループ内の適格組織再編成の適格要件を満たしているかどうかの判定において用いる「支配関係」とは、次の関係をいう（法法2条12号の7の5）。なお、企業グループ内の適格組織再編成の適格要件については、第3章で詳説しているため、そちらをご参照されたい。

「支配関係」とは

> 　一の者が法人の発行済株式もしくは出資（当該法人が有する自己の株式または出資を除く。以下、「発行済株式等」という）の総数もしくは総額の50％を超える数もしくは金額の株式もしくは出資を直接もしくは間接に保有する関係として政令で定める関係（以下、「当事者間の支配の関係」という）または一の者との間に当事者間の支配の関係がある法人相互の関係をいう。

　法人が株式形態の場合は、発行済株式の総数の50％を超える数の株式を直接または間接に保有する関係であるかどうかを判定し、法人が出資形態の場合は、出資の総額の50％を超える金額の出資を直接または間接に保有する関係であるかどうかを判定する。その点は、以下同様である。

　すなわち、支配関係とは、次のいずれかの関係である。

> ・当事者間の支配の関係
> ・一の者との間に当事者間の支配の関係がある法人相互の関係

　以下、それぞれの内容について、解説する。

(1)　当事者間の支配の関係

　①　一の者とは

　　一の者には、内国法人だけでなく、外国法人や個人も含まれる。一の者が法人であるときは同一の法人（1社）である。それに対して、一の者が個人であるときは、個人1人ではなく、その者およびこれと特殊の関係のある個人を合わせて一の者として判定する点に留意する必要がある。

　　その者と特殊の関係のある個人とは、次に掲げる者（以下、「親族等」という）をいう（法令4条1項)。

> i　その個人の親族
> ii　その個人と婚姻の届出をしていないが事実上婚姻関係と同様の事情にある者
> iii　その個人の使用人
> iv　iからiiiまでに掲げる者以外の者でその個人から受ける金銭その他の資産によって生計を維持しているもの
> v　iiからivまでに掲げる者と生計を一にするこれらの者の親族

　　上記の親族とは、民法上の親族をいう。具体的には、配偶者、6親等以内の血族および3親等以内の姻族である。6親等以内の血族および3親等以内の姻族に該当するのかどうかの判定においては、次の図表を参

考にされたい。

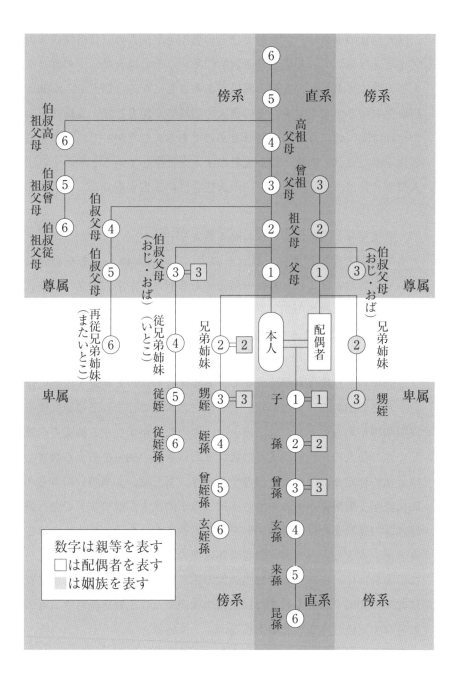

　同族会社の場合は、個人およびその親族等が法人の発行済株式等の50％超を保有している場合が圧倒的に多い。その場合は、一の者と法人との間に当事者間の支配の関係があることになる。個人１人が50％超を保有していなくても、その個人の親族等が保有している株式を合わせれば50％超になる場合がほとんどである。したがって、他の適格要件を満たせば、同族一族が複数の法人を支配しているときのその法人間の合併は、企業グループ内の適格合併に該当する。

② 直接保有と間接保有を合わせて判定

　当事者間の支配の関係とは、一の者（その者が個人である場合には、その者およびこれと特殊の関係のある個人）が法人の発行済株式等の総数または総額の50％を超える数または金額の株式または出資を保有する場合における当該一の者と法人との間の関係（直接支配関係）をいう。

　この場合、直接保有だけでなく、間接保有も含めて判定する点に留意する必要がある。すなわち、(i)当該一の者およびこれとの間に直接支配関係がある一もしくは二以上の法人の双方が保有する株式を合算して他の法人の発行済株式等の総数または総額の50％を超える数または金額の株式または出資を保有するとき、または、(ii)当該一の者との間に直接支配関係がある一もしくは二以上の法人が他の法人の発行済株式等の総数または総額の50％を超える数または金額の株式または出資を保有するとき（当該一の者自体は他の法人の株式等を保有していない場合）は、当該一の者は当該他の法人の発行済株式等の総数または総額の50％を超える数または金額の株式または出資を保有するものとみなす（法令４条の２第１項）。

　上記の(i)は、一の者が直接保有している株式の数と一の者が間接保

有している株式（一の者との間に直接支配関係がある法人が保有している株式）の数を合わせると、他の法人の発行済株式等の50％を超える場合である。

　それに対して、上記の(ii)は、一の者が間接保有している株式（一の者との間に直接支配関係がある法人が保有している株式）のみで、他の法人の発行済株式等の50％を超える場合である。

直接保有のみで50％超を保有する場合

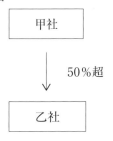

甲社と乙社との間には支配関係がある。

直接保有と間接保有を合わせて50％超を保有する場合
（A社とC社との関係が、先の(i)に該当するケース）

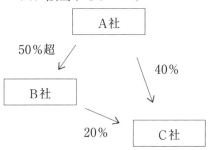

A社、B社、C社との間には支配関係がある[10]。

10　A社とB社は直接支配関係がある。A社とC社は、直接保有と間接保有を合わせて50％超の関係であるため、支配関係がある。この場合、A社はC社の株式を間接に20％保有しているとみるため、40％（直接保有）プラス20％（間接保有）で60％（50％超）保有していることになる。B社とC社の関係は、次項で説明する「一の者との間に支配関係がある法人相互の関係」に該当するため、支配関係がある。

間接保有のみで50％超を保有す
る場合
（D社とF社との関係が、先の
(ⅱ)に該当するケース）

D社、E社、F社との間には支配関係がある[11]。

(2)　一の者との間に当事者間の支配の関係がある法人相互の関係

　「一の者との間に当事者間の支配の関係がある法人相互の関係」と
は、2以上の法人が同一の者（個人の場合は、個人の者およびこれと特
殊の関係のある個人を含む）によってそれぞれの法人の発行済株式等の
総数または総額の50％超を直接または間接に保有される関係である。

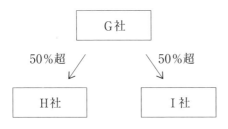

11　D社とE社およびE社とF社との間には、直接支配関係がある。また、D社が間接保
　有している株式（D社との間に直接支配関係があるE社が保有している株式）のみで、F
　社の発行済株式等の50％を超えるので、D社とF社との間には支配関係がある。

　G社とH社およびG社とⅠ社との間には、直接支配関係がある。また、H社とⅠ社は、同一の者（G社）との間に当事者間の支配の関係がある法人相互の関係に該当する。したがって、G社、H社、Ⅰ社との間には支配関係がある。

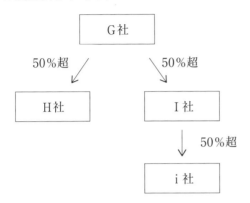

　また、上記の図表のように、Ⅰ社の子会社であるⅰ社は、間接保有によりG社との間に支配関係がある。したがって、H社とⅰ社との関係も、一の者（G社）との間に当事者間の支配の関係がある法人相互の関係に該当するため、支配関係があると判断される。また、H社とⅠ社との間にも、当事者間の支配の関係がある法人相互の関係があることはいうまでもない。G社、H社、Ⅰ社およびⅰ社との間には支配関係がある。

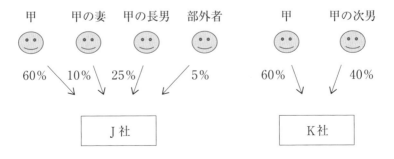

　一の者（甲およびその親族等）とJ社および一の者（甲およびその親族等）とK社との間には、直接支配関係がある。J社とK社は、同一の者（甲およびその親族等）との間に当事者間の支配の関係がある法人相互の関係に該当する。J社とK社との間には支配関係がある。

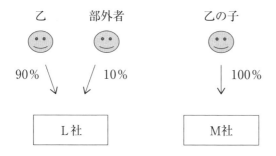

　乙とL社との間に直接支配関係がある。乙の子とM社との間には、直接支配関係がある。L社とM社は、同一の者（乙およびその親族等）との間に当事者間の支配の関係がある法人相互の関係に該当するため、L社とM社との間には支配関係がある。仮にL社の株主に部外者が存在せず、乙およびその親族等が100％保有していた場合は、L社とM社との間には完全支配関係があることになる。

　M社の株主に乙が含まれていないため、少し分かりにくいかと思われるが、乙の親族等が保有している株式は、乙が保有しているものとみなして、支配関係があるかどうかの判定をするという考え方である。その点は、次の例でも同様である。

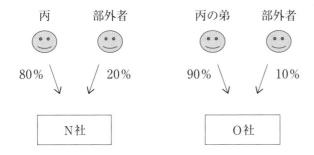

　丙とN社との間には直接支配関係がある。丙の弟とO社との間にも直接支配関係がある。N社とO社は、同一の者（丙およびその親族等）との間に当事者間の支配の関係がある法人相互の関係に該当する。N社とO社との間には支配関係がある。

2.　完全支配関係がある場合

(1)　完全支配関係の定義

　企業グループ内の適格組織再編成の適格要件を満たしているかどうかの判定において用いる「完全支配関係」とは、次の関係をいう（法法2条12号の7の6、法令4条の2第2項前段）。なお、企業グループ内の適格組織再編成の適格要件については、第3章で詳説しているため、そちらをご参照されたい。

完全支配関係とは

> 　一の者が法人の発行済株式等の全部を直接もしくは間接に保有する関係として政令で定める関係（以下、「当事者間の完全支配の関係」という）または一の者との間に当事者間の完全支配の関係がある法人相互の関係をいう。

すなわち、完全支配関係とは、次のいずれかの関係である。

・当事者間の完全支配の関係
・一の者との間に当事者間の完全支配の関係がある法人相互の関係

---

(2)　当事者間の完全支配の関係

　一の者（その者が個人である場合には、その者およびこれと特殊の関係のある個人）が法人の発行済株式等の総数または総額の全部を保有する場合における当該一の者と当該法人との間の関係（以下、「直接完全支配関係」という）である。一の者の定義は、支配関係の箇所で説明した内容と同じである。

　この場合において、当該一の者およびこれとの間に直接完全支配関係がある一もしくは二以上の法人の双方が保有する株式等を合算して他の法人の発行済株式等の全部を保有するとき、または、(ii)当該一の者との間に直接完全支配関係がある一もしくは二以上の法人が他の法人の発行済株式等の全部を保有するとき（当該一の者自体は他の法人の株式等を保有していない場合）は、当該一の者は当該他の法人の発行済株式等の全部を保有するものとみなす（法令4条の2第2項後段）。

　直接保有だけでなく、間接保有も含めて完全支配関係があるかどうかを判定するが、支配関係の判定の場合と異なり、間接保有については当該一の者との間に直接完全支配関係がある一もしくは二以上の法人が保有する株式等をカウントする点に留意する必要がある。次の例を参考にされたい。

○直接保有のみで100%を保有する場合

甲社と乙社との間には完全支配関係がある。

○間接保有のみで100%を保有する場合
（D社とF社との関係が、先の(ii)に該当するケース）

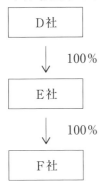

D社、E社、F社との間には完全支配関係がある[13]。

○直接保有と間接保有を合わせて100%を保有する場合
（A社とC社との関係が、先の(i)に該当するケース）

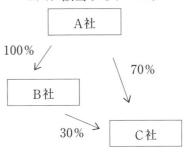

A社、B社、C社との間には完全支配関係がある[12]。

12 　A社とB社との間には直接完全支配関係がある。A社とC社は、直接保有と間接保有を合わせて100%の関係であるため、完全支配関係がある。B社とC社との間にも、次項で説明する「一の者との間に当事者間の完全支配の関係がある法人相互の関係」に該当するため、完全支配関係がある。

13 　D社とE社およびE社とF社との間には、直接完全支配関係がある。また、D社が間接保有している株式（D社との間に直接完全支配関係があるE社が保有している株式）のみで、F社の発行済株式等の100%になっているので、D社とF社との間には完全支配関係がある。

⑶　一の者との間に当事者間の完全支配の関係がある法人相互の関係

　「一の者との間に当事者間の完全支配の関係がある法人相互の関係」
とは、2以上の法人が同一の者（個人の場合は、個人の者およびこれと
特殊の関係のある個人を含む）によってそれぞれの法人の発行済株式等
の総数または総額の全部を直接または間接に保有される場合の法人相互
の関係である。

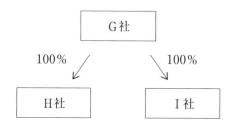

　G社とH社およびG社とI社との間には、直接完全支配関係がある。
また、H社とI社は、同一の者（G社）との間に当事者間の完全支配の
関係がある法人相互の関係に該当する。したがって、G社、H社および
I社との間には完全支配関係がある。

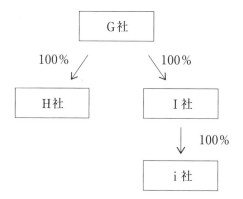

　また、上記の図表のように、I社の子会社であるi社は、間接保有に

よりG社との間に完全支配関係がある。したがって、H社とi社との関係も、一の者（G社）との間に当事者間の完全支配の関係がある法人相互の関係に該当するため、完全支配関係があると判断される。また、H社とI社との間にも、当事者間の完全支配の関係がある法人相互の関係があることはいうまでもない。G社、H社、I社およびi社との間には完全支配関係がある。

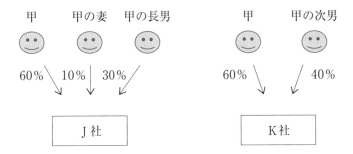

　一の者（甲およびその親族等）とJ社および一の者（甲およびその親族等）とK社との間には、直接完全支配関係がある。J社とK社は、同一の者（甲およびその親族等）との間に当事者間の完全支配の関係がある法人相互の関係に該当する。J社とK社との間には完全支配関係がある。

乙とL社および乙の子とM社との間には、直接完全支配関係がある。

L社とM社は、同一の者（乙およびその親族等）との間に当事者間の完全支配の関係がある法人相互の関係に該当する。L社とM社との間には完全支配関係がある。

　M社の株主に乙が含まれていないため、少し分かりにくいかと思われるが、すでに説明したように、乙の親族等が保有している株式は、乙が保有しているものとみなして、判定するという考え方である。

　丙とN社および丙の弟とO社との間には、直接完全支配関係がある。N社とO社は、同一の者（丙およびその親族等）との間に当事者間の完全支配の関係がある法人相互の関係に該当する。N社とO社との間には完全支配関係がある。

(4)　完全支配関係がある法人間の合併が適格合併になる要件
　①　被合併法人と合併法人との間にいずれか一方の法人による完全支配関係がある場合
　　被合併法人と合併法人との間にいずれか一方の法人による完全支配関係がある場合は、対価要件が満たされているとき、すなわち被合併法人の株主に合併法人株式または合併親法人株式（合併法人の直接の完全親法人株式）のいずれか一方の株式等以外の資産が交付されない場合に、適格合併に該当する（法法２条12号の８イ）。

　被合併法人と合併法人との間にいずれか一方の法人による完全支配関係がある場合とされているように、親法人による100％子法人の吸収合併だけでなく、100％子法人が親法人を合併する逆さ合併も当てはまる。

　親法人が100％子法人の吸収合併を行う場合、合併法人が保有する被合併法人株式（子法人株式）が抱合せ株式に該当する。会社法上、抱合せ株式に対して新株の交付は行わないため、無対価合併（合併の対価を交付しない合併）で行うことになる。100％子法人を無対価合併により吸収する合併は、適格合併になる（法令4条の3第2項1号）。対価の交付を省略したに過ぎないと考え、対価要件を満たすものと整理されるからである。逆に、100％子法人が親法人を合併する逆さ合併の場合は、無対価合併は非適格合併になる[14]。対価交付型合併で行うことになる。

親法人による100％子法人
の合併

100％子法人による親法人の合併

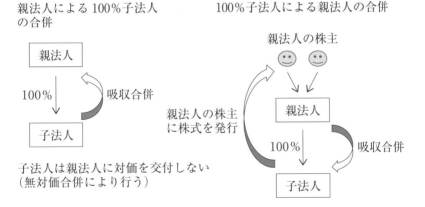

子法人は親法人に対価を交付しない
（無対価合併により行う）

旧親法人の株主が合併後の子法人
の株主になる

14　法人税法施行令4条の3第2項1号のかっこ書で、無対価合併である場合は、合併法人が被合併法人の発行済株式等の全部を保有する関係に限るという限定を付している。100％親法人の株主に何も対価を交付しないと、子法人に株主が存在しなくなってしまうので、そのような合併は事実上できないものと考えられる。

②　法人相互の完全支配関係がある場合

　法人相互の完全支配関係がある法人間の合併が適格合併となるための要件は、以下のとおりである。

---

① 　合併前に被合併法人と合併法人との間に同一の者による完全支配関係（法人相互の完全支配関係）があり、かつ、合併後に当該同一の者と当該合併に係る合併法人との間に当該同一の者による完全支配関係が継続することが見込まれていること（法令4条の3第2項2号）。

② 　当該合併における被合併法人の株主等に合併法人株式または合併親法人株式のいずれか一方の株式等以外の資産が交付されないこと（法2条12号の8）。

　完全支配関係があるかどうかの判定において、「同一の者」が個人であるときは、その者およびこれと特殊の関係のある個人を合わせて一の者として判定する点はすでに解説した。同族会社の場合は、親族等のみですべての発行済株式等を保有している場合も多く、その場合は一の者と法人との間に完全支配関係があるということになる。

　合併対価として合併法人株式のみを交付する合併の場合、上記の②の要件は充足するため、合併前に被合併法人と合併法人との間に同一の者による完全支配関係（法人相互の完全支配関係）があり、かつ、合併後に当該同一の者と当該合併に係る合併法人との間に当該同一の者による完全支配関係が継続することが見込まれていれば、適格合併になる。

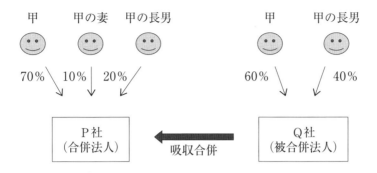

　上記のP社とQ社は、同一の者による完全支配関係がある法人相互の関係であり、完全支配関係がある。P社を合併法人、Q社を被合併法人とする合併を行うものとする。Q社の株主である甲および甲の長男に対して、P社は合併対価としてP社株式を新株発行により交付する。このとき、①合併対価としてP社株式のみが交付され（金銭等の交付がなく）、かつ、②合併後において、一の者（甲およびその親族等）とP社との間に、当該一の者による完全支配関係が継続することが見込まれている場合は、適格合併に該当する。

　合併後における一の者による完全支配関係が継続することが見込まれているという要件については、例えば合併後において甲の親族間で株式譲渡や贈与が行われるなどして、株式の異動が生じることが見込まれていた場合であっても、一の者を甲およびその親族等という塊として一体でみるため、要件上は問題ないと考えられる。

　なお、無対価合併の場合は、②の対価要件は充足することになる。しかし、無対価合併が適格合併になるための要件が加重されているため、その点を必ず確認しなければならない。無対価合併は別扱いであると考えておくべきである。無対価合併が適格合併となるための要件については、後で詳しく解説する。

3. 支配関係または完全支配関係の判定上の留意点

第1に、支配関係の判定および完全支配関係の判定において、発行済株式等から自己株式は除外して判定する。新株発行した株式について、発行法人が自己株式として買い取るわけであり、行って来いの関係になるため、最初から発行がなかったと考えるとわかりやすい。

第2に、支配関係の判定および完全支配関係の判定において、無議決権株式のような種類株式も含めて判定する。すなわち、議決権ベースの判定ではなく、株式ベースの判定である点に留意する必要がある。

第3に、支配関係の判定および完全支配関係の判定において、名義株については、その法人の株主名簿、社員名簿または定款に記載されている株主によって判定するが、その株主が単なる名義人であって、その株主以外の者が実際の権利者である場合には、その実際の権利者が保有するものとして判定する（法基通1-3の2-1）。

第4に、完全支配関係の判定についてのみ、①法人の使用人が組合員となっている民法上の組合契約（当該法人の発行する株式を取得することを主たる目的とするものに限る）による組合（組合員となる者が当該使用人に限られているものに限る）のその主たる目的に従って取得されたその法人の株式（任意組合方式である従業員持株会が保有する株式）および②ストックオプションの権利行使によって役員および使用人が取得した株式、以上の①および②の株式の合計数が発行済株式等に占める割合が、（自己株式を除く）発行済株式等の5％未満であるときは、ないものとして判定する（ゼロとみなす）。この取扱いは、完全支配関係があるかどうかの判定についてのみ適用され、支配関係があるかどうかの判定には適用されない点に留意する必要がある。

4.　分割における分割型分割と分社型分割の区別

　分割型分割と分社型分割の定義が、法人税法の定義規定に定められている（法法2条12号の9、12号の10）。分割の対価を交付する分割（対価交付型分割）と無対価分割（分割の対価を交付しない分割）に分けて規定されている。無対価分割における分割型分割と分社型分割の定義については「6．無対価分割が適格分割になるための要件」で説明するので、ここでは分割の対価を交付する分割における分割型分割と分社型分割の定義を説明する。

⑴　分割型分割

　分割型分割とは、分割により分割法人が交付を受ける分割対価資産（分割により分割承継法人によって交付される当該分割承継法人の株式（出資を含む）その他の資産をいう）のすべてが当該分割の日において当該分割法人の株主等に交付される場合または分割により分割対価資産のすべてが分割法人の株主等に直接に交付される場合のこれらの分割をいう（法法2条12号の9イ）。

　会社法では、分割型分割という類型はなく、分割法人が分割の対価の交付を受け、交付を受けた分割の対価を剰余金の配当として分割法人の株主に交付するものと整理されているが、そのように剰余金の配当として分割の対価を分割法人の株主に交付する場合に限らず、分割の対価を分割法人の株主に直接交付する場合も含めて、分割型分割に該当する旨が定められている。

⑵　分社型分割

　分社型分割とは、分割により分割法人が交付を受ける分割対価資産が当該分割の日において当該分割法人の株主等に交付されない場合の当該

分割をいう。すなわち、分割の対価が分割法人に交付されて完結するものをいう（法法2条12号の10イ）。

分割型分割と分社型分割の定義（無対価分割を除く）

分割型分割	分割により分割法人が交付を受ける分割対価資産のすべてが当該分割の日において当該分割法人の株主等に交付される場合の分割 または 分割により分割対価資産のすべてが分割法人の株主等に直接に交付される場合の分割 （会社法の規定に則り、分割対価資産が剰余金の配当として株主等に交付される場合だけでなく、分割対価資産が分割法人の株主等に直接交付される場合も含む）
分社型分割	分割法人が交付を受ける分割対価資産が分割の日において当該分割法人の株主等に交付されない場合の分割 （分割の対価が分割法人に交付されて完結する分割）

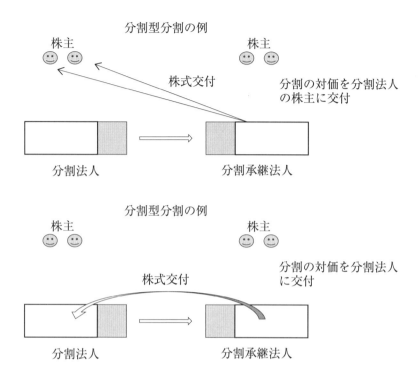

5.　無対価合併が適格合併になるための要件

　無対価合併が適格合併になるための要件が、平成22年度税制改正により加重され、平成30年度税制改正においても一定の改正が行われている点に留意する必要がある。以下、2つの類型に分けて整理する必要がある。

⑴　合併法人が被合併法人の発行済株式等の全部を保有している場合
　第1に、合併法人が被合併法人の発行済株式等の全部を保有しているときは、無対価合併は適格合併になる。すなわち、親法人による100%子法人の吸収合併である。親法人が保有する子法人株式は抱合せ株式に

なるが、会社法上、抱合せ株式に新株の交付は行わないため、無対価で合併することになる。この無対価合併は適格合併に該当する。「発行済株式等の全部を保有している」とされているように、直接保有により全部を保有している場合に限られる点に留意する必要がある。親法人による直接の100％子法人の吸収合併でなければならない。

なお、100％子法人が親法人を吸収合併する場合は、100％子法人が親法人の株主に対してその子法人の株式を交付しないと非適格合併になる点に留意する必要がある[15]。それは、法人税法施行令4条の3第2項1号において、「当該合併が被合併法人の株主等に合併法人の株式その他の資産が交付されない合併（以下、「無対価合併」という）である場合にあっては、合併法人が被合併法人の発行済株式等の全部を保有する関係に限る。」と限定が付されているためである[16]。

(2)　法人相互の完全支配関係がある場合

第2に、法人相互の完全支配関係がある法人間の合併については留意が必要である。法人相互の完全支配関係がある法人間の合併に係る適格要件は、以下の2つの要件を満たすことである。

1.　合併前に当該合併に係る被合併法人と合併法人との間に同一の者による完全支配関係（法人相互の完全支配関係）があり、かつ、合併後に当該同一の者と当該合併に係る合併法人との間に当該同一の者による完全支配関係が継続することが見込まれていること（法令4条の3第2項2号）。

15　合併前の子法人が合併前の親法人の株主に対して対価を交付することにより、合併前の親法人の株主は子法人の株主になる。
16　100％親法人の株主に何も対価を交付しないと、子法人に株主が存在しなくなってしまうので、そのような合併は事実上できないものと考えられる。

> 2.　当該合併における被合併法人の株主等に合併法人株式または合併親法人株式のいずれか一方の株式または出資以外の資産が交付されないこと（法法2条12号の8）。

　無対価の場合は、資産の交付は何もないわけであり、合併法人株式または合併親法人株式のいずれか一方の株式または出資以外の資産が交付されないため、上記2の要件は充足する。ただし、無対価合併の手法による場合には、上記の要件のほかに、合併前の同一の者による完全支配関係が次に掲げるいずれかの関係がある完全支配関係である場合に限り、適格合併に該当することとされている点に留意する必要がある（法令4条の3第2項2号）。

無対価合併が適格合併となるための合併前の完全支配関係

> ①　合併法人が被合併法人の発行済株式等の全部を保有する関係
> ②　被合併法人および合併法人の株主等（当該被合併法人および合併法人を除く）のすべてについて、その者が保有する被合併法人の株式等の被合併法人の発行済株式等（当該合併法人が保有する当該被合併法人の株式を除く）に占める割合と当該者が保有する合併法人の株式等の合併法人の発行済株式等（当該被合併法人が保有する当該合併法人の株式を除く）に占める割合とが等しい場合におけるその被合併法人と合併法人との間の関係

　平成30年度税制改正前は、一の者が個人であるときは、同一の個人（1人）が被合併法人の株式等および合併法人の株式等のそれぞれ全部

を保有していることが、適格合併となるための要件であったが、改正後は、個人株主が複数であっても、被合併法人と合併法人の株主構成が同一で、かつ、各株主の被合併法人における持株割合と合併法人における持株割合が等しい場合は、要件を満たすものと改められた。

　なお、「その者が保有する」とは、直接保有を指している。株主が複数である場合は、それぞれの株主について被合併法人における（直接保有による）持株割合と合併法人における（直接保有による）持株割合が等しいという要件をクリアしている必要がある。例えば次のC社によるD社の吸収合併を無対価合併により行うと、非適格合併になる。D社の株主はA社のみであり、C社の株主はB社のみであるからである。

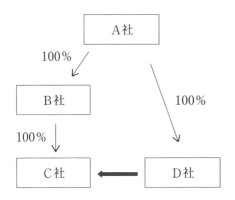

　上記のケースについて、完全支配関係がある法人間の合併であるにもかかわらず、無対価合併により合併する場合を非適格合併としたのは、上記の合併を無対価で行うことにより、株主間の株式価値の移転が発生する（A社の保有していたD社株式の価値がB社の保有していたC社株式の価値に移転する）ことにより、その後の株式の譲渡等を通じた益出しまたは損出しが容易に可能になるが、このように株主間の株式価値の移転が生ずるものを適格要件から除外したものと考えられる。その点

は、次の一の者が個人である場合の取扱いの趣旨も同様である。

　一の者が個人である場合は、被合併法人と合併法人の株主構成が同一
で、かつ、各株主の被合併法人における持株割合と合併法人における持
株割合が等しい場合に該当しないと、無対価合併は非適格合併になって
しまう。その場合は、対価を交付する合併を検討すべきである。

　以下の合併は、甲社と乙社との間に法人相互の完全支配関係がある
が、無対価合併により合併を行う場合は、非適格合併になる。

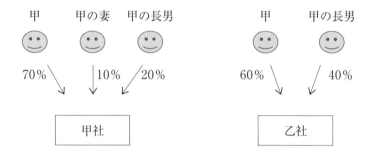

　また、合併前の完全支配関係が次の関係である場合も、先の②の規定
において「当該被合併法人および合併法人を除く」というかっこ書きが
付されているため、ここでいう株主等は一の者のみということになり、
要件を満たすことになる。

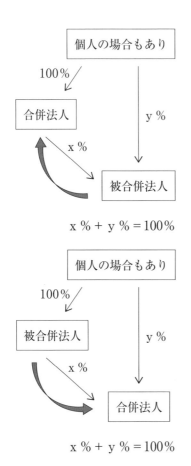

x ％ + y ％ = 100 ％

　以上の内容を踏まえて、次の２つのパターンは、無対価合併が適格合併になる典型的なケースである。

1.　合併法人が被合併法人の発行済株式等の全部を保有している場合

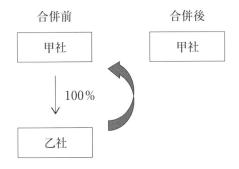

2.　法人相互の完全支配関係がある場合

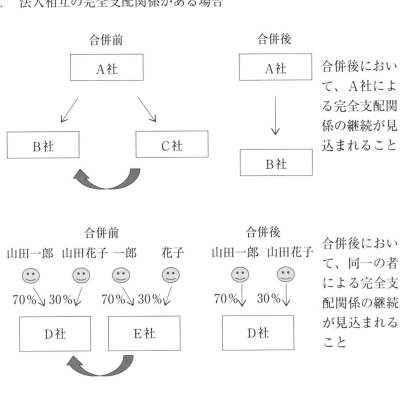

6. 無対価分割が適格分割になるための要件

　無対価分割が適格分割となるための要件は、平成22年度税制改正により法令上明確化され、平成30年度税制改正においても一定の改正が行われている点に留意する必要がある。

　無対価分割が適格分割となるための要件については、その分割が分割型分割または分社型分割のいずれに該当するかにより、それぞれ異なる要件が設けられている。その分割が分割型分割または分社型分割のいずれに該当するかについては、次のとおりである。

　無対価分割について、分割型分割または分社型分割の区分は次のとおりである（法法2条12号の9ロ、12号の10ロ）。

無対価分割における分割型分割または分社型分割の区分

分割型分割	その分割の直前において イ　分割承継法人が分割法人の発行済株式等の全部を保有している場合 または ロ　分割法人が分割承継法人の株式を保有していない場合
分社型分割	その分割の直前において、分割法人が分割承継法人の株式を保有している場合（分割承継法人が分割法人の発行済株式等の全部を保有している場合を除く）

(1) 当事者間の完全支配関係がある場合

　当事者間の完全支配関係がある場合、無対価分割が適格分割となるためには、次の要件を満たす必要がある（法令4条の3第6項1号イ、ロ）。

①　分割型分割の場合

・分割前に分割承継法人が分割法人の発行済株式等の全部を保有する
　関係があること

②　分社型分割の場合

・分割前に分割法人が分割承継法人の発行済株式等の全部を保有する
　関係があること
・分割後に当該分割法人と分割承継法人との間に当該いずれか一方の
　法人による完全支配関係が継続することが見込まれていること

　平成29年度税制改正により、分割前に分割法人と分割承継法人との間に分割承継法人による完全支配関係（または支配関係）がある吸収分割型分割については、分割後の完全支配関係（または支配関係）の継続が見込まれることが要件上不要とされたが、無対価の分割型分割についても同様に不要とされ、上記のように分社型分割の場合に求められる要件とされた。

　上記の「発行済株式等の全部を保有する関係」とは、直接保有のみで全部を保有する関係である点に留意が必要である。

(2)　一の者との間に当事者間の完全支配の関係がある法人相互の関係がある場合
　こちらについても、その分割が分割型分割または分社型分割のいずれに該当するかにより、それぞれ異なる要件が設けられている。

① 分割型分割の場合

　分割法人と分割承継法人との間に同一の者による完全支配関係がある分割型分割が無対価分割である場合には、適格分割型分割とされるための要件は次のとおりである（法法２条12号の11、法令４条の３第６項２号イ）。

分割型分割で、かつ無対価分割が適格分割となるための要件 （同一の者による完全支配関係がある法人相互の関係の場合）

① 分割前に次のイまたはロのいずれかの関係があること

イ　分割承継法人が分割法人の発行済株式等の全部を保有する関係

ロ　分割法人の株主等（分割法人および分割承継法人を除く）および分割承継法人の株主等（分割承継法人を除く）のすべてについて、その者が保有するその分割法人の株式の数のその分割法人の発行済株式等（分割承継法人が保有する分割法人の株式を除く）の総数のうちに占める割合とその者が保有するその分割承継法人の株式の数のその分割承継法人の発行済株式等の総数のうちに占める割合とが等しい場合におけるその分割法人と分割承継法人との間の関係

② 分割後に同一の者と分割承継法人との間にその同一の者による完全支配関係が継続することが見込まれていること

　上記の①ロであるが、一の者が個人である場合は、分割法人と分割承継法人の株主構成が同一であり、かつ、各株主の分割法人における持株割合と分割承継法人における持株割合が等しい場合に該当しないと、無対価分割は非適格分割になってしまう。その場合は、対価を交付する分割を検討すべきである。

②　分社型分割の場合

　分割法人と分割承継法人との間に同一の者による完全支配関係がある分社型分割が無対価分割である場合には、適格分社型分割とされるための要件は次のとおりである（法法2条12号の11、法令4条の3第6項2号ロ）。

分社型分割で、かつ無対価分割が適格分割となるための要件
（同一の者による完全支配関係がある法人相互の関係の場合）

①　分割法人が、分割承継法人の発行済株式等の全部を保有する関係
②　分割後に分割法人と分割承継法人との間に、当事者間の完全支配関係が継続することが見込まれていること

　以上の内容を踏まえて、次の2つのパターンは、無対価分割が適格分割になる典型的なケースである。

① 分割型分割（法法 2 条12の 9 ロ）

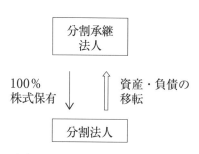

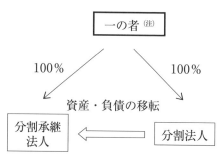

分割承継法人が分割法人の発行済株式の全部を保有している場合
平成29年10月 1 日以後の分割については、分割承継法人による完全支配関係の継続が見込まれていることは要件から除外された。

分割法人が分割承継法人の株式を保有していない場合[17]
（分割後に分割法人と分割承継法人との間に一の者による完全支配関係が継続することが見込まれること）
平成29年10月 1 日以後の分割については、同一の者と分割法人との間の完全支配関係の継続が見込まれていることは要件から除外された。
（注）一の者が個人であるときは、株主構成が同一であり、かつ、各株主の持株割合が等しいことが必要

② 分社型分割（法法 2 条12の10ロ）

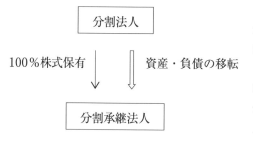

分割法人が分割承継法人の株式を全部保有している場合
（分割後に分割法人と分割承継法人との間に当事者間の完全支配関係が継続することが見込まれていること）

---

17 分割法人が分割承継法人の株式の一部を保有している場合は、分社型分割となり、無対価で行うと適格分割にならないと考えられる。

第3章

企業組織再編税制の
基本的な取扱い

80

合併および分割ともに、企業組織再編税制の適用を受ける。本章では、企業組織再編税制の基本的な取扱いを解説する。企業組織再編成において課税が生じ得る場面、税法上、適格要件を満たした適格組織再編成に該当する場合は課税関係が生じないが、その適格要件の内容など、企業組織再編成を行ううえでいずれも必須の内容である。

Ⅰ 企業組織再編成において課税が生じ得る場面

次の図表は、合併を表している。企業組織再編成において課税が生じ得る場面は、図表中の①から③についてである。なぜ課税が生じ得るのかについては、次項で解説する。①および②は、被合併法人の株主に生じ得る課税問題、③は被合併法人の最後事業年度（合併の日の前日に終了する事業年度）において生じ得る課税問題である。

＜3つの課税場面＞

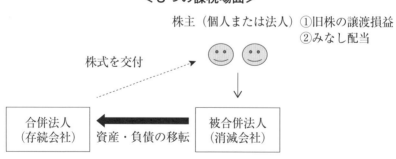

合併における存続会社を税法では「合併法人」という。また、合併における消滅会社を税法では「被合併法人」という。以下は、税法の用語により説明する。

　被合併法人（消滅会社）のあらゆる資産・負債が合併法人（存続会社）に包括的に承継される。被合併法人は、合併の日をもって消滅するため、被合併法人の株主が有する被合併法人株式も、合併の日をもって消滅する。そこで、合併法人は被合併法人の株主に対して、合併の対価として合併法人株式を（合併比率に基づいて）交付する。合併法人株式の交付は、新株発行または自己株式の処分により行うが、同族会社の場合は自己株式をそこまでたくさん保有していることは少ないため、新株発行により行う場合がほとんどである。

　合併の対価は、会社法上は柔軟化されており、合併法人株式以外の資産、例えば現金や投資有価証券などを用いることも可能であるが、後で説明するように、適格組織再編成に該当するための適格要件の1つとして、合併の対価として合併法人株式以外の資産（金銭等）を交付していないことという要件があるため、実務上は合併法人株式のみを対価として交付するケースがほとんどである。

Ⅱ 課税が生じ得る3つの場面と課税が生じないための要件

1. 旧株の譲渡損益が認識される場合

(1) 対価要件を満たしているかどうかで判断

　投資が継続していると判断される場合は、旧株の譲渡損益は繰り延べられる。一方、投資が継続していないと判断される場合は、旧株の譲渡損益を認識しなければならない。それが譲渡益である場合は、被合併法人の株主に課税が生じることになる。

　投資が継続しているかどうかは、税務上、次の要件で判断される。すなわち、株主が合併法人株式または合併親法人株式（合併法人の完全親法人（100％親法人）株式)[18]のいずれか一方以外の資産（金銭等）の交付を受けていないかどうかによる。これを「対価要件」という。

　株主が合併法人株式または合併親法人株式のいずれか一方の資産以外の資産の交付を受けている場合は、投資は継続していないと判断され、旧株の譲渡損益を認識しなければならない。一方、株主が合併法人株式または合併親法人株式のいずれか一方の資産以外の資産の交付を受けていない場合は、投資は継続していると判断され、旧株の譲渡損益は繰り延べられる。

　株主が合併法人株式または合併親法人株式のいずれか一方の資産以外の資産の交付を受けていないということは、次の3つのいずれかに該当する場合に、対価要件を満たすことになる。合併の対価として、合併法人株式と合併親法人株式を併せて交付したり、合併法人株式と金銭等を

18　合併法人の完全親法人の株式のことを「合併親法人株式」という。合併の直前に合併法人の発行済株式等の全部を直接または間接に保有し、かつ、当該合併後にその親法人による完全支配関係が継続することが見込まれている場合のその親法人の株式をいう。令和元年度税制改正により、直接保有に限定せず、間接保有も含めて完全支配関係があるかどうかを判定するルールに改められている（法令4条の3第1項）。

併せて交付したりした場合は、対価要件を満たさないことになる。

対価要件を満たすパターン

> ①　合併法人株式のみを交付する
>
> ②　合併親法人株式のみを交付する
>
> ③　何も対価を交付しない（無対価）

　合併親法人株式を交付する合併は、三角合併に該当するケースであるが、同族会社の場合三角合併を行うケースはレアである。

　なお、平成29年度税制改正により、吸収合併に係る適格要件のうち対価要件について、合併法人が被合併法人の発行済株式等の3分の2以上を有する場合におけるその他の株主に対して交付する対価を除外して判定することとされたが、少数株主に対して合併法人株式を交付しないで金銭を交付することにより、少数株主の締め出しに利用できる。3分の2以上の支配関係にある親子法人間の合併のケースが対象となる。

　後で説明するように、適格要件の1つにこの対価要件が含まれているため、実務上は対価要件を満たす案件がほとんどを占める。

　株主が合併法人株式または合併親法人株式のいずれか一方の資産以外の資産の交付を受けている、すなわち金銭等の交付を受けている場合、金銭等の交付部分だけ譲渡損益を認識するという取扱いではなく、要件自体を具備していないとされ、全体について譲渡損益の繰延という特例が適用されない取扱いとなる。

　なお、「金銭等」には、反対株主の株式買取代金、配当見合いの合併交付金、合併比率を乗じたときに交付すべき合併法人株式に端株が生じる場合の端株買取代金は含まれない（法令2条12号の8、法基通1-4-2）。これらについては、合併の対価として交付するものではないた

め、対価要件の判定には影響しない。

旧株の譲渡損益が認識される場合と繰り延べられる場合

合併法人株式または合併親法人株式のいずれか一方の資産以外の資産の交付を受けていない場合	旧株の譲渡損益は繰り延べられる。
合併法人株式または合併親法人株式のいずれか一方の資産以外の資産（金銭等）の交付を受けている場合	旧株の譲渡損益を認識しなければならない。

(2) 合併比率を乗じた株数に1株に満たない端数が生じる場合

　合併法人は、被合併法人の株主に対して、被合併法人の各株主が保有する被合併法人株式の数に合併比率を乗じた数の合併法人株式を交付する。被合併法人株式に合併比率を乗じた株数に1株未満の端数が生じる場合は、会社法234条の規定により、合併法人が端株をまとめて競売または譲渡をして、その譲渡等の代金を被合併法人の株主に交付するという手続になる。この現金交付が行われるときに、対価要件を満たすのかどうかが論点になる。

　この点について、法人税基本通達1-4-2は、「法人が行った合併が法人税法2条12号の8に規定する適格合併に該当するかどうかを判定する場合において、被合併法人の株主等に交付された金銭が、その合併に際して交付すべき合併法人の株式（出資を含む）に1株未満の端数が生じたためにその1株未満の株式の合計数に相当する数の株式を他に譲渡し、または買い取った代金として交付されたものであるときは、当該株主等に対してその1株未満の株式に相当する株式を交付したこととなることに留意する。」と定められている。

　この行為は合併法人が被合併法人の株主に代わって端数の合計数に相

当する株式の譲渡等を行うに過ぎないものと解される。このため、同条の規定に基づく金銭が被合併法人の株主に交付される場合には、その交付を合併法人株式の交付として取り扱うことがこの通達の前段で留意的に明らかにされている。対価要件には抵触しないということになる。

　また、会社が1株未満の株式を自己株式として取得することも認められているが（会社法234条4項）、この場合も通達上「または買い取った代金として交付されたものであるときは」と記述されているように、いったん交付した端株を自己株式として取得した代金として交付したに過ぎないものであるため、問題ない。

　なお、端株が生じる案件では、事前に合併法人において株式分割（例えば1株を10株に分割）をしておくことにより、端株が生じないように対応する方法が使われる場合がある。

2.　みなし配当が認識される場合

　合併に際して、被合併法人の株主に対するみなし配当課税がされる場合があり得る。次の理屈に基づいている。

　被合併法人の最後事業年度（合併の日の前日に終了する事業年度）について決算・申告が行われる。ただし、合併の日をもって被合併法人のすべての権利・義務が合併法人に包括的に承継されるため、最後事業年度に係る決算および申告納税義務も合併法人に承継される。したがって、被合併法人の最後事業年度に係る決算・申告は合併法人が行うことになる。

　被合併法人の最後事業年度に係る法人税申告書の別表5(1)の翌期に繰り越す利益積立金額が800万円であったと仮定する。この利益積立金額800万円は、資産および負債の移転に伴って合併法人に移転すると考える。その合併法人に移転した利益積立金額が合併交付新株（合併対価と

して交付する合併法人株式）に転化され、被合併法人の株主に分配され
たと考える。

　ただし、法人税法上の適格要件を満たした適格合併に該当する場合
は、被合併法人の最後事業年度終了の時の利益積立金額を合併法人がそ
っくり引き継ぐため[19]、利益積立金額が合併交付新株に転化されること
はない。みなし配当課税は生じない。

　なお、非適格合併の場合に、必ずみなし配当課税が生じるかというう
と、そうではない。被合併法人の最後事業年度終了の時の利益積立金額
がマイナス残高である場合は、みなし配当は計算上ゼロになると考えら
れ、みなし配当課税は生じない。

みなし配当が生じる場合と生じない場合

適格合併	被合併法人の利益積立金額が合併法人に引き継がれるため、みなし配当課税は生じない。
非適格合併	被合併法人の利益積立金額が合併法人に引き継がれないため、みなし配当課税が生じ得る。ただし、被合併法人の最後事業年度終了の時の利益積立金額がマイナス残高である場合は、みなし配当課税は生じない。

　また、分割については、次のように整理できる。適格分割型分割につ
いては、適格合併と同様に整理することができる。すなわち、資産の移
転が帳簿価額によって行われ、また、分割法人の移転事業に対応する利

19　平成22年度税制改正により、適格合併においては、合併法人が被合併法人から引き継
　ぐ資産の帳簿価額から、被合併法人から引き継ぐ負債の帳簿価額と被合併法人の最後事業
　年度終了の時の資本金等の額の合算額を減算した額について利益積立金額を増加（または
　減少）させるという規定振りになったため、利益積立金額を引き継ぐという表現は上記の
　規定に即しているとは言い難いが、被合併法人の最後事業年度終了の時の利益積立金額を
　引き継ぐことと実質的には変わらないため、あえてわかりやすさを優先して、引き継ぐと
　表現している（以下、同様）。

益積立金額が、分割承継法人に引き継がれるため、みなし配当課税は生じない。

　分社型分割の場合は、分割法人の株主に対する資産の交付はない。適格・非適格にかかわらず、みなし配当課税は生じない。

みなし配当が生じないケース

適格合併	資産の移転が帳簿価額によって行われ、また、被合併法人の利益積立金額が合併法人に引き継がれるため、利益積立金額が合併交付新株に転化することがない。したがって、みなし配当は発生しない。
適格分割型分割	資産の移転が帳簿価額によって行われ、また、分割法人の移転事業に対応する利益積立金額が、分割承継法人に引き継がれるため、みなし配当は発生しない。
分社型分割	分割法人の株主に対する資産の交付はない。適格・非適格にかかわらず、みなし配当は生じない。

　以上の内容から、非適格合併、非適格分割型分割の場合に、被合併法人の株主または分割法人の株主に対して資産の交付が行われ、かつ、合併法人または分割承継法人に対する利益積立金額の引継ぎが行われないため、みなし配当課税が生じ得る。

3.　移転資産に係る譲渡損益が認識される場合

　合併の日をもって、被合併法人の資産・負債が合併法人に承継される。被合併法人から合併法人への資産の引き継ぎについて、被合併法人の最後事業年度終了の時の帳簿価額により引き継ぐのか、時価により譲渡があったものとして処理するのかが問題となる。

　この点については、適格合併の場合は帳簿価額により引き継ぐ処理が

強制され、非適格合併の場合は時価により譲渡したものとして処理することが強制される。非適格合併の場合は、被合併法人の最後事業年度の所得金額の計算において、譲渡損益が認識される。

　税務上の適格要件を満たしているのかどうかによって、2通りの処理に分かれる。

移転資産に係る譲渡損益の繰延べの可否

適格合併	移転資産を帳簿価額により合併法人に引き継ぐ。
非適格合併	移転資産を時価により譲渡したものとして処理する。したがって、被合併法人の最後事業年度の所得金額の計算において、譲渡益は益金の額に算入、譲渡損は損金の額に算入される。

　適格合併である場合には、みなし配当は発生せず、また、移転資産に係る譲渡損益も繰り延べられる。さらに、適格要件の中に対価要件が含まれているため、旧株の譲渡損益も繰り延べられる。結果として、3つの課税問題はいずれも発生しない。

Ⅲ 適格合併に係る適格要件の内容と留意点

適格合併に該当するためには、「企業グループ内の適格合併」または「共同事業を行うための適格合併」のいずれかに該当する必要がある。

1. 企業グループ内の適格合併

企業グループ内の適格合併の場合、「完全支配関係がある法人間の適格合併」の場合と、「支配関係（50％超の関係）がある法人間の適格合併」の場合で、要件が異なっている。「完全支配関係がある法人間の適格合併」の方が、適格合併となるための要件が軽くなっている。

⑴ 完全支配関係がある法人間の適格合併

合併法人と被合併法人との間に、合併前に完全支配関係があり、（後で説明する同一の者による完全支配関係がある法人相互の関係にある法人間の合併の場合は、合併後に同一の者と合併法人との間に同一の者による完全支配関係の継続が見込まれていることも必要）、対価要件を満たせば適格合併に該当する。

対価要件は、次のいずれかに該当する場合に、満たされるとされている。ここで注意しなければならないのは、無対価合併の場合は、適格合併となるための要件が加重されている点である。無対価合併が適格合併となるための要件については、第2章を参照されたい。

対価要件を満たすパターン

① 合併法人株式のみを交付する
② 合併親法人株式のみを交付する
③ 何も対価を交付しない（無対価）

(2) 支配関係（50％超の関係）がある法人間の適格合併

　合併前に支配関係（50％超の関係）があり、（後で説明する同一の者による支配関係がある法人相互の関係にある法人間の合併の場合は、合併後に同一の者と合併法人との間に同一の者による支配関係の継続が見込まれていることも必要）、次の3つの要件をすべて満たしている場合に、適格合併に該当する。

　支配関係は、50％超の資本関係を意味しており、完全支配関係を包含している。合併前に完全支配関係があり、合併後においても完全支配関係の継続が見込まれる場合は、前項で説明したように、対価要件のみを満たせば適格合併に該当する。完全支配関係がある法人間の適格合併の場合は、要件がより軽いわけである。

支配関係がある法人間の合併に係る適格要件

① 従業者引継ぎ要件	被合併法人の合併の直前の従業者のうち、その総数のおおむね80％以上に相当する数の者が、合併後に合併法人の業務に従事することが見込まれていること
② 事業継続要件	被合併法人が合併前に行う主要な事業が、合併後に合併法人において引き続き行われることが見込まれていること
③ 対価要件	合併にあたって合併法人株式または完全親法人株式のいずれか一方の資産以外の資産（金銭等）の交付がないこと

　上記の3つの要件について、以下詳しく解説する。

　① 従業者引継ぎ要件
　この要件を満たすためには、被合併法人の合併の直前の従業者のう

ち、その総数のおおむね80％以上に相当する数の者が、合併後に合併
法人の業務に従事することが見込まれていることが必要である。合併
法人の業務に従事することが見込まれていると規定されているよう
に、被合併法人から承継される事業に限定されず、合併後において合
併法人が行ういずれかの事業に従事することが見込まれているのであ
れば、分子にカウントされる。

　ここでいう「従業者」とは、役員、使用人その他の者で、被合併法
人の合併前に行う事業に現に従事する者をいう（法基通1-4-4）。
したがって、役員、従業員、出向契約で受けて入れて業務に従事する
者[20]、パート・アルバイト、派遣社員などが含まれる。なお、勤務実
態のない者は、従業者には含まれないと考えられる。

　ただし、日々雇い入れられる者で従事した日ごとに給与等の支払を
受ける者について、法人が従業者の数に含めてもよいし、含めないこ
ともできるとされている（同通達のただし書き）。また、下請先の従
業員は、例えば自己の工場内でその業務の特定部分を継続的に請け負
っている者であっても、従業者には該当しない。

　被合併法人の合併前に行う事業に現に従事するだけではなく、合併
後において合併法人の業務に従事することが見込まれている必要があ
る。合併は包括承継であるため、被合併法人と従業員との雇用契約は
合併法人に引き継がれる。しかし、合併によって余剰人員が生じる見
込みであることから、合併当初において合併に際して従業員のリスト
ラを予定しており、そのリストラによって被合併法人の合併直前の従
業者のおおむね80％以上の者が合併法人の業務に従事することが見込
まれないのであれば、この従業者引継ぎ要件は満たさないと考えられ

20　逆に、自社の従業員であっても、他社に出向している者は、従業者に含まれない。

る。逆に、合併前に被合併法人の従業者の人員整理が完了し、被合併法人の合併の直前の従業者（人員整理後）のうち、その総数のおおむね80％以上に相当する数の者が、合併後に合併法人の業務に従事することが見込まれているのであれば、原則として、要件を満たすものと考えられる。

　また、合併に際しては、合併後において合併法人の業務に従事することが見込まれていたが、合併後において当初予想できない事象（例えば合併の時に予想できなかった業績の悪化等）が発生し、やむなく退職する者が発生したとしても、要件はあくまでも「見込まれていること」であるため、後から適格性を否認されることはないと考えられる。合併当初において見込まれているのであれば、問題ない。

　同族会社の合併の場合、被合併法人の従業者の数が少ないケースもある。自己都合退職者が生じることにより、被合併法人の合併の直前の従業者の数に占める合併法人の業務に従事することが見込まれている者の数の割合が、80％を下回ることもあり得るので、注意が必要である。

　なお、平成30年度税制改正により、合併法人との間に完全支配関係がある法人の業務に従事することが見込まれている従業者も分子にカウントされ、また、当初の合併後に行われる適格合併により被合併法人の合併前に行う主要な事業が当該適格合併に係る合併法人に移転することが見込まれている場合における当該適格合併に係る合併法人および当該適格合併に係る合併法人との間に完全支配関係がある法人の業務に従事することが見込まれている従業者も分子にカウントすることとされた（法法2条12号の8ロ(1)）。適格分割についても同様である。

② 事業継続要件

　被合併法人が合併前に行う主要な事業が、合併後に合併法人において引き続き行われることが見込まれていることが必要である。「被合併法人が合併前に行う主要な事業が」と規定されているように、被合併法人が合併前に行う主要でない事業については、合併法人において引き続き行われなくても、要件上問題ない。

　また、合併前に行うと規定されているように、合併に先立って一部の事業の整理をした場合、合併の直前における主要な事業の引継ぎが行われ、合併後に合併法人において引き続き行われることが見込まれているのであれば、問題ないと考えられる。

　被合併法人の合併前に行う事業が2以上ある場合において、そのいずれが「主要な事業」であるかは、それぞれの事業に属する収入金額または損益の状況、従業者の数、固定資産の状況等を総合的に勘案して判定するものとされている（法基通1-4-5）。

　従業者引継ぎ要件で説明したのと同様に、「見込まれていること」と規定されているため、合併当初においては、合併法人において引き続き行われることが紛れもなく見込まれていたのであれば、当初予想できなかったその後の事業環境の変化等により、やむなく事業の継続が絶たれた場合に、合併当初において継続が見込まれていた限りにおいて、事業継続要件に抵触するものではないと考えられる。

　なお、被合併法人が休眠会社である場合のように、事業実態がない場合は、この要件を満たすことはできない。事業の定義については、共同事業を行うための適格合併における事業関連性要件の箇所で、詳しく解説する。

　なお、平成30年度税制改正により、被合併法人の主要な事業が、当該合併に係る合併法人との間に完全支配関係がある法人において引き

続き行われることが見込まれている場合、ならびに当初の合併後に行われる適格合併によりその主要な事業が当該適格合併に係る合併法人に移転することが見込まれている場合における当該適格合併に係る合併法人および当該適格合併に係る合併法人との間に完全支配関係がある法人において引き続き行われることが見込まれている場合も、事業継続要件を満たすものとされた（法法2条12号の8ロ(2)）。適格分割についても、同様である。

③ 対価要件

すでに説明した対価要件である。株主が合併法人株式または合併親法人株式のいずれか一方の資産以外の資産の交付を受けていないことが必要である。通常は、合併の対価として合併法人株式のみが交付されるため、その場合はこの要件を満たすことになる。

平成29年度税制改正により、吸収合併に係る適格要件のうち対価要件について、合併法人が被合併法人の発行済株式等の3分の2以上を有する場合におけるその他の株主に対して交付する対価を除外して判定することとされたが、少数株主に対して合併法人株式を交付しないで金銭を交付することにより、少数株主の締め出しに利用できる。3分の2以上の支配関係にある親子法人間の合併のケースが対象となる。

なお、無対価合併が適格合併となるための要件については第2章を参照されたい。

以上の内容をまとめると、支配関係がある法人間の適格合併は、次の要件をすべて満たす合併である。

支配関係がある法人間の適格合併

合併前に支配関係があること（同一の者による支配関係がある法人相互の関係にある法人間の合併の場合は、合併後に同一の者と合併法人との間に同一の者による支配関係の継続が見込まれていることも必要）
かつ、下記の①から③の要件が満たされていること

① 従業者引継ぎ要件	被合併法人の合併の直前の従業者のうち、その総数のおおむね80％以上に相当する数の者が、合併後に合併法人の業務に従事することが見込まれていること
② 事業継続要件	被合併法人が合併前に行う主要な事業が、合併後に合併法人において引き続き行われることが見込まれていること
③ 対価要件	合併にあたって合併法人株式または完全親法人株式のいずれか一方の資産以外の資産（金銭等）の交付がないこと

⑶　100％子法人化したうえでの適格合併

　「完全支配関係がある法人間の適格合併」と「支配関係（50％超の関係）がある法人間の適格合併」とで要件が区別されており、「完全支配関係がある法人間の適格合併」の場合は、「支配関係（50％超の関係）がある法人間の適格合併」において要求されている従業者引継ぎ要件や事業継続要件が課せられていない。そこで、50％超100％未満の持株割合の子法人の株式を買い増して100％子法人化したうえで、適格合併が行われることは少なくない。50％超100％未満の関係から100％の関係への移行であるため、支配関係は前後において継続していることになる。実務上、100％子法人化することで要件が緩和されるという点も考慮されるが、そのほかにも、株主総会の招集その他の手続関係の簡素化というメリットを期待して行われる場合も多いと思われる。

　このような合併については、「完全支配関係がある法人間の適格合

併」と「支配関係（50％超の関係）がある法人間の適格合併」とでもともと要件が区別されており、包括的な租税回避行為の防止規定が、法人の行為または計算が組織再編税制に係る各規定を租税回避の手段として濫用することにより法人税の負担を不当に減少させるものであることをいうものであるとすれば、このようなケースについては原則として租税回避行為の包括否認規定の対象ではないと考えられる。

なお、包括的な租税回避行為の防止規定は、一連の取引全体を通してみて、経済合理性を欠くもので、租税負担を不当に減少させる目的である認定された場合には発動される可能性があるため、取引全体としてそのように認定される場合は、別問題である。包括的な租税回避行為の防止規定については、後で詳しく解説する。

2. 共同事業を行うための適格合併

(1) 共同事業を行うための適格合併の適格要件

企業グループ内の適格合併に該当しない場合であっても、次の共同事業を行うための適格合併に該当するものは、適格合併として取り扱われる。

共同事業を行うための適格合併は、次の要件をすべて満たす合併である。

共同事業を行うための適格合併

① 事業関連性要件	被合併事業（被合併法人の合併前に行う主要な事業のうちのいずれかの事業）と合併事業（合併法人の合併前に行う事業のうちのいずれかの事業）とが相互に関連するものであること
② 規模要件または経営参画要件	・規模が著しく異ならないこと（売上金額、従業者数、被合併法人と合併法人のそれぞれの資本金の額（または出資金の額）もしくはその他これらに準ずるもののいずれかの比率がおおむね5倍以内） または ・常務クラス以上の役員の経営への参画が見込まれていること
③ 従業者引継ぎ要件	被合併法人の合併の直前の従業者のうち、その総数のおおむね80％以上に相当する数の者が、合併後に合併法人の業務に従事することが見込まれていること
④ 事業継続要件	被合併法人が合併前に行う主要な事業が、合併後に合併法人において引き続き行われることが見込まれていること
⑤ 株式継続保有要件	合併の対価として交付を受ける株式の継続保有が見込まれていること
⑥ 対価要件	合併にあたって合併法人株式または完全親法人株式のいずれか一方の資産以外の資産（金銭等）の交付がないこと

(2) 各要件の内容

以下、各要件の内容について解説する。

① 事業関連性要件

　被合併事業（被合併法人の合併前に行う主要な事業のうちのいずれかの事業）と合併事業（合併法人の合併前に行う事業のうちのいずれ

かの事業）とが相互に関連するものであることが必要である。被合併事業については主要な事業に限定され、合併事業については限定されていない。したがって、被合併法人の合併前に行う主要な事業と合併法人の合併前に行う主要でない事業が相互に関連するものも対象になる。

　主要な事業であるかどうかは、収入金額または損益の状況、従業者の数、固定資産の状況等を総合的に勘案して判定すると考えられる（法基通1−4−5）。「主要な事業のうちのいずれかの事業」と規定されていることから、主要な事業が複数存在するケースもあり、その場合はそのうちのいずれかの事業が合併事業と関連していれば問題ない。

　(i)　事業の存在

　事業が相互に関連する要件を満たすためには、そもそも事業が存在していることが必要である。事業実態がない、いわゆるペーパーカンパニーの場合は、そもそも事業がないため、事業関連性要件を満たすことはできない。

　その点について、平成19年4月13日に公布された法人税法施行規則の一部を改正する省令（平成19年財令第33号）により、共同事業を行うための適格組織再編成の要件判定にあたって、事業関連性要件の判定に関する規定が新設され、明確化がされている。

　まず、被合併法人と合併法人が合併の直前において、次の要件のすべてに該当するときは、事業が存在するとされている（法規3条1項1号）。

　イ　事務所、店舗、工場その他の固定施設を所有し、または賃借し

　　ていること

　ロ　従業者（役員にあっては、その法人の業務に専ら従事するもの
　　に限る）があること

　ハ　自己の名義をもって、かつ、自己の計算において、商品販売等
　　（商品の販売、資産の貸付けまたは役務の提供で、継続して対価
　　を得て行われるものをいい、その商品の開発もしくは生産または
　　役務の開発を含む）、広告宣伝、市場調査、許認可の取得等のい
　　ずれかの行為をしていること

　要するに、①固定施設を所有または賃借していること、②従業者が存
在すること、および③収益の獲得、以上の3つの要件が満たされている
ときは、事業が存在すると考えられる。

　なお、上記のハの行為が、合併の相手方のために行われるものと認め
られる場合には、合併後は同一人格となるため、その合併後にその判定
を行う法人においてその行為により収益を獲得する見込みであるとはい
えないため、要件を満たさないものと解される[21]。例えば、被合併法人
が合併法人に対して不動産の貸付けを行っており、それ以外の事業を行
っていない場合、合併後はその貸付けによる収益の獲得はなくなること
になる。この場合は、要件を満たさないものと考えられる。

　(ii)　事業が相互に関連するものであること
　　被合併事業と合併事業との間に当該合併の直前において次に掲げ
　るいずれかの関係があるときは、事業関連性があるものとされる
　（法規3条1項2号）。この要件は、事業関連性要件を満たす場合の

例示を示しているものであって、この要件を満たさないからといって、即それにより事業関連性要件を満たさないというわけではない点に留意が必要である。

イ　被合併事業と合併事業とが同種のものである場合における被合併事業と合併事業との間の関係
ロ　被合併事業に係る商品、資産もしくは役務[22] または経営資源[23] と当該合併事業に係る商品、資産もしくは役務または経営資源とが同一のものまたは類似するものである場合における被合併事業と合併事業との間の関係
ハ　被合併事業と合併事業とが当該合併後に当該被合併事業に係る商品、資産もしくは役務または経営資源と当該合併事業に係る商品、資産もしくは役務または経営資源とを活用して行われることが見込まれている場合における被合併事業と合併事業との間の関係

　また、被合併法人の被合併事業と合併法人の合併事業とが、合併後に当該被合併事業に係る商品、資産もしくは役務または経営資源と当該合併事業に係る商品、資産もしくは役務または経営資源とを活用して一体として行われている場合には、当該被合併事業と合併事業とは、事業関連性があるものと推定される（法規3条2項）。
　以上から、被合併事業と合併事業とが同種の事業であるだけでなく、

22　商品、資産または役務は、継続して対価を得るものである必要があるため、それぞれ販売され、貸し付けられ、または提供されるものに限られる。
23　経営資源とは、事業の用に供される設備、事業に関する知的財産権等、生産技術または従業者の有する技能もしくは知識、事業に係る商品の生産もしくは販売の方式または役務の提供の方式その他これらに準ずるものをいう。

例えば同一製品の一方が製造を、他方が販売を行っているような関係にある場合も該当する。また、被合併事業に係る商品、資産もしくは役務または経営資源と合併事業に係るこれらのものを活用して、一定のシナジー効果が生じるような合併も対象になる。

　この事業関連性の判定について、国税庁から質疑応答事例が公表されているので、参照されたい。

【国税庁・質疑応答事例】

事業関連性要件における相互に関連するものについて

【照会要旨】

　A社は、主として事務用品の製造卸売業を行う法人ですが、この度、主として当社の製品を中心に販売している資本関係のないB社を吸収合併し、流通過程の合理化を目指すことを検討しています。このような資本関係のない法人間で行う合併については、共同事業要件を満たせば適格合併に該当することになりますが、この共同事業要件のうち事業が「相互に関連するものであること」という要件についてはどのように考えればよいのでしょうか。

【回答要旨】

　合併において被合併法人と合併法人との間に50％超の保有関係がない場合に共同事業要件に該当すれば適格合併に該当することとなりますが、この共同事業要件のうちの１つとして、被合併法人の被合併事業と合併法人の合併事業とが相互に関連するものであることという事業関連性要件（令４の３④一、規３）が規定されています。

　この事業関連性要件における被合併法人の被合併事業とは、被合併法人が合併前に行う主要な事業のうちのいずれかの事業をいう（令４の３④一括弧書）こととされ、また、合併法人の合併事業とは、合併法人が合併前に行う事業のうちのいずれかの事業をいう（令４の３④一括弧書）こととされています。

　したがって、被合併事業については、合併前に行う主要な事業であることが要求されていますが、合併事業については、合併前に行う事業のうちのいずれかの事業とされていますので主要な事業であることは要求されていません。また、被合併事業について、合併前に行う主要な事業のうちのいずれかの事業とされていますので、主要な事業が複数存在することが想定されています。

　ただし、新設合併の場合には、合併法人は合併前に存在せず、その合併によって設立されますので、被合併法人同士の被合併事業について相互に関連するものであることが求められており、それぞれの被合併法人の主要な事業のうちのいずれかの事業が関連性を有していなくてはならないこととなります。

　この事業が「相互に関連するものであること」というのは、例えば、「○×小売業と○×小売業というように同種の事業が行われているもの」、「製薬業における製造と販売のように、その業態が異なっても薬という同一の製品の製造と販売を行うなど、それぞれの事業が関連するもの」、「それぞれの事業が合併後において、合併法人において一体として行われている現状にあるもの」などがこれに該当すると考えられます。

　ご照会の場合は、事務用品の製造卸売業を行う合併法人と事務用品の販売業を行う被合併法人が合併することによって、それぞれの事業が一体となってユーザーに直結した流通網の構築を目指して合理化を図るもの（何らかの相乗効果が生ずるようなもの）となっていることから、事業関連性があるものと考えられます。

② 規模要件または経営参画要件

　共同事業を行うための適格合併となるためには、規模要件または経営参画要件のいずれかを満たすことが必要である。

(i) 規模要件

　被合併法人の被合併事業と合併法人の合併事業のそれぞれの売上金額、従業者数、被合併法人と合併法人のそれぞれの資本金の額（または出資金の額）もしくはこれらに準ずるもののいずれかの規模の割合がおおむね5倍を超えないことが必要である（法令4条の3第4項2号）。

　事業の規模の割合がおおむね5倍を超えないかどうかは、これらのうちのいずれか1つの指標でもおおむね5倍以内であれば、要件を満たすことになる（法基通1-4-6の（注））。

　このうちの売上金額および従業者数については、事業関連性があると判断された被合併事業とそれに関連する合併事業のそれぞれの規模の比較で判定する。一方、資本金の額（または出資金の額）については、事業ごとに分割する考え方はなく、会社全体の資本金の額を比較することになる。

　従業者とは、合併前に行う事業に現に従事する者をいう（法基通1-4-4）。したがって、役員、従業員、出向契約で受けて入れて業務に従事する者[24]、パート・アルバイト、派遣社員などが含まれる。勤務実態のない者は、従業者には含まれないと考えられる。

　なお、規模要件を満たすために、例えば合併前に一方の法人が減資を行い、被合併法人の資本金の額と合併法人の資本金の額がおお

24　逆に、自社の従業員であっても、他社に出向している者は、従業者に含まれない。

むね5倍以内に収まることになる場合、その減資が規模要件を満たすための目的においてのみ行われており、それ以外にその減資に合理的な理由が見出せないと判断されるときは、租税回避行為に係る包括否認規定の適用を受ける可能性があると考えられる。逆に、合併前に、減資により発生したその他資本剰余金により欠損てん補を行い、欠損を解消することが、合併の当事法人間で合併を行うにあたっての条件として合意されており、それを行わないと合併を実行することができない状況にあるような場合は、租税回避行為には該当しないことが考えられる。

(ii) 経営参画要件

　規模要件が満たせない場合であっても、経営参画要件が満たされれば、それ以外の要件を満たすことにより、共同事業を行うための適格合併になる。

　合併前の被合併法人の特定役員のいずれかの者と合併法人の特定役員のいずれかの者が、合併後に合併法人の特定役員となることが見込まれていることが必要である。「いずれかの者」と規定されているように、被合併法人の特定役員のうちの最低1名以上と、合併法人の特定役員のうちの最低1名以上が、合併後に合併法人の特定役員となることが見込まれていればよい。

　同族会社の場合に、同一の者（個人1人）が被合併法人の特定役員と合併法人の特定役員を兼任している場合もあり得る。その場合は、それぞれの法人において特定役員としての実質を伴っている場合には、その者が合併後に合併法人の特定役員となることが見込まれていれば、経営参画要件を満たすことになる。

　特定役員とは、社長、副社長、代表取締役、代表執行役、専務取

締役、常務取締役またはこれらに準ずる者で法人の経営に従事している者をいう（法令4条の3第4項2号）。平取締役は、原則として特定役員には該当しない。

　また、使用人兼務役員となれない役員のうちの「副社長、専務、常務その他これらに準ずる職制上の地位を有する役員」について、定款等の規定または総会もしくは取締役会の決議等によりその職制上の地位が付与された役員をいうとされており（法基通9-2-4）、自称専務とか自称常務のような名刺の肩書きだけがそのようになっている者で、特定役員としての実質を伴わない者は、対象外であると考えられる。

　なお、「合併後に合併法人の特定役員となることが見込まれていること」と規定されているが、上場会社のように役員が株主総会の決議により選任される実態にある場合には、合併当初において予想できないような特別の事情の発生がない限り、任期を全うすることが必要であると考えられる。一方、同族会社の場合は、役員が再任されないことはあまりないため、合併当初において予想できないような特別の事情の発生がない限り、特定役員の地位に継続して就任することが見込まれるのが通常であると解され、逆に病気や死亡などの特別の事情がないにもかかわらず、比較的短期間で退任する場合は、形式的に要件を満たす目的で就任させたとみられる可能性があり、その理由が問われるものと考えられる。

③　従業者引継ぎ要件

　この要件を満たすためには、被合併法人の合併の直前の従業者のうち、その総数のおおむね80％以上に相当する数の者が、合併後に合併法人の業務に従事することが見込まれていることが必要である。

106

　なお、従業者引継ぎ要件については、「支配関係（50％超の関係）
がある法人間の適格合併」の箇所で解説した従業者引継ぎ要件と同様
の内容であるため、その箇所を参照されたい。

④　事業継続要件
　被合併法人が合併前に行う主要な事業が、合併後に合併法人におい
て引き続き行われることが見込まれていることが必要である。
　主要な事業が複数ある場合は、事業関連性要件の判定において合併
法人のいずれかの事業と関連性があると判定された事業が、合併後に
合併法人において引き続き行われることが見込まれていることが必要
である。その点は、「支配関係（50％超の関係）がある法人間の適格
合併」において、被合併法人に主要な事業が複数ある場合に、そのい
ずれかの事業が合併後に合併法人において引き続き行われることが見
込まれていればよい取扱いと異なっている。
　上記以外の内容については、「支配関係（50％超の関係）がある法
人間の適格合併」の箇所で解説した事業継続要件と同様の内容である
ため、その箇所を参照されたい。

⑤　株式継続保有要件
　平成29年度税制改正により、株主数50人基準が撤廃され、次のよう
に改められた。株式継続保有要件については、被合併法人の発行済株
式等の50％超を保有する企業グループ内の株主がその交付を受ける合
併法人株式の全部を継続して保有することが見込まれていることが要
件とされた。すなわち、合併により交付される合併法人株式のうち支
配株主[25]に交付されるものの全部が支配株主により継続して保有され

25　支配株主とは、合併の直前に被合併法人と他の者との間に他の者による支配関係があ

ることが見込まれることが要件である（法令4条の3第4項5号）。
平成29年度税制改正前は、株主数50人未満の場合に限り、交付を受け
る合併法人の株式の全部を継続して保有することが見込まれている株
主の有する被合併法人の株式の数が被合併法人の発行済株式等に占め
る割合が80％以上であることとされていた内容が改められたものであ
る。改正後の取扱いは、平成29年10月1日以後に行われる合併につい
て適用されている。

　合併の直前に被合併法人について支配株主が存在しない場合には、
株式継続保有要件は不要とされたわけであるが、同族会社の合併の場
合、被合併法人に支配株主が存在するのが通常であるため、この要件
を満たす必要が生じることになると考えられる。

　合併後に、支配株主が株式の譲渡をするなど株式を手離すことにな
った場合に、合併当初において継続保有することが見込まれていなか
ったと判断されるときは、この要件を満たさないことになる。逆に、
支配株主以外の株主が対価として交付を受けた株式を手離すことが見
込まれていても、支配株主の継続保有が見込まれていれば、株式継続
保有要件を満たすことになる。

　合併当初において継続保有することが見込まれていることが必要で
あるので、例えば合併当初において合併法人に株式公開計画が存在し
ていて、株式公開した後に支配株主が合併法人株式の売却をすること
が予定されており、支配株主による合併法人株式の全部の継続保有が
見込まれない場合は、明らかに要件を欠くことになってしまう。

　合併当初において継続保有が見込まれることが要件であるため、合
併当初においてまったく想定していなかったような事象がその後にお

る場合における当該他の者、および当該他の者による支配関係があるもの（当該合併に係
る合併法人を除く）をいう（法令4条の3第4項5号）。

いて発生し、それによって継続保有をやむなく断念せざるを得なくなるような場合には、適格性を否認すべきではないと考えられる。例えば、合併当初において合併法人に株式公開計画はまったくなく、その後の事業拡大を契機として株式公開計画が実現し、それにより株式を手離したとしても、合併当初において継続保有することが見込まれていた場合には、要件を満たすものと考えられる。

⑥　対価要件

　株主が合併法人株式または合併親法人株式のいずれか一方の資産以外の資産の交付を受けていないことが必要である。通常は、合併の対価として合併法人株式のみが交付されるため、その場合はこの要件を満たすことになる。

　対価要件については、「支配関係（50％超の関係）がある法人間の適格合併」の箇所で解説した対価要件と同様の内容であるため、その箇所を参照されたい。

Ⅳ 適格分割に係る適格要件の内容と留意点

　適格分割に係る適格要件についても、「企業グループ内の適格分割」と「共同事業を行うための適格分割」の２類型から成る。

1.　企業グループ内の適格分割

　企業グループ内の適格分割については、「完全支配関係がある法人間の適格分割」と「支配関係（50％超の関係）がある法人間の適格分割」とで、要件が区別されている。支配関係は50％超の資本関係を意味しており、完全支配関係をも包含している定義であるが、分割前が50％超100％未満の関係であったり、分割前が完全支配関係にあっても、分割後において50％超100％未満の関係の継続が見込まれている場合は、「完全支配関係がある法人間の適格分割」には該当しないため、「支配関係（50％超の関係）がある法人間の適格分割」に該当するのかどうかの判定を行うことになる。

　以下説明するように、「完全支配関係がある法人間の適格分割」の方が、要件が軽くなっている。

⑴　完全支配関係がある法人間の適格分割

　分割法人と分割承継法人との間に、分割前に完全支配関係[26]がある場合は、次のように判定する必要がある。

　この完全支配関係については、「当事者間の完全支配関係がある場合」と「同一の者による完全支配関係がある法人相互の関係がある場

26　分割法人と分割承継法人との間にいずれか一方の法人による完全支配関係がある場合、または分割法人と分割承継法人との間に同一の者による完全支配関係がある法人相互の関係がある場合のいずれかの関係である（第２章参照）。

110

合」に分けて整理する必要があり、適格要件を満たすのは、次のいずれ
かの内容に当てはまる場合である。

① 当事者間の完全支配関係がある場合

分割型分割の場合と分社型分割の場合で、区別して規定されている[27]。なお、分割型分割と分社型分割の定義については、第2章を参照されたい。

イ 分割型分割の場合

分割前に分割法人と分割承継法人との間に当該分割承継法人による完全支配関係がある場合は、対価要件を満たせば、適格分割に該当する（法法2条12号の11、法令4条の3第6項1号イ）。

平成29年度税制改正により、分割承継法人による完全支配関係が継続することが見込まれていることは、要件から削除された。

次の図のように、分割承継法人が分割法人の株式を全部保有している場合、無対価分割により行うのが通常である。分割承継法人が分割法人に株式を発行すると、分割法人が分割承継法人の株主に加わる形になるが、そのような形には通常はしない。下記の分割を無対価により行う場合は、適格分割に該当する（第2章参照）。

---

27 平成29年度税制改正では、分割型分割と分社型分割の規定が分けて規定された。分割型分割の定義として、分割の日において当該分割に係る分割対価資産のすべてが分割法人の株主に交付される場合の当該分割とされているため、分割法人が分割承継法人株式を一部でも保有しているときは、分社型分割として取り扱われるとされている。そこで、分割型分割の場合は、分割前に分割法人と分割承継法人との間に分割承継法人による完全支配関係があり、対価要件を満たせば、適格分割となる。分割後に分割承継法人による完全支配関係の継続が見込まれているとの要件は削除された（法令4条の3第6項1号イ）。支配関係についても、同様である（法令4条の3第7項1号イ）。

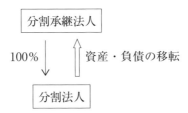

ロ　分社型分割の場合

　分割前に分割法人と分割承継法人との間にいずれか一方の法人による完全支配関係があり、かつ、当該分割後に当該分割法人と分割承継法人との間に当該いずれか一方の法人による完全支配関係が継続することが見込まれている場合は、対価要件を満たせば、適格分割に該当する（法法2条12号の11、法令4条の3第6項1号ロ）。

　下図のように、分割法人が分割承継法人の株式を全部保有している場合は、無対価分割により行うのが通常である。分割承継法人が分割法人に株式を交付した場合、分割法人の保有する分割承継法人株式の数が増加するだけであって、株式を交付してもしなくても持分が100％であることに変わりはなく、株式を交付する意味がないからである。この場合は、分社型分割に該当する（第2章参照）。分社型分割であるため、分割後に分割法人と分割承継法人との間に分割法人による完全支配関係が継続することが見込まれていることが必要である。

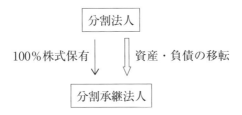

当事者間の完全支配関係がある場合の適格分割となるための要件

分割型分割	・分割前に分割法人と分割承継法人との間に当該分割承継法人による完全支配関係があること ・対価要件を満たすこと
分社型分割	・分割前に分割法人と分割承継法人との間にいずれか一方の法人による完全支配関係があること ・分割後に当該分割法人と分割承継法人との間に当該いずれか一方の法人による完全支配関係が継続することが見込まれていること ・対価要件を満たすこと

② 同一の者による完全支配関係がある法人相互の関係がある場合

イ 分割型分割の場合

　分割前に分割法人と分割承継法人との間に同一の者による完全支配関係があり、かつ、当該分割後に同一の者と分割承継法人との間に当該同一の者による完全支配関係が継続することが見込まれている場合は、対価要件を満たせば、適格分割となる（法法2条12号の11イ、法令4条の3第6項2号イ）。

　平成29年度税制改正により、分割型分割については、分割後における同一の者と分割承継法人との間の完全支配関係の継続が見込まれることが要件とされ、同一の者と分割法人との間の完全支配関係の継続が見込まれていることは要件から削除された。平成29年10月1日以後に行われる分割から適用されている。同一の者が個人（個人およびその親族等）である場合も含まれるため、同族会社にも影響があり得る改正である。

分割型分割の例

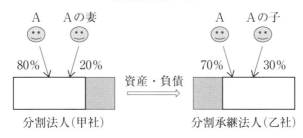

　上記のケースで、分割承継法人株式を分割法人の株主であるAとAの妻に交付する場合に、分割型分割となる。この場合は、分割前に甲社と乙社との間に同一の者（Aおよびその親族等）による完全支配関係があり、かつ、当該分割後に同一の者（Aおよびその親族等）と分割承継法人である乙社との間に当該同一の者による完全支配関係が継続することが見込まれている場合は、対価要件を満たせば、適格分割となる（法法2条12号の11イ、法令4条の3第6項2号イ）。対価要件は、分割の対価として乙社株式のみが交付されていれば、満たすことになる。

　また、分割型分割の場合は、分割法人の株主に対して、その持株数に応じて分割対価を交付することも適格分割となるための要件に追加されている。いわゆる按分型分割であることが必要である。
　なお、分割型分割の場合に、分割法人の株主に対して交付する分割承継法人株式に1株に満たない端数が生じたときの取扱いが問題となる。分割法人の株主に交付する分割承継法人株式に1株未満の端数が生じる場合は、会社法234条の規定により、端株をまとめて競売または譲渡をして、その譲渡等の代金を分割法人の株主に交付するという手続になる。この現金交付が行われるときに、対価要件を満たすのかどうかが論

点になる。この点については、その端数に応じて交付される金銭は、分割承継法人株式に含まれるものとして取り扱われる（法令139条の３の２第２項）。合併の場合と同様に取り扱われる。

ロ　分社型分割の場合

　分割前に分割法人と分割承継法人との間に同一の者による完全支配関係があり、分割後に当該分割法人と分割承継法人との間に当該同一の者による完全支配関係が継続することが見込まれている場合は、対価要件を満たせば、適格分割に該当する（法法２条12号の11イ、法令４条の３第６項２号ロ）。

　例えば、下図の場合、分割承継法人株式を分割法人にのみ交付しているため、分社型分割に該当する。

　分割前に分割法人と分割承継法人との間に同一の者による完全支配関係があり、分割後に当該分割法人と分割承継法人との間に当該同一の者による完全支配関係が継続することが見込まれており、かつ、対価要件を満たせば、適格分割に該当することになる。

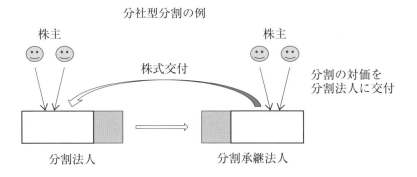

分社型分割の例

　分社型分割であるため、分割後において同一の者と分割承継法人との間だけでなく、同一の者と分割法人との間に当該同一の者によ

る完全支配関係が継続することが見込まれていることも必要である
点に留意する必要がある。

同一の者による完全支配関係がある法人相互の関係がある場合の適格分割となるための要件

分割型分割	・分割前に分割法人と分割承継法人との間に同一の者による完全支配関係があること ・分割後に同一の者と分割承継法人との間に当該同一の者による完全支配関係が継続することが見込まれていること ・対価要件を満たすこと
分社型分割	・分割前に分割法人と分割承継法人との間に同一の者による完全支配関係があること ・分割後に当該分割法人と分割承継法人との間に当該同一の者による完全支配関係が継続することが見込まれていること ・対価要件を満たすこと

(2)　支配関係がある法人間の適格分割

　分割法人と分割承継法人との間に、分割前に支配関係[28]がある場合
は、次のように判定する必要がある。

　この支配関係については、「当事者間の支配関係がある場合」と「同
一の者による支配関係がある法人相互の関係がある場合」に分けて整理
する必要があり、適格要件を満たすのは、次のいずれかの内容に当ては
まる場合である。

28　分割法人と分割承継法人との間にいずれか一方の法人による支配関係がある場合、ま
たは分割法人と分割承継法人との間に同一の者による支配関係がある法人相互の関係があ
る場合のいずれかの関係である。

　分割前に完全支配関係がある場合は、前項の類型になるため、要件が軽い。分割前が50％超100％未満の関係である場合は、本項の類型になるため、要件が追加される。また、分割前が完全支配関係であっても、分割後における完全支配関係の継続が見込まれていることが適格分割となるための要件として課されている分割については、分割後において完全支配関係ではなく50％超100％未満の関係の継続が見込まれている場合は本項の類型になるため、要件が追加されることはいうまでもない。

　適格要件を満たすのは、次に説明する要件に当てはまる場合である。

① 　当事者間の支配関係がある場合

　分割型分割の場合と分社型分割の場合で、区別して規定されている。なお、分割型分割と分社型分割の定義については、第2章を参照されたい。

　イ　分割型分割の場合

　分割前に分割法人と分割承継法人との間に当該分割承継法人による支配関係がある場合は、①主要な資産・負債の移転要件、②従業者引継ぎ要件、③事業継続要件および④対価要件の4つの要件を満たせば、適格分割に該当する（法法2条12号の11ロ、法令4条の3第7項1号イ）。平成29年度税制改正により、分割承継法人による支配関係が継続することが見込まれることは、要件から削除された。

　なお、①主要な資産・負債の移転要件、②従業者引継ぎ要件、③事業継続要件および④対価要件の各要件については、後で詳説する。

　ロ　分社型分割の場合

　分割前に分割法人と分割承継法人との間にいずれか一方の法人による支配関係があり、当該分割後に当該分割法人と分割承継法人との間に当該いずれか一方の法人による支配関係が継続することが見込まれている場合は、①主要な資産・負債の移転要件、②従業者引継ぎ要件、③事業継続要件および④対価要件の4つの要件を満たせば、適格分割に該当する（法法2条12号の11ロ、法令4条の3第7項1号ロ）。

　分社型分割の場合は、「いずれか一方の法人による支配関係が継続することが見込まれている」ことが、適格分割となるために必要である点に留意する必要がある。

② 　同一の者による支配関係がある法人相互の関係がある場合

イ　分割型分割の場合

　分割前に分割法人と分割承継法人との間に同一の者による支配関係があり、かつ、当該分割後に同一の者と分割承継法人との間に当該同一の者による支配関係が継続することが見込まれている場合は、対価要件を満たせば、適格分割となる（法法2条12号の11ロ、法令4条の3第7項2号）。

　平成29年度税制改正により、分割型分割については、分割後における同一の者と分割承継法人との間の支配関係の継続が見込まれていることが要件とされ、同一の者と分割法人との間の支配関係の継続が見込まれていることは要件から削除された。平成29年10月1日以後に行われる分割から適用されている。同一の者が個人（個人およびその親族等）である場合も含まれるため、同族会社にも影響があり得る改正である。

　また、分割型分割の場合は、分割法人の株主に対して、その持株数に応じて分割対価を交付することも適格分割となるための要件に追加されている。いわゆる按分型分割であることが必要である。

　なお、分割型分割の場合に、分割法人の株主に対して交付する分割承継法人株式に1株に満たない端数が生じたときの取扱いが問題となる。分割法人の株主に交付する分割承継法人株式に1株未満の端数が生じる場合は、会社法234条の規定により、端株をまとめて競売または譲渡をして、その譲渡等の代金を分割法人の株主に交付するという手続になる。この現金交付が行われるときに、対価要件を満たすのかどうかが論点になる。この点については、その端数に応じて交付される金銭は、分割承継法人株式に含まれるものとして取り扱われる（法令139条の3の2第2項）。合併の場合と同様に取り扱われる。

ロ　分社型分割の場合

　分割前に分割法人と分割承継法人との間に同一の者による支配関係があり、分割後に当該分割法人と分割承継法人との間に当該同一の者による支配関係が継続することが見込まれている場合は、対価要件を満たせば、適格分割に該当する（法法2条12号の11ロ、法令4条の3第7項2号）。

　企業グループ内の適格分割については、次のようにまとめることができる。

企業グループ内の適格分割に係る適格要件

分割前に支配関係があること（一定の場合には、分割後において支配関係の継続が見込まれていることが必要）
→下記の①から④を満たすことが必要
分割前に完全支配関係があること（一定の場合には、分割後において完全支配関係の継続が見込まれていることが必要）
→下記①②③の要件は不要であり、④のみで適格分割になる。）

①　主要な資産・負債の移転要件	分割事業[29]に係る主要な資産・負債が分割承継法人に移転すること
②　従業者引継ぎ要件	分割直前の分割事業に係る従業者のおおむね80%以上の者が、分割後に分割承継法人の業務に従事することが見込まれていること
③　事業継続要件	分割により移転した事業の継続が見込まれていること
④　対価要件	分割に伴って、分割承継法人の株式または分割承継法人の100%親法人株式のいずれか一方の資産以外の資産が交付されないこと（金銭等の交付がされないこと）また、分割型分割の場合、按分型分割であること

①　主要な資産・負債の移転要件

　分割事業に係る主要な資産および負債が分割承継法人に移転することが必要である。分割事業に係る資産および負債が主要なものであるかどうかは、分割法人が当該事業を行う上での当該資産および負債の重要性のほか、当該資産および負債の種類、規模、事業再編計画の内

29　分割事業とは、分割法人の分割前に行う事業のうち、当該分割により分割承継法人において行われることとなるものをいう（法法2条12号の11ロ(1)）。

容等を総合的に勘案して判定する（法基通1-4-8）。

　主要な資産・負債が何であるかは、業種・業態により異なるため、一律に判定できるものではない。そのため、分割法人が当該事業を行う上での当該資産および負債の重要性のほか、当該資産および負債の種類、規模、事業再編計画の内容等の様々な要素を総合的に勘案して判定するものとされている[30]。

　基本的には分割事業が分割後に分割承継法人において継続できるだけの資産および負債を移転すればよいと考えられ、負債を移転しないで分割事業に係る資産のみを移転する場合でも、問題はないと考えられる。借入金などの負債については、分割事業との紐付き関係が明確でない場合もあり得る。そのような場合に、その借入金のうちのいくらを移転させるかについては、特段の制約はないものと考えられる。

②　従業者引継ぎ要件

　分割法人の分割直前の分割事業に係る従業者のうち、その総数のおおむね80％以上に相当する数の者が、分割後に分割承継法人の業務に従事することが見込まれていることが必要である（法法2条12号の11ロ(2)）。

　ここでいう「従業者」とは、役員、使用人その他の者で、分割の直前において分割事業に現に従事する者をいう（法基通1-4-4）。したがって、役員、従業員、出向契約で受けて入れて業務に従事する者[31]、パート・アルバイト、派遣社員などが含まれる。なお、勤務実態のない者は、従業者には含まれないと考えられる。また、分割法人の分割直前の従業者が、出向により分割承継法人の業務に従事する場

30　髙橋正朗編著「法人税基本通達逐条解説（十訂版）」税務研究会出版局、P 66。
31　逆に、自社の従業員であっても、他社に出向している者は、従業者に含まれない。

合も、従業者引継ぎ要件を満たすことになる（法基通1-4-10）。したがって、分割法人に籍を置いたまま、出向契約により分割承継法人の業務に従事する者も分子にカウントされることになる。

ただし、日々雇い入れられる者で従事した日ごとに給与等の支払を受ける者について、法人が従業者の数に含めてもよいし、含めないこともできるとされている（法基通1-4-4のただし書き）。また、下請先の従業員は、例えば自己の工場内でその業務の特定部分を継続的に請け負っている者であっても、従業者には該当しない。

また、複数の事業に兼務している者については、主として従事する事業に係る者を従業者として取り扱う（法基通1-4-4の注3）。主として従事する事業であるか、従として従事する事業であるかの判定については、それぞれの事業に従事する時間、従事する業務の内容（果たしている役割）、（管理者である場合には）責任の程度などを総合的に勘案して判断することになると考えられる。

従業者の範囲

日雇者	従業者に含めないことができる。
下請従業者	自己の工場内で継続して請負を行っていても従業者に含まない。
兼務者	主として従事する事業に係る者だけが従業者となる。

分割後に従事する分割承継法人における業務は、分割により移転する事業に限定されておらず、分割承継法人におけるいずれかの事業に従事するのであれば、分子にカウントされることになる点に留意する必要がある。

分割直前において分割事業に従事する者が分割後においていったん

122

分割承継法人の業務に従事するものの、その後の退職が予定されている場合で、会社もそれを把握していたとしても、従事すること自体を要件としているだけで、従事の継続までを要件としていないため、問題ないものと考えられる。

なお、平成30年度税制改正により、分割承継法人との間に完全支配関係がある法人の業務に従事することが見込まれている従業者も分子にカウントされ、また、その分割の後に当該分割事業が当該適格合併に係る合併法人に移転することが見込まれている場合におけるその合併法人およびその合併法人との間に完全支配関係がある法人の業務に従事することが見込まれている従業者も分子にカウントすることとされた（法法 2 条12号の11ロ(2)）。

③　事業継続要件

分割事業が分割後に分割承継法人において引き続き行われることが見込まれていることが必要である（法法 2 号12号の11ロ(3)）。分割事業の分割後における継続の見込みが要件であり、分割法人に残る事業の継続の見込みは要件ではない。

分割法人が分割承継法人に対して不動産を賃貸する事業を分割承継法人に移転する場合は、分割後において不動産賃貸事業は消滅することになるため、この要件を満たすことはできない。

また、分割法人において行われている事業に係る資産のみを移転し、事業を移転しない場合[32]は、完全支配関係がある法人間の分割に限り、他の適格要件を満たす限り、適格分割になるが、完全支配関係

32　会社法上、会社分割は、その事業に関して有する権利義務の全部または一部を他の会社に承継させることをいう（会社法 2 条29号、30号）。事業を承継しないで、資産単体を移転することも可能である。

がない場合は、事業継続要件を満たさないことになるため、適格分割にはならない。

　さらに、事業の一部を移転する、例えば、分割法人が行っている小売事業のうち、○○地域の小売事業だけを移転するような場合は、その一部の事業を分割事業と考えて判定することになる。他の適格要件を満たしている場合は、適格分割に該当するものと考えられる。

　なお、平成30年度税制改正により、分割事業が分割承継法人との間に完全支配関係がある法人において引き続き行われることが見込まれている場合、ならびに当初の分割後に行われる適格合併により当該分割事業が当該適格合併に係る合併法人に移転することが見込まれている場合におけるその合併法人および当該合併法人との間に完全支配関係がある法人において引き続き行われることが見込まれている場合も、事業継続要件を満たすものとされた（法法2条12号の11ロ(3)）。

④　対価要件

　分割に伴って、分割承継法人の株式または分割承継法人の100％親法人株式のいずれか一方の資産以外の資産が交付されないこと、すなわち分割の対価として金銭等の交付がされないことが必要である（法法2条12号の11）。

　また、分割型分割の場合、分割法人の株主に対してその保有する分割法人の株式の数（出資の場合は金額）の割合に応じて分割承継法人株式が交付される分割、すなわち按分型分割であることが必要である（法法2条12号の11かっこ書き）。

2.　共同事業を行うための適格分割

　共同事業を行うための適格分割は、分割法人と分割承継法人が共同で

事業を行うための分割である。共同事業を行うための適格分割は、次の
要件をすべて満たす分割である。

共同事業を行うための適格分割

① 事業関連性要件	分割により移転する事業と分割承継法人におけるいずれかの事業が相互に関連していること
② 規模要件または経営参画要件	規模が著しく異ならないこと（売上金額、従業者数、その他これらに準ずるもののいずれかの比率がおおむね5倍以内であること）（規模要件） または 分割法人の役員のいずれかの者および分割承継法人の特定役員のいずれかの者が、分割後において分割承継法人の特定役員となることが見込まれていること（経営参画要件）
③ 主要な資産・負債の移転要件	分割事業[33] に係る主要な資産・負債が分割承継法人に移転すること
④ 従業者引継ぎ要件	分割直前の分割事業に係る従業者のおおむね80%以上の者が、分割後に分割承継法人の業務に従事することが見込まれていること
⑤ 事業継続要件	分割により移転した事業の継続が見込まれていること
⑥ 株式継続保有要件	分割により分割の対価として取得した分割承継法人株式の継続保有が見込まれていること
⑦ 対価要件	分割に伴って、分割承継法人の株式または分割承継法人の100%親法人株式のいずれか一方の資産以外の資産が交付されないこと（金銭等の交付がされないこと） また、分割型分割の場合、按分型分割であること

33　分割事業とは、分割法人の分割前に行う事業のうち、分割により分割承継法人において行われることとなるものをいう（法令4条の3第8項1号）。

① 事業関連性要件

　分割事業と分割承継法人のいずれかの事業とが関連性を有していればよい。分割事業とは、分割法人の分割前に行う事業のうち、分割により分割承継法人において行われることとなるものをいい（法令４条の３第８項１号）、その分割事業が分割承継法人の分割前に行う事業のうちのいずれかの事業と関連性を有していることが要件である。ただし、分割承継法人の分割前に行う事業のうちのいずれかの事業と関連する分割事業については、後で説明する事業継続要件（分割後に分割承継法人において引き続き行われることが見込まれていること）が課されることになる。

　共同事業を行うための適格合併における事業関連性要件とは異なり、関連する分割事業は主要な事業である必要はない。分割法人にとって主要な事業である必要はないし、承継する分割承継法人にとっても主要な事業である必要はない。

　国税庁の質疑応答事例では、次のようなものは、事業が相互に関連するものである場合に該当するとの考え方が示されている。

・○×小売業と○×小売業というように同種の事業を行っているもの
・製薬業における製造と販売のように、その業態が異なっても薬という同一の製品の製造と販売を行うなど、それぞれの事業が関連するもの
・それぞれの事業が分割後において、分割承継法人において一体として行われている現状にあるもの

　その点について、平成19年４月13日に公布された法人税法施行規則の一部を改正する省令（平成19年財令第33号）により、共同事業を行

うための組織再編成の要件判定にあたって、事業関連性要件の判定に関する規定が新設され、明確化がされている。

(ⅰ) 事業の存在

事業が相互に関連する要件を満たすためには、そもそも事業が存在していることが必要である。事業実態がない、いわゆるペーパーカンパニーの場合は、そもそも事業がないため、事業関連性要件を満たすことはできない。

まず、分割法人と分割承継法人が分割の直前において、次の要件のすべてに該当するときは、事業が存在すると考えられる（法規3条1項1号、3項）。

イ　事務所、店舗、工場その他の固定施設を所有し、または賃借していること

ロ　従業者（役員にあっては、その法人の業務に専ら従事するものに限る）があること

ハ　自己の名義をもって、かつ、自己の計算において、商品販売等（商品の販売、資産の貸付けまたは役務の提供で、継続して対価を得て行われるものをいい、その商品の開発もしくは生産または役務の開発を含む）、広告宣伝、市場調査、許認可の取得等のいずれかの行為をしていること

要するに、①固定施設を所有または賃借していること、②従業者が存在することおよび③収益の獲得、以上の3つの要件が満たされているときは、事業が存在すると考えられる。

(ⅱ)　事業が相互に関連するものであること

　分割事業と分割承継事業[34]との間に当該分割の直前において次に掲げるいずれかの関係があるときは、事業関連性があるものと考えられる（法規3条1項2号、3項）。この要件は、事業関連性要件を満たす場合の例示を示しているものであって、この要件を満たさないからといって、即それにより事業関連性要件を満たさないというわけではない点に留意が必要である。

イ　分割事業と分割承継事業とが同種のものである場合における分
　　割事業と分割承継事業との間の関係
ロ　分割事業に係る商品、資産もしくは役務[35]または経営資源[36]と
　　分割承継事業に係る商品、資産もしくは役務または経営資源とが
　　同一のものまたは類似するものである場合における分割事業と分
　　割承継事業との間の関係
ハ　分割事業と分割承継事業とが分割後に分割事業に係る商品、資
　　産もしくは役務または経営資源と分割承継事業に係る商品、資産
　　もしくは役務または経営資源とを活用して行われることが見込ま
　　れている場合における分割事業と分割承継事業との間の関係

　また、分割法人の分割事業と分割承継法人の分割承継事業とが、分割後に分割事業に係る商品、資産もしくは役務または経営資源と分割

34　分割承継事業とは、分割承継法人の分割前に行う事業のうちのいずれかの事業をいう。
35　商品、資産または役務は、継続して対価を得るものである必要があるため、それぞれ販売され、貸し付けられ、または提供されるものに限られる。
36　経営資源とは、事業の用に供される設備、事業に関する知的財産権等、生産技術または従業者の有する技能もしくは知識、事業に係る商品の生産もしくは販売の方式または役務の提供の方式その他これらに準ずるものをいう。

承継事業に係る商品、資産もしくは役務または経営資源とを活用して一体として行われている場合には、分割事業と分割承継事業とは、事業関連性があるものと推定される（法規３条２項）。

　以上から、分割事業と分割承継事業とが同種の事業であるだけでなく、例えば同一製品の一方が製造を、他方が販売を行っているような関係にある場合も該当する。また、分割事業に係る商品、資産もしくは役務または経営資源と分割承継事業に係るこれらのものを活用して、一定のシナジー効果が生じるような分割も対象になる。

② 規模要件

　分割事業と分割承継法人の分割承継事業（当該分割事業と関連する事業に限る）のそれぞれの売上金額、従業者の数もしくはこれらに準ずるもののいずれかの規模の割合がおおむね５倍を超えないことが必要である。これらの指標のうちのいずれか１つでもおおむね５倍以内であれば、要件を満たすことになる（法基通１−４−６の注）。規模が大きくかけ離れている場合は、共同事業を行うというよりも、買収に実態が近いものになるという考え方に基づいていると考えられる。

　ここでいう従業者とは、従業者引継ぎ要件における従業者と同義であり、分割前に行う事業に現に従事する者をいう（法基通１−４−４）。したがって、役員、従業員、出向契約で受け入れて業務に従事する者[37]、パート・アルバイト、派遣社員などが含まれる。なお、勤務実態のない者は、従業者には含まれないと考えられる。

　なお、分割の場合、共同事業を行うための適格合併のように、会社規模を表す資本金を用いることはできない点に留意する必要がある。

37　逆に、自社の従業員であっても、他社に出向している者は、従業者に含まれない。

③　経営参画要件

　規模要件が満たせない場合であっても、経営参画要件が満たされれば、それ以外の要件を満たすことにより、共同事業を行うための適格分割になる。

　分割前の分割法人の役員等（役員および役員以外の者で法人の経営に従事している者をいう）のいずれかの者と分割承継法人の特定役員のいずれかの者が、分割後に分割承継法人の特定役員となることが見込まれていることが必要である。「いずれかの者」と規定されているように、分割法人の役員等のうちの最低1名以上と、分割承継法人の特定役員のうちの最低1名以上が、分割後に分割承継法人の特定役員となることが見込まれていればよい。

　分割法人の「役員等」のいずれかの者と規定されているため、分割法人において平取締役であった者も対象である。ただし、分割後に分割承継法人の特定役員となることが見込まれている必要がある。

　特定役員とは、社長、副社長、代表取締役、代表執行役、専務取締役、常務取締役またはこれらに準ずる者で法人の経営に従事している者をいう（法令4条の3第4項2号）。「これらに準ずる者」とは、役員または役員以外の者で、社長、副社長、代表取締役、代表執行役、専務取締役または常務取締役と同等に法人の経営の中枢に参画している者をいう（法基通1-4-7）。平取締役は、原則として特定役員には該当しない。

　また、使用人兼務役員となれない役員のうちの「副社長、専務、常務その他これらに準ずる職制上の地位を有する役員」について、定款等の規定または総会もしくは取締役会の決議等によりその職制上の地位が付与された役員をいうとされており（法基通9-2-4）、自称専務とか自称常務のような名刺の肩書きだけがそのようになっている者

で、特定役員としての実質を伴わない者は、対象外であると考えられる。

　なお、「分割後に分割承継法人の特定役員となることが見込まれていること」と規定されているが、上場会社のように役員が株主総会の選任決議により選任される実態にある場合には、分割当初において予想できないような特別の事情の発生がない限り、任期を全うすることが必要であると考えられる。一方、同族会社の場合は、役員が再任されないことはあまりないため、分割当初において予想できないような特別の事情の発生がない限り、特定役員の地位に継続して就任することが見込まれているのが通常であると解され、逆に病気や死亡などの特別の事情がないにもかかわらず、比較的短期間で退任する場合は、形式的に要件を満たす目的で就任させたとみられる可能性があり、その理由が問われるものと考えられる。

④　主要な資産・負債の移転要件

　分割事業に係る主要な資産および負債が分割承継法人に移転することが必要である。分割事業に係る資産および負債が主要なものであるかどうかは、分割法人が当該事業を行う上での当該資産および負債の重要性のほか、当該資産および負債の種類、規模、事業再編計画の内容等を総合的に勘案して判定するものとされる（法基通1-4-8）。主要な資産・負債が何であるかは、業種・業態により異なるため、一律に判定できるものではない。そのため、分割法人が当該事業を行う上での当該資産および負債の重要性のほか、当該資産および負債の種類、規模、事業再編計画の内容等の様々な要素を総合的に勘案して判定するものとされている[38]。

38　髙橋正朗編著「法人税基本通達逐条解説（十訂版）」税務研究会出版局、P 66。

　なお、主要な資産・負債の移転要件については、「支配関係がある法人間の適格分割」の箇所で解説した主要な資産・負債の移転要件と同様の内容であるため、その箇所を参照されたい。

⑤　従業者引継ぎ要件

　この要件を満たすためには、分割法人の分割直前の分割事業に係る従業者のうち、その総数のおおむね80％以上に相当する数の者が、分割後に分割承継法人の業務に従事することが見込まれていることが必要である。

　なお、従業者引継ぎ要件については、「支配関係がある法人間の適格分割」の箇所で解説した従業者引継ぎ要件と同様の内容であるため、その箇所を参照されたい。

⑥　事業継続要件

　分割に係る分割法人の分割事業（その分割に係る分割承継法人の分割承継事業と関連する事業に限る）が分割後に分割承継法人において引き続き行われることが見込まれていることが必要である（法令4条の3第8項5号）。

　分割事業が複数ある場合は、分割承継法人のいずれかの事業と関連する事業の継続が見込まれていることが必要である。

　なお、平成29年度税制改正により、当該分割後に行われる適格合併により分割事業がその適格合併に係る合併法人に移転することが見込まれている場合には、その合併法人において引き続き行われることが見込まれていることが要件とされた（法令4条の3第8項5号）。改正前は、分割承継法人において行われ、さらに合併後に合併法人において引き続き行われることが見込まれていることが要件とされていた

ものである。平成29年10月1日以後に行われる分割から適用されている。

⑦　株式継続保有要件

　分割型分割か分社型分割かによって、それぞれ次のように定められている。

　(ⅰ)　分割型分割

　　平成29年度税制改正により、分割型分割に係る株主数50人基準は撤廃され、次のように改められた。分割型分割の場合、分割法人の発行済株式等の50％超を保有する企業グループ内の株主がその交付を受けた分割承継法人株式の全部を継続して保有することが見込まれていることが必要である。すなわち、分割型分割において支配株主[39]に交付される分割承継法人株式のうち支配株主に交付されるものの全部が支配株主により継続して保有されることが見込まれていることが要件である（法令4条の3第8項6号イ）。

　　分割の直前に係る分割法人に支配株主が存在しない場合には、株式継続保有要件は不要とされたわけであるが、同族会社の分割の場合、分割法人に支配株主が存在するのが通常であるため、この要件を満たす必要があると考えられる。

　　平成29年度税制改正前は、分割法人の株主数が50人未満の場合に限り、交付を受けた分割承継法人株式の全部を継続して保有することが見込まれている株主の有する分割法人の株式の数が分割法人の発行済株式総数の80％以上であることとされていた要件が改められたものである。この改正は、平成29年10月1日以後に行われる分割

39　支配株主とは、分割型分割の直前に分割法人と他の者との間に他の者による支配関係がある場合における当該他の者、および当該他の者による支配関係があるものをいう。

について適用されている。

　分割後に、支配株主が株式の譲渡をするなど株式を手離すことになった場合に、分割当初において継続保有することが見込まれていなかったと判断されるときは、この要件を満たさないことになる。逆に、支配株主以外の株主が対価として交付を受けた株式を手離すことが見込まれていても、支配株主の継続保有が見込まれていれば、株式継続保有要件を満たすことになる。

　分割当初において継続保有することが見込まれていることが必要であるので、例えば分割当初において分割承継法人に株式公開計画が存在していて、株式公開した後に支配株主が分割承継法人株式の売却をすることが予定されており、分割承継法人株式の全部が継続保有されることが見込まれない場合は、明らかに要件を欠くことになってしまう。

　分割当初において継続保有が見込まれていることが要件であるため、分割当初においてまったく想定していなかったような事象がその後において発生し、それによって継続保有をやむなく断念せざるを得なくなるような場合には、適格性を否認すべきではないと考えられる。例えば、分割当初において分割承継法人に株式公開計画はまったくなく、その後の事業拡大を契機として株式公開計画が実現したような場合は、株式公開の結果株式を売却することになったとしても、分割当初において継続保有することが見込まれていた場合には、要件を満たすものと考えられる。

(ii)　分社型分割

　分社型分割により交付される分割承継法人株式の全部が、分割法人により継続して保有されることが見込まれていることが必要であ

る（法令４条の３第８項６号ロ）。

　分社型分割であるため、分割の対価として分割承継法人株式の交付を受けるのは、分割法人のみである。その分割法人が、交付を受けた分割承継法人株式の全部を継続して保有することが見込まれていることが要件である。

⑧　対価要件

　分割に伴って、分割承継法人の株式または分割承継法人の100％親法人株式のいずれか一方の資産以外の資産が交付されないこと、すなわち分割の対価として金銭等の交付がされないことが必要である（法法２条12号の11）。

　また、分割型分割の場合、分割法人の株主に対してその保有する分割法人の株式の数（出資の場合は金額）の割合に応じて分割承継法人株式が交付される分割、すなわち按分型分割であることが必要である（法法２条12号の11かっこ書き）。

第4章

合併の処理

Ⅰ 適格合併と非適格合併の比較

適格合併か非適格合併かによって税務処理は2通りに分かれる。

適格合併の場合は、被合併法人は合併法人に対して資産・負債を帳簿価額によって引き継ぐ。被合併法人において譲渡損益は生じない。

非適格合併の場合は、被合併法人は資産・負債を合併法人に対して時価で譲渡したものとして処理する。含み益は譲渡益、含み損は譲渡損として被合併法人の最後事業年度（合併の日の前日に終了する事業年度の）益金または損金の額に算入される。合併法人側で時価評価による課税が生じることはない。

適格合併と非適格合併の比較

	適格合併	非適格合併
被合併法人の資産	被合併法人の最後事業年度終了の時の帳簿価額により合併法人に引き継ぐ。	時価により譲渡したものとして処理する。ただし、100％グループ内の内国法人間で譲渡損益調整資産の移転がされた場合、譲渡損益を繰り延べる。
被合併法人の利益積立金額	合併法人が被合併法人の最後事業年度終了の時の利益積立金額を引き継ぐ(注)。	合併法人は被合併法人の利益積立金額を引き継がない。
繰越欠損金の引継ぎ	合併法人が被合併法人の繰越欠損金を引き継ぐことが、原則として認められる。ただし、一定の制限規定が置かれている。	合併法人は被合併法人の繰越欠損金を引き継がない。

| 被合併法人の株主への課税の有無 | 被合併法人の株主に対する課税は生じない。みなし配当…発生しない旧株の譲渡損益…繰延べ旧株の簿価と同額で新株を取得したとされるのみである。 | ＊金銭等の交付がない場合（合併法人株式または合併法人の完全親法人株式のいずれか一方以外の資産（金銭等）の交付がない場合）みなし配当…みなし配当は生じ得る。旧株の譲渡損益…繰延べ＊金銭等の交付がある場合みなし配当は生じ得る。旧株の譲渡損益は生じる。 |

（注）　平成22年度税制改正により、適格合併においては、合併法人が被合併法人から引き継ぐ資産の帳簿価額から、被合併法人から引き継ぐ負債の帳簿価額および被合併法人の最後事業年度終了の時の資本金等の額の合計額を減算した額について利益積立金額を増加（または減少）させるという規定振りになったため、利益積立金額を引き継ぐという表現は上記の規定に即しているとは言い難いが、被合併法人の最後事業年度終了の時の利益積立金額を引き継ぐことと実質的には変わらないため、あえてわかりやすさを優先して、引き継ぐと表現している（以下、同様）。

❷ 適格合併の税務処理

1. 適格合併の税務処理の基本

適格合併の基本的な税務処理は、次の表のとおりである。

適格合併の税務処理の基本

項　目	処理内容
被合併法人の資産・負債	被合併法人の資産・負債を帳簿価額により合併法人に引き継ぐ。
被合併法人の利益積立金額	被合併法人の利益積立金額を合併法人に引き継ぐ。
被合併法人の資本金等の額	被合併法人の最後事業年度終了の時の資本金等の額と同額を合併法人において増加させる。
合併法人の有する被合併法人株式（抱合せ株式）	合併法人の有する抱合せ株式については、その帳簿価額相当額について、合併法人の資本金等の額から減算する。
繰越欠損金の引継ぎ	原則として認められる（一定の制限規定あり）。
被合併法人の株主への課税	課税は生じない。 みなし配当…発生しない 旧株の譲渡損益…繰延べ （旧株の簿価と同額で新株を取得したとされる。）

(1) 被合併法人の資産・負債

被合併法人の資産・負債を帳簿価額により合併法人に引き継ぐ。簿価引継ぎが強制される。したがって、被合併法人の最後事業年度において、資産の移転に係る譲渡損益は生じない。

⑵　被合併法人の利益積立金額

　合併により合併法人が引き継ぐ諸資産の帳簿価額から合併により引き継ぐ諸負債の帳簿価額および合併による資本金等の額の増加額の合計額を減算した額について、合併法人において利益積立金額を増加（または減少）する。実質的には、被合併法人の最後事業年度終了の時の利益積立金額を合併法人が引き継ぐという意味になる。被合併法人の最後事業年度の決算および申告については、被合併法人のあらゆる権利・義務が合併の日をもって合併法人に包括的に承継されるため、実際には合併法人が行うことになる[40]。すなわち、合併法人が被合併法人の最後事業年度に係る法人税申告書を作成することになるが、その法人税申告書の別表5⑴における「差引翌期首現在利益積立金額」の欄の金額が、そのまま合併法人に引き継がれる。

　合併法人が引き継ぐということは、具体的には、合併法人の合併の日を含む事業年度に係る法人税申告書の別表5⑴の「利益積立金額の計算に関する明細書」において、増加または減少の記載をするという意味である。ここで注意しなければならない点は、被合併法人の最後事業年度終了の時の利益積立金額がプラスの場合であれマイナスの場合であれ引き継ぐということである。プラスの場合は合併法人の法人税申告書別表5⑴において増加、マイナスの場合は合併法人の法人税申告書別表5⑴において減少の記載を行うことになる。

　なお、基本的には合併法人の合併の日を含む事業年度の別表5⑴の増加欄でプラスまたはマイナスの受入れをすればよいが、会計ソフトによっては別表4と連動するように設計されているケースがある。この増減は別表4を通さないで行うため、この問題を解決するために、別表5⑴

---

[40]　被合併法人の最後事業年度の課税所得がプラスとなる場合は、合併法人が納税することになる。

の期首現在利益積立金額の箇所で受け入れる処理を行う方法が使われる
場合もある。

(補足) 別表5⑴の調整項目の引継ぎ方法

　適格合併において、被合併法人の合併直前に会計上の帳簿価額および
税務上の帳簿価額に差異があるものがある場合、被合併法人の最後事業
年度の別表5⑴の「差引翌期首現在利益積立金額」に調整が残っている
ことになる。

　その調整項目が合併法人にどのように引き継がれるのか、具体例で示
すものとする。

前提条件

合併法人の直前事業年度末の純資産の部

会計上の数値		税務上の数値	
資本金	1,000	資本金等の額	1,000
利益剰余金	700	利益積立金額	700

　（注）　利益積立金額700の内訳は、単純化のため繰越損益金700、納税
　　　充当金0、未納法人税等0とする。

被合併法人の合併直前の純資産の部

会計上の数値		税務上の数値	
資本金	1,000	資本金等の額	1,000
利益剰余金	300	利益積立金額	450

　また、被合併法人の利益積立金額の内訳（別表5⑴の明細）は、次の
とおりである。

利益剰余金（繰越損益金に記載）	300
償却超過額	100
納税充当金	250
未納法人税等	△200
差引合計額	450

　上記の内容で、期中合併が行われたものとする。合併法人は、被合併法人の純資産の部の内訳科目を、そのまま引き継ぐ会計処理を行った。以下、合併法人の合併の日の属する事業年度において、別表5⑴上でどのような方法で受入処理を行うのかを示す。なお、単純化のため、合併法人の当期純利益はゼロであったものとする。

別表五（一）　　利益積立金額および資本金等の額の計算に関する明細書

区　　分	期首現在利益積立金額	当期の増減		差引翌期首現在利益積立金額 ①−②+③
		減	増	
	①	②	③	④
利益準備金				
償却超過額			※100	100
繰越損益金	700	700	1,000	1,000
納税充当金			※250	250
未納法人税等			※△200	△200
差引合計額	700	700	1,150	1,150

（表題）Ⅰ　利益積立金額の計算に関する明細書

Ⅱ　資本金等の額の計算に関する明細書				
区　　分	期首現在資本金等の額	当期の増減		差引翌期首現在資本金等の額
		減	増	
資本金または出資金	1,000		1,000	2,000
資本準備金				

　償却超過額、納税充当金および未納法人税等の増加欄は、合併による受入れを表している。別表4を通さないで別表5⑴で直接受け入れるため、※を付すなど、他の調整項目と区別ができるように記載することが望ましい。

　このように、基本的には合併法人の合併の日を含む事業年度の別表5⑴の増加欄でプラスまたはマイナスの受入れをすればよいが、会計ソフトによっては別表4と連動するように設計されているケースがある。この増減は別表4を通さないで行うため、この問題を解決するために、別表5⑴の期首現在利益積立金額の箇所で受け入れる処理を行う方法が使われる場合もある。

⑶　被合併法人の資本金等の額

　被合併法人の最後事業年度終了の時の資本金等の額と同額を合併法人において増加させる必要がある。被合併法人の最後事業年度に係る法人税申告書の別表5⑴における「差引翌期首現在資本金等の額」の欄の金額を、合併法人の合併の日を含む事業年度の法人税申告書別表5⑴の増加欄に記載することになる。

　被合併法人の資本金等の額は、通常はプラスの場合がほとんどであるため、合併法人の資本金等の額が増加することになる。法人住民税均等

割の負担が増加する場合が生じるので、留意しておく必要がある[41]。なお、合併に際して、会社法上の資本金や資本準備金は増加させなくてよく、全額剰余金の増加という会計処理が認められるが、法人税法上の資本金等の額は増加するため、法人住民税均等割の負担は増加する場合が生じる点に留意する必要がある。

⑷　合併法人の有する被合併法人株式（抱合せ株式）

　合併法人の有する被合併法人株式を抱合せ株式という。会社法上、抱合せ株式に対しては新株の交付を行うことができないとされている。したがって、合併法人が合併前に抱合せ株式を保有しているときは、合併の日をもって抱合せ株式は消滅する。適格合併の場合、抱合せ株式については、その帳簿価額相当額について、合併法人の資本金等の額から減算する取扱いとなる（法令8条1項5号）[42]。

　抱合せ株式が消滅することから、損金算入できると誤解する向きがあるが、所得金額には影響しない点について留意が必要である。

　次の事例を参考とされたい。

41　例えば、合併法人および被合併法人の合併前の資本金等の額がそれぞれ1,000万円であった場合は、合併後の合併法人の資本金等の額は2,000万円になる。この場合、資本金等の額が1,000万円以下から1,000万円超になるため、法人住民税均等割の負担は増加することになる。

42　非適格合併の場合は、抱合せ株式の帳簿価額に当該抱合株式に対して交付されたものとみなされる合併法人株式その他の資産の価額のうちみなし配当に相当する金額を加算した金額について、資本金等の額を減算する（法令8条1項5号）。会社法上、抱合せ株式に対価の交付はしないが、税務上は対価の交付があったものとみなす取扱いになっている。

事例　吸収合併に伴う抱合せ株式の処理

前提条件

　当社は、数年前にA法人株式を取得した。現在A法人株式の100％を保有している。帳簿価額は株式取得時の時価に見合った100,000千円である。

　当社は、このたび100％子法人であるA社を無対価合併により吸収合併する。税務上、適格合併に該当する。そのときの会計処理と税務処理を示しなさい。

A社　貸借対照表　　　　　単位：千円

現預金	20,000	借入金	15,000
土地	65,000	資本金	10,000
（土地の時価は	80,000)	利益剰余金	60,000（注）
合　計	85,000	合　計	85,000

　（注）　税務上の利益積立金額も60,000千円とする。

解　答

1.　会計処理

　「企業結合に関する会計基準」における「共通支配下の取引」に該当するので、子法人の資産および負債を帳簿価額により受け入れる。また、子法人の株主資本のうちの親法人持分相当額70,000千円と親会社が合併直前に保有していた子法人株式（抱合せ株式）の適正な帳簿価額100,000千円との差額30,000千円を、抱合せ株式消滅差損として特別損失に計上する。

現預金	20,000		借入金	15,000
土地	65,000		A法人株式	100,000
抱合せ株式消滅差損	30,000			

2.　税務処理

　適格合併に該当するため、子法人の資産および負債を帳簿価額により引き継ぐ。また、子法人の最後事業年度終了の時の資本金等の額10,000千円について資本金等の額を増加する一方、抱合せ株式の帳簿価額100,000千円について資本金等の額を減少する。なお、子法人の利益積立金額60,000千円をそのまま引き継ぐ。

現預金	20,000		借入金	15,000
土地	65,000		資本金等の額	10,000
			利益積立金額	60,000
資本金等の額	100,000		A法人株式	100,000

3.　申告調整

　会計上の抱合せ株式消滅差損は、税務上は損金不算入となるため、別表4で加算する。また、別表5(1)の利益積立金額であるが、会計上抱合せ株式消滅差損を計上しているので、繰越損益金の増加欄が30,000千円減少している。抱合せ株式消滅差損加算の30,000千円と相殺関係になるため、トータルでみると、合併による利益積立金額の引継額である60,000千円増加することになる。一方、資本金等の額はトータルで90,000千円減少することになる。

別表四　所得の金額の計算に関する明細書

区　　分	総　額	処　分		
		留　保	社外流出	
	①	②	③	
当期利益または当期欠損の額			配当	
			その他	
加算　抱合せ株式消滅差損加算	30,000	30,000		
減算				

別表五（一）　　利益積立金額および資本金等の額の計算に関する明細書

I　利益積立金額の計算に関する明細書				
区　　分	期首現在利益積立金額	当期の増減		差引翌期首現在利益積立金額 ①－②＋③
		減	増	
	①	②	③	④
利益準備金				
積立金				
抱合せ株式消滅差損加算			30,000	30,000
合併による増加			60,000	60,000
繰越損益金	×××		×××	×××

（注）　会計上抱合せ株式消滅差損を計上しているため、繰越損益金の増加欄が30,000千円減少している。「抱合せ株式消滅差損加算」の30,000千円の増加と相殺関係になる。したがって、利益積立金額は「合併による増加」の60,000千円増加することになる。

Ⅱ　資本金等の額の計算に関する明細書			
区　分	期首現在資本金等の額	当期の増減		差引翌期首現在資本金等の額
		減	増	
資本金または出資金	×××			×××
資本準備金				
合併による減少			△90,000	△90,000

　なお、平成27年度地方税法の改正前は、資本金等の額が90,000千円減少することにより、合併法人の法人住民税均等割が下がるケースがあり得たが、改正後は、法人住民税均等割の税率区分の基準となる資本金等の額が資本金と資本準備金の合算額を下回るときは、法人住民税均等割の税率区分の基準となる額は資本金と資本準備金の合算額とする旨の規定が新設されたため（地法52条4項）、均等割は下がらないことになる。法人税法上の資本金等の額が減少しているだけであり、会社法上の資本金と資本準備金の額は変動していないからである。別途資本金または資本準備金の額を減少させない限り、均等割は下がらない。外形標準課税の資本割についても、同様である（地法72条の21第2項）。

法人住民税均等割の税率区分の基準である資本金等の額　＜　資本金の額　＋　資本準備金の額

　　━━▶　法人住民税均等割の税率区分の基準となる額（および外形標準課税の資本割の課税標準の額）を、資本金の額＋資本準備金の額とする。

⑸　繰越欠損金の引継ぎ

① 被合併法人から引き継がれる繰越欠損金

　適格合併の場合、原則として、被合併法人の未処理欠損金額（10年内の繰越欠損金のうち未使用のもの）を合併法人に引き継ぐ。具体的には、適格合併の日前10年以内に開始した被合併法人の各事業年度の繰越欠損金のうち、未使用のもの（未処理欠損金額）を合併法人に引き継ぐ（法法57条２項）。

　「未使用のもの」という意味は、被合併法人の期限内の繰越欠損金のうち、控除または繰戻しのいずれにも使用していないものという意味である。

　ただし、租税回避行為の防止の観点から、一定の場合には、引継ぎに制限が課せられる。この引継ぎ制限の取扱いについては、本章の「Ⅴ　繰越欠損金の引継ぎ制限、使用制限等」の箇所で詳説する。

　被合併法人の繰越欠損金を具体的にどのように合併法人に引き継ぐかであるが、繰越欠損金が発生した被合併法人の事業年度開始の日の属する合併法人の事業年度において生じた繰越欠損金とみなして取り扱われる。ただし、合併法人における合併事業年度（合併の日の属する事業年度）開始の日以後に開始した被合併法人の事業年度において生じた繰越欠損金は、合併事業年度の前事業年度において生じた繰越欠損金とみなして取り扱われる。ただし書きは、被合併法人の最後事業年度がこれに該当するケースがある。被合併法人の最後事業年度が欠損事業年度であった場合、その欠損金額も合併法人に引き継がれることになる。

② 繰越欠損金を引き継ぐ方法

　実務上は、別表７⑴付表１「適格組織再編成等が行われた場合の調

整後の控除未済欠損金額の計算に関する明細書」を用いて引き継ぐことになる。

　以下、別表7⑴および別表7⑴付表1の記載例を示すものとする。合併法人甲社は3月決算、被合併法人乙社は9月決算法人であったものとする。期中合併であるX4年3月1日に合併したものとする。

被合併法人乙社の繰越欠損金の額は、次のとおりである。

（単位：円）

発生事業年度	繰越欠損金の額
X0. 10. 1～X1. 9. 30	1,000,000
X1. 10. 1～X2. 9. 30	2,000,000
X2. 10. 1～X3. 9. 30	500,000
X3. 10. 1～X4. 2. 28	1,200,000
合計	4,700,000

　なお、被合併法人乙社の最後事業年度（X3.10.1～X4.2.28）に発生した繰越欠損金は、合併法人における合併事業年度開始の日以後に開始した被合併法人の事業年度において生じた繰越欠損金であるため、合併法人甲社の合併事業年度の前事業年度であるX3年3月期に生じた繰越欠損金とみなされる点に留意が必要である。

　甲社のX4年3月期における繰越欠損金の控除前所得金額が6,000,000円であったものとすると、引き継がれた繰越欠損金4,700,000円の全額が控除される（甲社は中小法人等であり、繰越欠損金の控除制限は受けないものと仮定）。

欠損金又は災害損失金の損金算入等に関する明細書

| 事業年度 | X3・4・1 X4・3・31 | 法人名 | 甲社 |

| 控除前所得金額 ① (別表四「43の①」) | 1 | 6,000,000 円 | 損金算入限度額 ② (1)×50又は100/100 | 2 | 6,000,000 円 |

事業年度	区分	控除未済欠損金額 3	当期控除額 (当該事業年度の(3)と((②)－当該事業年度前の(4)の合計額))のうち少ない金額) 4	翌期繰越額 ((3)－(4))又は(別表七(四)「15」) 5
・・ ・・	青色欠損・連結みなし欠損・災害損失		円	
X0・4・1 X1・3・31	青色欠損・連結みなし欠損・災害損失	1,000,000	1,000,000	0 円
X1・4・1 X2・3・31	青色欠損・連結みなし欠損・災害損失	2,000,000	2,000,000	0
X2・4・1 X3・3・31	青色欠損・連結みなし欠損・災害損失	1,700,000	1,700,000	0
・・ ・・	青色欠損・連結みなし欠損・災害損失			
・・ ・・	青色欠損・連結みなし欠損・災害損失			
・・ ・・	青色欠損・連結みなし欠損・災害損失			
・・ ・・	青色欠損・連結みなし欠損・災害損失			
・・ ・・	青色欠損・連結みなし欠損・災害損失			
	計	4,700,000	4,700,000	0

当期分	欠損金額 (別表四「52の①」)		欠損金の繰戻し額	
	同上のうち 災害損失金			
	青色欠損金			
	合計			

災害により生じた損失の額の計算

災害の種類			災害のやんだ日又はやむを得ない事情のやんだ日	・・
災害を受けた資産の別	棚卸資産 ①	固定資産(固定資産に準ずる繰延資産を含む。) ②	計 ①+② ③
当期の欠損金額 (別表四「52の①」) 6			円
災害により生じた損失の額	資産の滅失等により生じた損失の額 7	円	円
	被害資産の原状回復のための費用等に係る損失の額 8		
	被害の拡大又は発生の防止のための費用に係る損失の額 9		
	計 (7)+(8)+(9) 10		
保険金又は損害賠償金等の額 11			
差引災害により生じた損失の額 (10)－(11) 12			
同上のうち所得税額の還付又は欠損金の繰戻しの対象となる災害損失金額 13			
中間申告における災害損失欠損金の繰戻し額 14			
繰戻しの対象となる災害損失欠損金額 ((6の③)と((13の③)－(14の③))のうち少ない金額) 15			
繰越控除の対象となる損失の額 ((6の③)と((12の③)－(14の③))のうち少ない金額) 16			

適格組織再編成等が行われた場合の調整後の控除未済欠損金額の計算に関する明細書

事 業 年 度	X3 ・ 4 ・ 1 X4 ・ 3 ・ 31	法人名	甲 社

別表七(一)付表一 令四・四・一以後終了事業年度分

適格組織再編成等が行われた場合の調整後の控除未済欠損金額

事業年度	欠損金の 区 分	控除未済欠損金額又は調整後の 当該法人分の控除未済欠損金額 前期の別表七(一)「5」又は (4)、(7)若しくは別表七 (一)付表三「5」若しくは別 表七(一)付表四「5」 **1**	被合併法人等から引継ぎを受ける未処理欠損金額 適格合併等の別：適格合併・残余財産の確定 適格合併等の日： X4 ・ 3 ・ 1 被合併法人等の名称： 乙 社		調整後の控除未済欠損金額 (1)＋(2) **3**
			被合併法人 等の事業 年 度	欠損金の 区 分	
				被合併法人等の未処理欠損金額 最終の事業年度の別表七(一) 「5」又は(4)、(7)若しくは別 表七(一)付表三「5」 **2**	
X0・ 4・ 1 X1・ 3・31	青色	内 0 円 0	X0・10・ 1 X1・ 9・30	青色	内 1,000,000 円 内 1,000,000	内 1,000,000
X1・ 4・ 1 X2・ 3・31	〃	内 0	X1・10・ 1 X2・ 9・30	〃	内 2,000,000	内 2,000,000
X2・ 4・ 1 X3・ 3・31	〃	内 0	X2・10・ 1 X3・ 9・30	〃	内 500,000	内 500,000
X2・ 4・ 1 X3・ 3・31	〃	内 0	X3・10・ 1 X4・ 2・28	〃	内 1,200,000	内 1,200,000
：・：		内	：・：		内	内
：・：		内	：・：		内	内
：・：		内	：・：		内	内
：・：		内	：・：		内	内
：・：		内	：・：		内	内
計		0	計		4,700,000	4,700,000

支配関係がある法人との間で適格組織再編成等が行われた場合の未処理欠損金額又は控除未済欠損金額の調整計算の明細

適格組織再編成等の別	合併(適格・非適格)、残余財産の確定・適格分割・適格現物出資・適格現物分配	適格組織再編成等の日	・ ・
対 象 法 人 の 別	被合併法人等(名称：) ・当該法人	支配関係発生日	・ ・

対象法人の 事業年度	欠損金の 区 分	共同事業要件に該当する場合 又は5年継続支配関係がある場合 のいずれかに該当する場合 被合併法人等の未処理 欠損金額又は当該法人 の控除未済欠損金額 被合併法人等の最終の事 業年度の別表七(一)「5」 又は当該法人の前期の別 表七(一)「5」 **4**	共同事業要件に該当する場合又は5年継続支配関係がある場合のいずれにも該当しない場合		引継ぎを受ける未処理欠損 金額又は調整後の当該法 人分の控除未済欠損金額 支配関係事業年度前の事業年 度にあっては0、支配関 係事業年度以後の事業年度 にあっては(5)と(6)のうち 少ない金額 **7**
			被合併法人等の未処理 欠損金額又は当該法人 の控除未済欠損金額 被合併法人等の最終の事 業年度の別表七(一)「5」 又は当該法人の前期の別 表七(一)「5」 **5**	支配関係事業年度以後の事 業年度の特定資産譲渡等損 失額相当額以外の部分から成る欠損金額 (8)－(12) **6**	
：・：		円	円	円	円
：・：					
：・：					
：・：					
：・：					
：・：					
：・：					
計					

支配関係事業年度以後の欠損金額のうち特定資産譲渡等損失相当額の計算の明細

対象法人の 支配関係事 業年度以後 の事業年度	支配関係事業年度以後の 事業年度の欠損金発生額 支配関係事業年度以後の 事業年度のそれぞれの別表七 (一)「当期分の青色欠損金」 **8**	欠損金額のうち特定資産譲渡等損失相当額の計算			
		特定引継資産又は特 定保有資産の譲渡等に よる損失の額の合計額 **9**	特定引継資産又は特 定保有資産の譲渡等に よる利益の額の合計額 **10**	特定資産譲渡等損失額 (9)－(10)又は(別表七 (一)付表二「5」) **11**	欠損金額のうち特定 資産譲渡等損失相当額 (8)と(11)のうち少ない金額 **12**
：・：	内	円	円	円	円
：・：	内				
：・：	内				
：・：	内				
計					

　以下、別表7(1)付表1の記載方法から説明する。第1に、合併法人の未処理欠損金額を「控除未済欠損金額又は調整後の当該法人分の控除未済欠損金額」の欄（1欄）に事業年度ごとに記載する。

　第2に、被合併法人から引継ぎを受ける未処理欠損金額を「被合併法人等から引継ぎを受ける未処理欠損金額」の欄（2欄）に事業年度ごとに記載する。このとき、1欄と2欄の対応関係に留意が必要である。2欄の被合併法人の事業年度の期首日の属する合併法人の事業年度に対応させる必要がある。記載例のように、例えば被合併法人のＸ0年10月1日からＸ1年9月30日までの事業年度に発生した繰越欠損金は、合併法人のＸ0年4月1日からＸ1年3月31日までの事業年度において生じた繰越欠損金とみなして引き継ぐことになる。ただし、合併法人における合併事業年度開始の日以後に開始した被合併法人の事業年度については、合併法人における合併事業年度の前事業年度に対応させることになる。記載例のように、被合併法人のＸ3年10月1日からＸ4年2月28日までの事業年度に発生した繰越欠損金は、合併法人のＸ2年4月1日からＸ3年3月31日までの事業年度（合併事業年度の前事業年度）において生じた繰越欠損金とみなして引き継ぐことになる。

　第3に、合併法人の未処理欠損金額に被合併法人から引き継ぐ未処理欠損金額を加算した額を、「調整後の控除未済欠損金額」の欄（3欄）に事業年度ごとに記載する。この調整後の控除未済欠損金額を別表7(1)に事業年度ごとに転記する。

　適格合併の日の属する事業年度開始の日の5年前の日から合併の時まで支配関係が継続している場合は、原則として引継ぎ制限はないため、記載例のように、付表1の上段のみ記載すればよく、中段に記載する必要はない。

　また、合併法人に繰越欠損金がない場合でも、1欄には0と記載し、

引き継ぐ被合併法人の繰越欠損金を2欄に記載し、3欄に合計額（結果として2欄の額）を記載する。

　なお、合併法人が適格合併により被合併法人から繰越欠損金を引き継ぐ場合は、別表7(1)付表1を記載することになるが、その添付書類として、被合併法人の最後事業年度の確定申告書に添付された別表7(1)の写しを添付する必要がある[43]。また、地方税の申告においても第6号様式の別表9に併せて別表12「適格組織再編成等が行われた場合の調整後の控除未済欠損金額等の計算に関する明細書」および被合併法人の最後事業年度の確定申告書に添付された第6号様式の別表9の写しを添付する必要がある。

(6)　被合併法人の株主への課税

　適格合併の場合は、被合併法人の株主に対する課税は、発生しない。適格要件の中に対価要件が含まれているため、適格合併である以上、対価要件は当然に満たされている。旧株の譲渡損益は繰り延べられる。また、被合併法人の最後事業年度終了の時の利益積立金額は合併法人に引き継がれるため、みなし配当課税は生じない。

　次の仕訳のように、旧株（被合併法人株式）の帳簿価額と同額で新株（合併法人株式）を取得したとされるのみである。

　　　株式（合併法人株式）　　ＸＸ　／　株式（被合併法人株式）

(7)　適格合併における合併法人の受入処理

　適格合併における合併法人の受入処理は、次の図表により表すことができる。

43　国税庁「別表7(1)付表1の記載の仕方」より。

　受け入れる諸資産および諸負債は、被合併法人の最後事業年度終了の時の帳簿価額により計上する。税務上の帳簿価額という意味であるから、会計と税務の帳簿価額が異なる場合は、会計上は会計上の帳簿価額、税務上は税務上の帳簿価額をそれぞれ引き継ぐことになる。会計上の帳簿価額と税務上の帳簿価額との差異は、被合併法人の申告書別表5 ⑴に調整項目として残っているため、その調整項目を合併法人の申告書別表5⑴上で受け入れる処理になる。

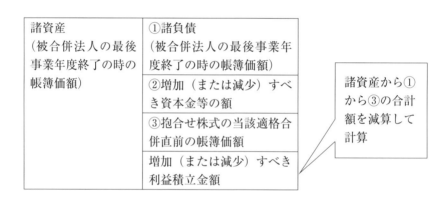

　上記の②と③の合計額は、被合併法人の最後事業年度終了の時の資本金等の額に一致する。したがって、被合併法人の最後事業年度終了の時の資本金等の額よりも抱合せ株式の帳簿価額の方が大きい場合は、合併法人においてその差額を資本金等の額から減算することになる。

　合併法人が抱合せ株式を有するときは、トータルでみると、抱合せ株式の帳簿価額相当額と被合併法人の最後事業年度終了の時の資本金等の額の大小関係によって、合併法人の資本金等の額が増加する場合と減少する場合の2通りに分かれる。

| 抱合せ株式の帳簿価格 | ＞ | 被合併法人の資本金等の額 |

　　──────▶　差額について合併法人において資本金等の額が減少する。

| 抱合せ株式の帳簿価格 | ＜ | 被合併法人の資本金等の額 |

　　──────▶　差額について合併法人において資本金等の額が増加する。

Ⅲ 合併の会計処理

1. 同族一族が支配している法人間の合併の会計処理

　同族一族が複数の法人を支配している場合に、その支配している法人間で合併を行う場合、個人の親族等が、その個人と同一の内容の議決権行使を行う者であると認められる場合は、その個人と緊密な者であると考えられる。このようにその個人にとって緊密な者または同一の内容の議決権行使を行うことに同意している者であると判断される場合は、その個人と緊密な者または同意している者の持株数を合算して、法人を支配しているかどうかを判断することになる（「企業結合会計基準及び事業分離等会計基準に関する会計基準の適用指針」（以下、「適用指針」という）202項）。

　個人とその親族等が発行済株式等の過半数を保有している場合、その個人の親族等が緊密な者または同意している者に該当する場合がほとんどあり、その場合の会計処理は、「同一の株主（個人）により支配されている企業同士の吸収合併の会計処理」を定めている適用指針254項に準拠することになる。

　同一の株主により支配されている企業同士の吸収合併は、「企業結合に関する会計基準」における「共通支配下の取引」に該当するため、存続会社は次のように処理を行う[44]。

(1) 受け入れた資産および負債の会計処理

　存続会社が消滅会社から受け入れる資産および負債は、企業結合会計基準41項により、移転前に付された適正な帳簿価額により計上する。簿

---

[44] ここでは、会計基準に基づいた処理であるため、会計基準における用語である「存続会社」および「消滅会社」を用いている。

価移転の処理になる。

(2)　増加すべき株主資本の会計処理

　合併が共同支配企業の形成と判定された場合の存続会社の会計処理（適用指針185項）に準じて処理する。以下の原則的な会計処理と例外的な会計処理から成る。

　なお、吸収合併存続会社が受け入れた自己株式（消滅会社が保有していた存続会社株式）は、消滅会社における適正な帳簿価額により、存続会社の株主資本からの控除項目として表示する（適用指針84項なお書き参照）。

①　原則的な会計処理

　存続会社は、消滅会社の合併期日の前日の適正な帳簿価額による株主資本の額を払込資本（資本金または資本剰余金）として会計処理する。増加すべき払込資本の内訳項目（資本金、資本準備金またはその他資本剰余金）は、会社法の規定に基づき決定する。それを受けて会社計算規則35条2項では、払込資本の内訳については増加する株主資本の範囲内で合併契約において定めるものとされ、資本金および資本準備金に計上しないで、全額をその他資本剰余金に計上する処理も認められる。なお、抱合せ株式がある場合、抱合せ株式の額については、払込資本から減額する。

　ただし、消滅会社の株主資本の額がマイナスである場合は、その他利益剰余金の減少額とし、資本金、資本準備金および利益準備金の額は変動しない。

諸資産　Ｘ Ｘ Ｘ	諸負債	Ｘ Ｘ Ｘ
	資本金	Ｘ Ｘ Ｘ
	資本準備金	Ｘ Ｘ Ｘ
	その他資本剰余金	Ｘ Ｘ Ｘ

払込資本の内訳は、合併契約において定める（全額をその他資本剰余金に計上することも可）

② 例外的な会計処理

　合併の対価が存続会社株式のみである場合、存続会社は、消滅会社の合併期日の前日の資本金、資本準備金、その他資本剰余金、利益準備金およびその他利益剰余金の内訳科目を、そのまま引き継ぐことが認められる。消滅会社の適正な帳簿価額による株主資本の額がマイナスとなる場合も同様である。

諸資産　Ｘ Ｘ Ｘ	諸負債	Ｘ Ｘ Ｘ
	資本金	Ｘ Ｘ Ｘ
	資本準備金	Ｘ Ｘ Ｘ
	その他資本剰余金	Ｘ Ｘ Ｘ
	利益準備金	Ｘ Ｘ Ｘ
	その他利益剰余金	Ｘ Ｘ Ｘ

被合併法人の株主資本の構成を引き継ぐ（その他利益剰余金がマイナスの場合は、借方にくる）

　また、吸収合併の手続とともに、株主資本の計数の変動手続（会社法447条から452条）が行われ、その効力が合併期日に生じる場合には、合併期日において、会社の意思決定機関で定められた結果に従い、株主資本の計数を変動させることができる。なお、株主資本の計数の変動に際しては、資本剰余金と利益剰余金の混同とならないように留意する必要がある。

　なお、抱合せ株式がある場合、抱合せ株式の額については、その他資本剰余金から減額する。

2.　抱合せ株式の会計処理

　存続会社が消滅会社の株式（関連会社株式またはその他有価証券）を保有している場合で、吸収合併存続会社の増加すべき株主資本の会計処理は、次のいずれかの方法による。上記の原則的な会計処理と例外的な会計処理のいずれかに応じて、次のとおり処理される。

抱合せ株式の会計処理

原則的な会計処理	消滅会社の株主資本の額から当該抱合せ株式の適正な帳簿価額を控除した額を払込資本の増加（当該差額がマイナスの場合にはその他利益剰余金の減少）として処理する。
例外的な会計処理	吸収合併消滅会社の株主資本を引き継いだ上で、当該抱合せ株式の適正な帳簿価額をその他資本剰余金から控除する。

　以下は、適用指針の設例23「同一の株主（個人）により支配されている企業同士の合併」に示されている会計処理例である。

[設例23]　同一の株主（個人）により支配されている企業同士の合併の会計処理

(1)　前提条件

①　A社はB社を吸収合併した。

②　A社とB社の株主及び株式の保有状況は次のとおりである。なお、甲氏とその配偶者は同一の内容の議決権を行使するものと認められるものとする。

<A社>

株主	保有割合	保有株数(株)
甲　氏	40%	180
甲　氏配偶者	20%	90
第三者	40%	180
合　計	100%	450

<B社>

株主	保有割合	保有株数(株)
甲　氏	40%	100
甲　氏配偶者	40%	100
第三者	20%	50
合　計	100%	250

③　合併期日の前日のA社及びB社の個別貸借対照表は次のとおりである。

A社（吸収合併存続会社）個別貸借対照表			
諸資産	200	資本金	100
		資本剰余金	50
		利益剰余金	50
合　計	200	合　計	200

B社（吸収合併消滅会社）個別貸借対照表			
諸資産	50	資本金	20
		資本剰余金	20
		利益剰余金	10
合　計	50	合　計	50

④　合併比率等は1：0.6（B社株式1株に対してA社株式0.6株を交付）であったため、A社は、B社の株主である甲氏、その配偶者に対してそれぞれ60株（＝100株×0.6）、第三者に対して30株（＝50株×0.6）を交付した。

　合併後のA社の株主及び株式の保有状況は次のとおりである。

株　　主	保有割合	保有株数(株)
甲　　氏	40%	240
甲　　氏 配偶者	25%	150
第三者	35%	210
合　　計	100%	600

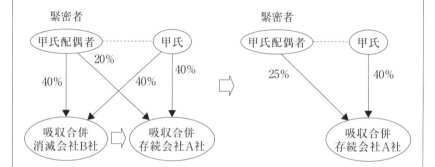

(2)　考え方

①　A社及びB社は、甲氏により議決権の40%を保有され、かつ甲氏の配偶者と合わせて議決権の過半数を保有されている。

②　甲氏の配偶者が、実質的に甲氏にとって緊密な者又は同意している者であると判断される場合、甲氏の持分と甲氏の配偶者の持分を合算した甲氏グループにより、A社及びB社は支配されていることになる。

　したがって、A社とB社は甲氏グループという同一の株主により、最終的に支配されているため、A社とB社の合併は共通支配下の取引となる（第201項参照）。

③　A社の個別財務諸表上の会計処理

(借) 諸資産 (＊1)	50	(貸) 資本金 (＊2)	20
		資本剰余金 (＊2)	20
		利益剰余金 (＊2)	10

（＊1）　A社とB社の合併は、甲氏グループを同一の株主とする共通支配下の取引であるため、B社から受入れる資産及び負債は、合併期日の前日に付された適正な帳簿価額により計上する（第254項(1)参照）。

（＊2）　A社は企業集団の最上位の親会社ではないため、A社が合併の対価として甲氏、甲氏の配偶者及び第三者に株式を交付する取引は、第200項の定めによる非支配株主との取引を適用せず、増加すべき株主資本の額はB社の適正な帳簿価額による株主資本の額により算定される。増加すべき株主資本の内訳は、原則として、払込資本として処理することになるが、合併の対価が株式のみの場合は、B社の資本金、資本準備金、その他資本剰余金、利益準備金及びその他利益剰余金の内訳科目を、抱合せ株式等の会計処理を除き、そのまま引き継ぐことができる。ここでは、株主資本の構成を引き継ぐ処理を採用している場合を示している（第254項(2)参照）。

④　吸収合併後のＡ社の個別財務諸表

吸収合併後Ａ社個別財務諸表			
諸資産	250	資本金	120
		資本剰余金	70
		利益剰余金	60
合　　計	250	合　　計	250

（出典：公益財団法人財務会計基準機構・企業会計基準委員会の公表物より転載）

3.　完全支配関係があり無対価で行われる場合の会計処理

　完全支配関係がある子会社間で、無対価で行われる合併の場合の会計処理であるが、存続会社となる子会社は消滅会社となる子会社の株主資本をそのまま引き継ぐ会計処理を行う。増加すべき株主資本の内訳項目については、会社法の規定に従う（適用指針203-2項(2)）。それを受けて会社計算規則36条2項では、「吸収合併の直前の消滅会社の資本金および資本剰余金の合計額を存続会社のその他資本剰余金の変動額とし、吸収合併の直前の利益剰余金の額を存続会社のその他利益剰余金の変動額とすることができる。」と規定されている。無対価であり新株発行がないため、資本金、資本準備金および利益準備金を増加させない処理となる点に留意する必要がある。

存続会社の受入仕訳

諸資産	×××	諸負債	×××
		その他資本余剰金	×××
		その他利益余剰金	×××

Ⅳ 非適格合併の税務処理

1. 資産・負債の時価による移転

　非適格合併の場合は、被合併法人の資産・負債を適正な時価で譲渡したものとして処理するため、含み益は譲渡益、含み損は譲渡損として計上される。被合併法人の最後事業年度（合併の日の前日の属する事業年度）の益金の額または損金の額に算入され、合併法人側で時価評価による課税が生じることはない。

　非適格合併の際には、合併時に引き継ぐ資産・負債の受入価額は、税務上合併のときにおける移転資産等の時価をもって計上される（法法62条1項）。被合併法人の最後事業年度において評価差額が益金の額または損金の額に算入されることになる。

　なお、被合併法人の一切の権利・義務が合併の日をもって合併法人に承継されるため、被合併法人の最後事業年度に係る申告納税義務も合併法人に引き継がれる。結果として、最後事業年度の課税所得がプラスの場合には、合併法人が納税することになる。

2. 資本金等の額の増加の処理

　非適格合併の場合、合併法人において利益積立金額の増減は生じない。合併対価に相当する額について、合併法人において資本金等の額を増加させる。

　合併法人において増加させるべき資本金等の額は、被合併法人の株主に交付した合併法人株式の当該合併の時の価額（時価）である。

　合併対価は、被合併法人の株主に交付した合併法人株式の価額であるが、移転を受けた資産および負債の時価純資産価額と等しくなるとは限らない。被合併法人の株主に交付した合併法人の株式等の価額が移転を

受けた資産および負債の時価純資産価額を超えるときは、その差額について「資産調整勘定」が計上される（法法62条の8第1項）。

　また、被合併法人の株主に交付した合併法人の株式等の価額が移転を受けた資産および負債の時価純資産価額を下回るときは、その差額について「差額負債調整勘定」が計上される（法法62条の8第3項）。それぞれ5年間にわたって月数に応じて減額され、損金の額または益金の額に算入される。

　このように「被合併法人の株主に交付した合併法人株式の価額」（＝合併対価）が税務処理のベースとなるが、調整項目が別途置かれている点に留意する必要がある。

合併対価に含めないもの

① 被合併法人の株主に剰余金の配当等として交付した金銭その他の資産（配当見合いの交付金）
② 合併に反対する株主に対するその買取請求に基づく対価として交付される金銭その他の資産

　結論としては、合併法人において増加させるべき資本金等の額は、被合併法人の株主に交付した合併法人株式の時価（配当見合いの交付金および反対株主に対するその買取請求に基づく対価として交付される金銭を除く）である（法令8条1項5号）。

3.　差額のれん

(1)　資産調整勘定

　被合併法人の資産負債を時価評価して受け入れる際の時価純資産価額と、その対価として時価純資産価額を超えて支払われる株式等の価額の合計額との差額を資産調整勘定として計上する（法法62条の8第1項）。

また、この資産調整勘定は5年間にわたり月割で減額し、減額した金額は当該事業年度の損金の額に算入する（法法62条の8第4項）。

$$\begin{array}{c}\text{当該事業年度の}\\\text{損金算入額}\end{array} = \begin{array}{c}\text{各資産調整勘定の}\\\text{当初計上額}\end{array} \div 60 \times \begin{array}{c}\text{当該事業年度の}\\\text{月数}\end{array}$$

(2)　差額負債調整勘定

　非適格合併等により被合併法人等から資産・負債の移転を受けた場合において、その非適格合併の対価が、移転をうけた資産・負債の時価純資産価額より少ない場合には、その差額は「差額負債調整勘定」の金額とされる（法法62条の8第7項）。

　差額負債調整勘定は当初計上額を5年間にわたり月割で減額して、その減額した金額を当該事業年度の益金の額に算入する。

$$\begin{array}{c}\text{当該事業年度の}\\\text{益金算入額}\end{array} = \begin{array}{c}\text{各差額負債調整勘定の}\\\text{当初計上額}\end{array} \div 60 \times \begin{array}{c}\text{当該事業年度の}\\\text{月数}\end{array}$$

(3)　退職給与債務引受額

　被合併法人の従業員を引き継ぐ場合に、従業員にかかる退職給与債務を合併法人が引き受ける場合には、退職給与債務引受額を負債調整勘定として計上する。そして当該従業員が退職等の事由により従業者でなくなった場合、または、退職給与を支払うことになる場合には、対応する金額を減額することになる（法法62の8第6項1号）。また、減額された金額はその属する事業年度の益金の額に算入される。

4.　その他の細目

(1)　寄附金

　非適格合併により被合併法人が合併法人に資産等を移転させたとき
は、被合併法人の最後事業年度において時価による譲渡があったものと
して譲渡損益を計上する。

　この譲渡損益は、被合併法人の最後事業年度の寄附金の損金不算入額
の計算における所得金額の計算において、所得の金額には含めないもの
として計算する。

(2)　特定同族会社の留保金課税

　非適格合併により被合併法人が合併法人に資産等を移転させたとき
は、被合併法人の最後事業年度において時価による譲渡があったものと
して譲渡損益を計上する。

　特定同族会社の留保金課税の取扱いにおいては、この譲渡損益を除外
する。

(3)　土地譲渡等の特別税率

　土地の譲渡等があった場合の特別税率および短期所有に係る土地の譲
渡等がある場合の特別税率の適用において、適用対象となる土地の譲渡
等には、非適格合併による土地の移転が含まれる。

（注）当該課税は、令和5年3月31日までの間、課税停止とされている。

(4)　欠損金の繰戻し還付

　青色申告書を提出した事業年度に生じた税務上の欠損金額について
は、原則としてその事業年度前1年以内に開始した事業年度に繰り戻し
てその事業年度の法人税を還付請求することができる。

　非適格合併の場合、被合併法人の青色欠損金額を合併法人に引継ぎできないことに配慮し、その還付請求の特例として、その合併があった日前１年以内に終了した事業年度の欠損金額を繰戻し還付の対象とすることができる（法法80条４項、措法66条の12）。

　最後事業年度の欠損金額だけでなく、その直前事業年度の欠損金額も対象になるという意味である。

　この場合、繰戻し還付の請求手続は、合併法人が行うことになる。合併法人に還付される法人税額は、益金不算入となる（法法26条）。

繰越欠損金の引継ぎ制限、使用制限等

1.　繰越欠損金の引継ぎ制限

⑴　繰越欠損金の引継ぎに制限がかかる場合

　適格合併の場合、原則として、被合併法人の未処理欠損金額（10年内の繰越欠損金のうち未使用のもの）を合併法人に引き継ぐ。具体的には、適格合併の日前10年以内に開始した被合併法人の各事業年度の繰越欠損金のうち、未使用のもの（未処理欠損金額）を合併法人に引き継ぐ（法法57条2項）。繰越欠損金が発生した被合併法人の事業年度開始の日の属する合併法人の事業年度において生じた繰越欠損金とみなして取り扱われる。なお、合併法人における合併事業年度（合併の日の属する事業年度）開始の日以後に開始した被合併法人の事業年度において生じた繰越欠損金は、合併事業年度の前事業年度において生じた繰越欠損金とみなして取り扱われる。

　ただし、次の内容の一定の制限措置が置かれている。すなわち、支配関係のある法人との間の適格合併については、みなし共同事業要件（内容については、後で説明）を満たしていない場合には、当該被合併法人と合併法人との間に、①当該合併法人の当該適格合併の日の属する事業年度開始の日の5年前の日、②被合併法人の設立の日、③合併法人の設立の日、以上のうち最も遅い日から合併の日まで継続して支配関係がある場合を除いて、一定の引継ぎ制限を受ける（法法57条3項、法令112条4項）。租税回避防止の観点から置かれている規定である。

　平成22年度税制改正により、上記の②と③が追加され、法人の設立の日から支配関係が継続している場合には、制限措置の対象外とされた。

　上記の規定内容から、合併法人または被合併法人の設立の日が当該適格合併の日の属する事業年度開始の日の5年前の日以前である場合は、

170

当該適格合併の日の属する事業年度開始の日の５年前の日から合併の日まで支配関係が継続している場合には、制限はかからないということになる。同族一族が複数の法人を支配しているときのその法人間の合併の場合、同族一族と法人との間の支配関係が一定期間継続している場合が多いため、この制限規定に直接抵触することは少ない。ただし、租税回避行為に係る包括的否認規定に抵触するかどうかについては別途留意する必要がある。租税回避行為に係る包括的否認規定については、後で詳説する。

⑵　規定に抵触した場合に制限を受ける金額

　先の①から③の日のうち最も遅い日から支配関係が継続していない場合は、繰越欠損金の引継ぎに制限がかかる。①支配関係事業年度（被合併法人と合併法人との間に最後に支配関係があることとなった日の属する事業年度）前に生じた欠損金額、および②支配関係事業年度以後の各事業年度で前10年内事業年度において生じた欠損金額のうち被合併法人が支配関係発生日の属する事業年度開始の日前から有していた含み損のある資産の譲渡等により生じた部分の金額[45] は、合併法人に引継ぎできないものとされる。

　「最後に支配関係があることとなった日」とは、内国法人と支配関係法人との間において、その適格合併の日の直前まで継続して支配関係がある場合のその支配関係があることとなった日をいう（法基通12－1－5）。

45　含み損のある資産の譲渡等により生じた部分の金額とは、各事業年度において生じた欠損金額のうち、後で説明する特定資産の譲渡等損失額から成る部分の金額である。

＜繰越欠損金の引継ぎ制限に係る判定フローチャート＞

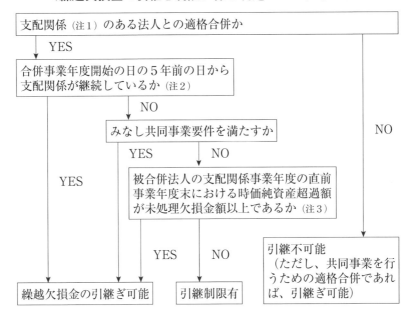

（注1）　「支配関係」とは以下の1）または2）のいずれかの要件を満たす
　　　　関係を指す（法法2条12号の7の5、法令4条の2）。
　　1）　一の者（その者が個人である場合は、その者およびこれと特殊の関
　　　　係のある個人、以下同様）が法人の発行済株式等の総数または総額の
　　　　50％超を直接または間接に保有する場合の当該一の者と法人との間の
　　　　関係（以下、「当事者間の支配の関係」という）
　　2）　一の者との間に当事者間の支配の関係がある法人相互の関係（法令
　　　　4条の2第1項）
（注2）　合併法人の当該適格合併の日の属する事業年度開始の日（当該適
　　　　格合併が新設合併であるときは当該適格合併の日）の5年前の日、被
　　　　合併法人の設立の日もしくは合併法人の設立の日のうち最も遅い日か
　　　　ら継続して支配関係があること。
（注3）　みなし共同事業要件を満たさなくても、被合併法人の支配関係事
　　　　業年度の直前事業年度末における被合併法人の時価純資産超過額（時
　　　　価純資産価額－簿価純資産価額）が未処理欠損金額以上であるとき

> は、被合併法人の未処理欠損金額の全額が引継ぎ可能となる。また、逆に未処理欠損金額が時価純資産超過額を上回るときは、時価純資産超過額の範囲で被合併法人の未処理欠損金額の引継ぎは認められる。

(3)　繰越欠損金引継ぎ制限の特例

　先のフローチャートの（注3）は、被合併法人の支配関係事業年度の直前事業年度末における被合併法人の時価純資産超過額が一定額ある場合の特例である。支配関係事業年度の前事業年度終了の時に被合併法人に時価純資産超過額（含み益）が一定額あり、その額が未処理欠損金額以上であるときは、未処理欠損金額の全額について引継ぎが認められる。

　また、被合併法人の時価純資産超過額が未処理欠損金額を下回っている場合でも、時価純資産額と同額の引継ぎは認められる。その含み益に対応する未処理欠損金額について引継ぎが認められるという意味である（法令113条1項）。

　$\boxed{\text{被合併法人の時価純資産超過額}} \geqq \boxed{\text{被合併法人の未処理欠損金額}}$

　$\longrightarrow$　被合併法人の未処理欠損金額の全額の引継ぎが可能

　$\boxed{\text{被合併法人の時価純資産超過額}} < \boxed{\text{被合併法人の未処理欠損金額}}$

　$\longrightarrow$　被合併法人の時価純資産超過額と同額について、未処理欠損金額の引継ぎが可能

　被合併法人の時価純資産超過額が未処理欠損金額以上ある場合は、合併を行わないでも、含み益を実現させるだけで、未処理欠損金額を使用（消化）することができる状態であることを意味する。そのため、未処理欠損金額の引継ぎを特例的に認めているものである。

　特例的な取扱い（できる規定）であり、合併事業年度開始の日の５年前の日から合併の時まで支配関係が継続していない場合において、時価純資産超過額と未処理欠損金額の大小関係次第で、引継ぎ制限される金額が原則的な取扱い[46]と違ってくる点に留意する必要がある。

　なお、特例を適用する場合は、確定申告書に明細書の添付が必要であり、かつ、時価純資産価額の算定の基礎となる事項を記載した書類その他の財務省令で定める書類を保存している場合に限り適用される（法令113条２項）。すなわち、①確定申告書への明細書の添付要件および②保存書類の保存要件を満たしている場合に限り適用が受けられる。

①　明細書の添付要件

　確定申告書に別表７(1)付表３「共同事業を行うための適格組織再編成等に該当しない場合の引継対象未処理欠損金額又は控除未済欠損金額の特例に関する明細書」を添付する必要がある。

②　保存書類の保存要件

　次の書類の保存が要件となる（法令113条２項、法規26条の２の４第１項）。

(i)　支配関係事業年度の前事業年度終了の時において有する資産および負債の当該終了の時における価額および帳簿価額を記載した書類
(ii)　次に掲げるいずれかの書類で上記の資産および負債の前事業年

46　原則的な取扱いとは、支配関係事業年度前に生じた欠損金額、および支配関係事業年度以後に生じた欠損金額のうち支配関係成立の日の属する事業年度開始の日前から有していた含み損のある資産の譲渡等により生じたものは、合併法人に引継ぎできないとされる取扱いである。

度終了の時における価額を明らかにするもの

ロ　その資産の価額が継続して一般に公表されているものであるときは、その公表された価額が示された書類の写し

ロ　当該終了の時における価額を算定し、これを当該終了の時における価額としているときは、その算定の根拠を明らかにする事項を記載した書類およびその算定の基礎とした事項を記載した書類

ハ　そのほか、その資産および負債の価額を明らかにする事項を記載した書類

(4)　みなし共同事業要件

　支配関係の継続要件を満たしていなくても、「みなし共同事業要件」を満たしている場合は、繰越欠損金の引継ぎに制限は課せられない。「みなし共同事業要件」を満たすためには、次の要件のうち①から④、もしくは①および⑤を満たすことが必要である（法令112条3項1号から5号）。合併を前提とした記述であるが、分割等についても実質的に同様である。

---

①　事業関連性要件

　事業関連性要件とは、合併法人の合併事業と被合併法人の被合併事業（主要な事業に限る）が相互に関連しているものをいう。

②　規模要件

　合併事業（被合併事業と関連する事業に限る）と被合併事業のそれぞれの①売上金額、②従業者数、③合併法人と被合併法人の資本金の額、④もしくはこれらに準ずるもののいずれかの規模の割合がおおむね5倍を超えないことをいう。

③　被合併事業の規模継続要件

　被合併事業が、支配関係の生じた時から合併の時まで継続して行われており、かつ、その両時点での被合併事業の規模の割合がおお

むね2倍を超えないことをいう（②で用いた指標で判定）。
④　合併事業の規模継続要件
　合併事業（被合併事業と関連する事業に限る）が、支配関係の生じた時から合併の時まで継続して行われており、かつ、その両時点での合併事業の規模の割合がおおむね2倍を超えないことをいう（②で用いた指標で判定）。
⑤　経営参画要件
　被合併法人の特定役員（常務クラス以上の役員）のいずれかの者と合併法人の特定役員のいずれかの者が合併後において合併法人の特定役員になることが見込まれていることをいう。
　ただし、被合併法人の特定役員は、当該被合併法人が合併法人と最後に支配関係があることとなった日前において当該被合併法人の役員または当該これらに準ずる者（同日において当該被合併法人の経営に従事していた者に限る）であったものに限る。また、合併法人の特定役員は、当該最後に支配関係があることとなった日前において当該合併法人の役員または当該これらに準ずる者（同日において当該合併法人の経営に従事していた者に限る）であったものに限る。

2.　繰越欠損金の使用制限

(1)　繰越欠損金の使用に係る制限

　内国法人と支配関係法人（当該内国法人との間に支配関係がある法人）との間で当該内国法人を合併法人、分割承継法人、被現物出資法人または被現物分配法人とする適格合併[47]、適格分割、適格現物出資または適格現物分配（以下、「適格組織再編成等」という）が行われた場合において、みなし共同事業要件を満たしていないときは、当該内国法人

47　非適格合併であっても、完全支配関係がある法人間の合併で、譲渡損益調整資産に係る譲渡損益繰延の適用があるものについても、同様の制限が課される。

の当該適格組織再編成等の日の属する事業年度（以下、「組織再編成事業年度」という）以後の各事業年度における繰越欠損金の控除の適用について使用制限がかかる（法法57条4項）。

　ただし、①組織再編成事業年度開始の日の5年前の日、②当該内国法人の設立の日または③当該支配関係法人の設立の日、以上のうち最も遅い日から継続して当該内国法人と当該支配関係法人との間に支配関係があるときは、制限はかからない（同条同項）。

　なお、適格現物分配については、事業の移転を伴わないことから、みなし共同事業要件の規定が適用されない点に留意する必要がある。

　繰越欠損金の引継ぎについては、組織再編成の中で適格合併のみ認められていることから、適格合併のみを対象とする制限規定が置かれているが、繰越欠損金の使用については、逆さ合併が行われる可能性もあるし、分割承継法人または被現物出資法人等を繰越欠損金を有する法人とし、支配関係がある法人との間の再編成を行うことにより、所得金額をプラスに転換して、繰越欠損金の控除を行えるようにするという行為が行われる可能性があることから、使用制限の規定が設けられている。

繰越欠損金の引継ぎ制限・使用制限と適用対象範囲

繰越欠損金の引継ぎ制限	適格合併
繰越欠損金の使用制限	適格合併、適格分割、適格現物出資、適格現物分配[注]

（注）　厳密には、繰越欠損金の使用制限には、完全支配関係がある法人間で非適格合併が行われた場合において、被合併法人である内国法人から移転した資産に譲渡損益調整資産に該当するものがある場合も適用対象になる。この場合、被合併法人においては、その譲渡損益調整資産に係る譲渡損益を計上しないこととなる一方において、合併法人においては、移転を受けたその譲渡損益調整資産を被合併法人の帳簿価額により受け入れることとなる。

(2)　規定に抵触した場合に制限を受ける金額

　仮に使用制限がかかる場合は、当該内国法人の支配関係事業年度前の各事業年度の未処理欠損金額、および当該内国法人の支配関係事業年度以後の各事業年度で生じた欠損金額のうち、含み損のある資産の譲渡等により生じたもの（特定資産譲渡等損失額に相当する金額から成る部分の金額）は使用できなくなる（法法57条4項1号、2号）。

＜繰越欠損金の使用制限に係る判定フローチャート＞

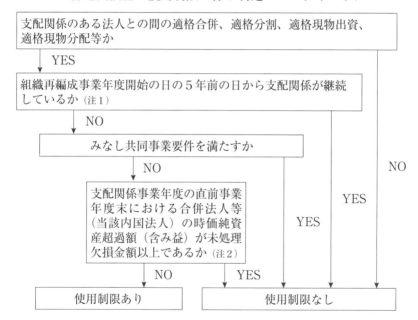

（注1）　組織再編成事業年度開始の日の5年前の日、当該内国法人の設立の日または当該支配関係法人の設立の日のうち最も遅い日から継続して当該内国法人と当該支配関係法人との間に支配関係があるときは、制限はかからない。

（注2）　みなし共同事業要件を満たさなくても、支配関係事業年度の直前事業年度末における合併法人等の時価純資産超過額（時価純資産価額－簿価純資産価額）が未処理欠損金額以上であるときは、合併法人等の未処理欠損金額の全額の使用が可能となる。また、逆に未処理欠損金額が時価純資産超過額を上回るときは、時価純資産超過額の範囲で合併法人等の未処理欠損金額の使用が可能となる。

(3)　繰越欠損金使用制限の特例

　先のフローチャートの（注2）は、支配関係事業年度の直前事業年度末における合併法人、分割承継法人または被現物出資法人等（以下、「合併法人等」という）の時価純資産超過額が一定額ある場合の特例である。支配関係事業年度の前事業年度終了の時に合併法人等に時価純資産超過額（含み益）があり、その額が未処理欠損金額以上であるときは、未処理欠損金額の全額について使用が認められる。

　また、合併法人等の時価純資産超過額が未処理欠損金額を下回っている場合でも、時価純資産額と同額の使用は認められる。その含み益に対応する未処理欠損金額について使用が認められるという意味である（法令113条1項）。

　合併法人等の時価純資産超過額 ≧ 合併法人等の未処理欠損金額
　　──→　合併法人等の未処理欠損金額の全額の使用が可能

　合併法人等の時価純資産超過額 ＜ 合併法人等の未処理欠損金額
　　──→　合併法人等の時価純資産超過額と同額について、未処理欠損金額の使用が可能

　合併法人等の時価純資産超過額が未処理欠損金額以上ある場合は、適格組織再編成等を行わないでも、含み益を実現させるだけで、未処理欠

損金額を使用することができる状態であることを意味する。そのため、未処理欠損金額の使用を特例的に認めていると考えられる。

　特例的な取扱い（できる規定）であり、組織再編成事業年度開始の日の5年前の日から適格組織再編成等の時まで支配関係が継続していない場合において、時価純資産超過額と未処理欠損金額の大小関係次第で、使用制限される金額が原則的な取扱い[48]と違ってくる点に留意する必要がある。

　なお、特例を適用する場合は、確定申告書に明細書の添付が必要であり、かつ、時価純資産価額の算定の基礎となる事項を記載した書類その他の財務省令で定める書類を保存している場合に限り適用される（法令113条4項、法規26条の2の4）。すなわち、①確定申告書への明細書の添付要件および②保存書類の保存要件を満たしている場合に限り適用が受けられる。

3.　特定資産の譲渡等損失の損金算入制限

　含み損のある資産を保有している法人を合併等して、合併等の後においてその資産の譲渡等による損失を利用するような租税回避を防止するために、合併等後一定の期間（以下、「適用期間」という）内に生じた特定資産にかかる譲渡等の損失は損金の額に算入することができないとされている（法法62条の7）。被合併法人等から引き継いだ資産だけでなく、含み損のある資産を保有する法人を合併法人等とする逆さ合併等も考えられるため、合併法人等が保有していた資産についても同様の制限が課される。

48　原則的な取扱いとは、支配関係事業年度前に生じた欠損金額、および支配関係事業年度以後に生じた欠損金額のうち含み損のある資産の譲渡等により生じたもの（特定資産譲渡等損失額に相当する金額から成る部分の金額）は、合併法人等において使用できないとされる取扱いである。

　本取扱いは、支配関係がある法人との間の適格合併のほかに、支配関係がある法人との間の適格分割、適格現物出資または適格現物分配も対象である。その点は、繰越欠損金の使用制限の対象と同じである。繰越欠損金の引継ぎは適格合併の場合のみ認められているため、繰越欠損金の引継ぎ制限が適格合併のみを対象にしているのと範囲が異なる。

　具体的には、次のとおりである。内国法人と支配関係法人（当該内国法人との間に支配関係がある法人）との間で当該内国法人を合併法人、分割承継法人、被現物出資法人または被現物分配法人とする特定適格組織再編成等[49]が行われた場合、当該特定適格組織再編成等の日の属する事業年度（以下、「特定組織再編成事業年度」という）開始の日から同日以後３年を経過する日（その経過する日が当該内国法人が当該支配関係法人との間に最後に支配関係を有することとなった日以後５年を経過する日後となる場合は、その５年を経過する日）までの期間（適用期間）内において生ずる特定資産の譲渡等損失は、当該内国法人の各事業年度の所得の金額の計算上、損金の額に算入しない（法法62条の７第１項）。

　ただし、①特定組織再編成事業年度開始の日の５年前の日、②当該内国法人の設立の日、③当該支配関係法人の設立の日、以上のうち最も遅い日から継続して支配関係がある場合は、制限を受けない。当事法人のいずれかが特定組織再編成事業年度開始の日の５年前の日よりも後に設立された場合は、設立の日から継続して支配関係がある場合は、制限は課せられない。

　なお、特定資産の譲渡等損失額とは、次の金額の合計額をいう（法法

49　「特定適格組織再編成等」とは、適格合併、非適格合併のうち100％グループ内法人間で譲渡損益調整資産の譲渡損益繰延の適用があるもの、適格分割、適格現物出資または適格現物分配のうち、みなし共同事業要件を満たさないものをいう（法法62条の７第１項）。

62条の7第2項)。

特定資産の譲渡等損失の額

①　当該内国法人が特定適格組織再編成等により移転を受けた資産で、被合併法人、分割法人、現物出資法人または現物分配法人が支配関係発生日の属する事業年度開始の日前から有していたもの（特定引継資産）	当該内国法人を合併法人、分割承継法人、被現物出資法人または被現物分配法人とする特定適格組織再編成等が行われた場合に、支配関係法人（当該内国法人との間に支配関係がある法人をいう）から移転を受けた資産で当該支配関係法人が当該内国法人との間に最後に支配関係があることとなった日（以下、「支配関係発生日」という）の属する事業年度開始の日前から有していたもの（以下、「特定引継資産」という）の譲渡、評価換え、貸倒れ、除却その他これらに類する理由による損失の額の合計額から特定引継資産の譲渡または評価換えによる利益の額の合計額を控除した金額
②　当該内国法人が支配関係発生日の属する事業年度開始の日前から有していた資産（特定保有資産）	当該内国法人が支配関係発生日の属する事業年度開始の日前から有していた資産（以下、「特定保有資産」という）の譲渡、評価換え、貸倒れ、除却その他これらに類する理由による損失の額の合計額から特定保有資産の譲渡または評価換えによる利益の額の合計額を控除した金額

（注）　土地を除く棚卸資産、売買目的有価証券、特定適格組織再編成等の日における帳簿価額または取得価額が1,000万円に満たないものを除く（法令123条の8第3項）。

＜特定資産の譲渡等損失の損金算入制限に係る判定フローチャート＞

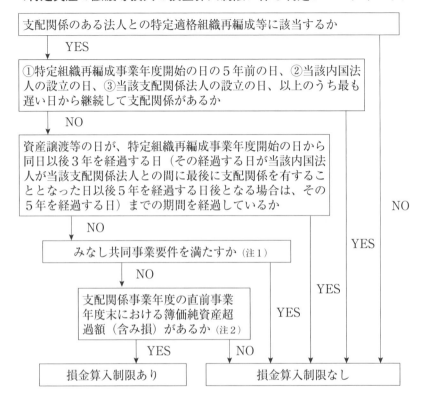

（注１）　適格現物配分の場合、事業の移転ではないことから、みなし共同
　　　　事業要件に該当する場合の制限の除外措置は設けられていない。
（注２）　特例を適用する場合は、確定申告書に明細書の添付が必要であ
　　　　り、かつ、時価純資産額の算定の基礎となる事項を記載した書類等を
　　　　保存している場合に限り適用される（法令123条の９第２項、法規27
　　　　条の15の２第１項）。

4.　欠損等法人に係る欠損金の繰越の不適用

⑴　制度の内容

　平成18年度税制改正前は、法人が新規の事業を開始するときに、繰越欠損金を有する休眠会社を買収し（株式を取得して支配下に取り込み）、その休眠会社で新規の事業を開始し、事業から生ずる所得と繰越欠損金を相殺することにより税務メリットを得る方法がよく使われていた。

　平成18年度税制改正により、繰越欠損金を有する法人や含み損のある資産を有する法人を買収し（株式を取得して支配下に取り込み）、収益性のある法人と合併したり、収益性のある事業を移転したりすることにより、課税所得を圧縮する、すなわち繰越欠損金等を利用する目的で他の企業を買収した場合に、一定の事由に該当するときは、繰越欠損金の引継ぎ・使用や特定資産の譲渡等損失の損金算入を制限する措置が創設された。これは外部から繰越欠損金を有する企業を買収して、自社の課税所得と相殺することを主目的とする行為に対して制限を課すことをその趣旨としているものである（法法57条の2、60条の3）。

　「欠損等法人」とは、以下の要件を両方とも満たすものをいう。

・特定の株主によって50％を超える株式等を直接または間接に保有
（特定支配関係）されることとなった法人
・支配日の属する事業年度において、前事業年度から繰り越された
未使用の繰越欠損金または含み損のある一定の資産を有する法人

　この欠損等法人が、その特定支配関係を有することとなった日（「以下、支配日」）以後5年を経過した日の前日までに次に掲げる事由（以下、「適用事由」という）のいずれかに該当する場合は、その該当する

日の属する事業年度（「適用事業年度」）前の各事業年度において生じた
欠損金額については、青色欠損金の繰越控除制度が不適用になる（法人
税法57条の２）。

① 欠損等法人が休業法人である場合に、支配日以後に事業を開始
　すること
② 欠損等法人が支配日直前において営む事業（以下、「旧事業」と
　いう）のすべてを支配日以後に廃止する、もしくは廃止見込みが
　ある場合に、旧事業の事業規模のおおむね５倍を超える資金の借
　入れまたは出資により金銭その他の資産の受入れ（以下、「資金借
　入れ等」という）を行うこと
③ 特定の株主または特定の株主の関連者が欠損等法人に対する特
　定債権[50]を取得した場合において、旧事業の規模のおおむね５倍
　を超える資金借入れ等を行うこと
④ 欠損等法人が以下のいずれかに該当する場合において、欠損等
　法人を被合併法人とする適格合併を行う、または欠損等法人（特
　定の株主と完全支配関係があるものに限る）の残余財産が確定す
　ること
・欠損等法人が支配日直前において事業を行っていない場合
・欠損等法人が旧事業のすべてを支配日以後に廃止し、または廃止
　することが見込まれている場合
・特定の株主または特定の株主の関連者が欠損等法人に対する特定
　債権を取得している場合

50　特定債権とは、欠損等法人に対する債権で、その取得の対価の額がその債権の額（額
面金額）の50％未満の場合で、かつ、その取得した債権が取得のときにおける欠損等法人
の債務の総額の50％超である場合のその債権をいう（法令113条の２第19項）。

⑤　特定支配関係を有することになったことに基因して、欠損等法人の支配日直前の特定役員のすべてが退任し、かつ、特定支配関係を有することになったことに基因して、支配日直前において欠損等法人の業務に従事する使用人のおおむね20％以上が退職した場合で、かつ、非従事事業（支配日直前において欠損等法人の業務に従事する使用人が従事しない事業）の事業規模が旧事業の事業規模のおおむね5倍を超えることとなること

　上記のいずれの事由も、欠損等法人の繰越欠損金を利用する目的で特定株主が欠損等法人を買収したことを推認できる事由であると考えられる[51]。③がなぜ適用事由とされているかがわかりにくいと思われるが、次のように考えることができる。特定債権は額面金額の50％を下回る金額で取得しているものであるので、もともと回収不能となる可能性が高い債権である。ということは、特定株主またはその関連者がこの特定債権を他の者から取得しなかった場合は、将来的に欠損等法人に債権放棄に伴う債務免除益が生じる可能性があり、債務免除益の益金算入により繰越欠損金が使用される可能性があるということになる。この特定債権を特定の株主またはその関連者が取得することにより、債務免除益が発生する可能性を消滅させることになる。その点、旧事業規模のおおむね5倍を超える資金借入れ等を行うことも③の事由に含まれているから、現実に債務免除益の発生可能性は消滅すると考えられる。そのようにして温存された繰越欠損金を利用できることになるから、適用事由として

51　例えば①の事由であるが、もともと休眠会社であった欠損等法人を買収し、その欠損等法人を受け皿として事業を再開し、結果的にその有する繰越欠損金を事業の再開によって発生する課税所得と相殺する行為が行われる可能性を生じさせることになる。

規制を課しているものと考えられる。

(2)　制限対象となる取扱い

①　繰越欠損金の繰越控除不適用

　支配日以後5年を経過した日の前日までに、上記に掲げる適用事由が生じた場合には、その適用事由が生じた日の属する事業年度（以下、「適用事業年度」）以後の各事業年度において、その適用事業年度前の各事業年度に発生した繰越欠損金を使用することはできない。

　通常の繰越欠損金の引継ぎ制限・使用制限（法法57条3項、4項）は、支配関係が生じた日の属する事業年度前の各事業年度に生じた繰越欠損金について制限がかかるが、本制限措置は適用事由が生じた事業年度前の各事業年度に発生した繰越欠損金について制限がかかる点で、より厳しい取扱いである。

②　特定資産の譲渡等損失額の損金不算入

　欠損等法人が、支配日の属する事業年度開始の日において有する含み損のある一定の資産について、適用事業年度開始の日から3年を経過する日（その経過する日が当該内国法人が当該支配関係法人との間に最後に支配関係を有することとなった日以後5年を経過する日後となる場合は、その5年を経過する日）までの間に、特定資産を譲渡、評価替え、貸倒れ、除却等したことにより発生した損失は損金の額に算入されない（法法60条の3第1項）。

欠損等法人の繰越欠損金の繰越控除不適用・特定資産の譲渡等損失額の損金不算入

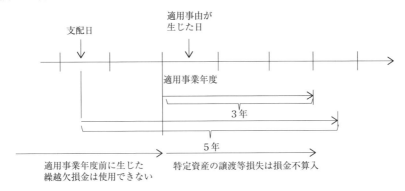

なお、特定資産とは、次のいずれかの資産をいう（法法60条の３第１項、法令118条の３第１項）。

特定資産の定義

① 欠損等法人が、支配関係が生じた日の属する事業年度開始の日において有する資産
② 適用事業年度開始の日以後において、法人税法57条の２第１項に規定する他の者を分割法人もしくは現物出資法人とする適格分割もしくは適格現物出資により欠損等法人が移転を受けた資産
③ 適用事業年度開始の日以後において、法人税法57条の２第１項３号に規定する関連者を被合併法人、分割法人、現物出資法人、現物分配法人とする特定適格組織再編成等により欠損等法人が移転を受けた資産

5. 組織再編成に係る包括的な否認規定

(1) ヤフー事件

　平成28年2月29日付で、組織再編成に係る行為計算の否認規定である法人税法132条の2の解釈が争われた係争事件（いわゆるヤフー事件）についての最高裁判決が出された[52]。形式的に税法の個別規定の各要件を満たしている場合であっても、課税当局が包括否認規定を発動して否認することがあり得るわけであり、その解釈について一定の理解・整理をしておく必要がある。今後は、この最高裁判決の解釈を参考として、その適用リスクを検討することになると考えられる。

　最高裁判決は、「法人税法（平成22年法律第6号による改正前のもの）132条の2にいう『法人税の負担を不当に減少させる結果となると認められるもの』とは、法人の行為又は計算が組織再編税制に係る各規定を租税回避の手段として濫用することにより法人税の負担を減少させるものであることをいい、その濫用の有無の判断に当たっては、①当該法人の行為又は計算が、通常は想定されない組織再編成の手順や方法に基づいたり、実態とは乖離した形式を作出したりするなど、不自然なものであるかどうか、②税負担の減少以外にそのような行為又は計算を行うことの合理的な理由となる事業目的その他の事由が存在するかどうか等の事情を考慮した上で、当該行為又は計算が、組織再編成を利用して税負担を減少させることを意図したものであって、組織再編税制に係る各規定の本来の趣旨及び目的から逸脱する態様でその適用を受けるもの又は免れるものと認められるか否かという観点から判断するのが相当である。」と判示した。

　法人税法132条の2に規定する不当であるかどうかについては、組織

52　最一小判平成28年2月29日裁時1646号5頁、最二小判平成28年2月29日裁時1646号9頁。

再編税制に係る各規定を租税回避の手段として濫用することにより、法人税の負担が減少する場合であるという点が示された。また、その濫用の意義については、「組織再編成を利用して税負担を減少させることを意図したものであって、組織再編税制に係る各規定の本来の趣旨及び目的から逸脱する態様でその適用を受けるもの又は免れるものと認められるか否かという観点から判断する。」としている。

　本来の趣旨および目的に「反する態様」としないで、「逸脱する態様」とした趣旨は、単に趣旨および目的に反するだけでは足りず、納税者が本来の趣旨および目的に反することが明らかであることを十分に認識していた（客観的に認識できる状況にあった）ことを要件とするものであり、納税者の予見可能性の観点からの分析が重要であるとの見解がみられる[53]。

　租税負担の減少の目的があるだけで直ちに租税回避となるわけではなく、租税負担の減少以外に合理的な事業目的等がないことを勘案して、法人の行為または計算が組織再編税制に係る各規定を租税回避の手段として濫用しているのかどうかが判断されると解される。実務上は、税務署を説得するための検討段階での証拠資料を残すことが重要であり、税負担の減少以外の合理的な事業目的等が存在することを、取締役会議事録およびその他の関連資料などによって明らかにしておくことなどが考えられる。

　また、「通常は想定されない組織再編成の手順や方法」については、納税者が税負担の軽減される法形式を選択することが直ちに問題となるものではない。その法形式が通常想定されない手順や方法に基づいたも

53　北村導人・黒松昂蔵「組織再編成に係る行為計算否認規定の解釈と実務対応」ビジネス法務2016年9月号、P82。

のか、また、実態と乖離した形式を作出するなど不自然なものなのかという観点から検討すべきである。この点について、ヤフー事件では、みなし共同事業要件のうちの経営参画要件について、被合併法人において特定役員としての職務実態がなかったという事実認定がされている。また、合理的な理由となる事業目的その他の事由が存在するかどうかについての検討が必要である。

　同一の同族株主グループが支配している法人間の合併で、被合併法人が繰越欠損金を有するとき、その合併がもっぱら繰越欠損金の引継ぎによる租税負担の減少のみを目的とするもので、それ以外に合併を行うことの合理的な理由が見出せないと判断されるものである場合は、包括的な否認規定の適用リスクが生じ得ると考えられる。

　一方、例えば不採算会社の整理手段として合併を用いることが一定の合理的な事業目的に基づくものであると判断される場合であるとか、銀行からの融資の継続に問題の生じた法人を収益性のある法人が合併することにより、融資の継続および合併後の合併法人の収益を原資とする返済財源の確保手段として行われることについて一定の合理性が認められるものである場合は、包括的な否認規定の適用リスクはないものと考えられる。

(2) TPR 事件

　最近の判決で実務界に最も衝撃を与えたのは、TPR 事件ではないかと思われる。TPR 事件は、100％子法人の適格合併を行う前に、被合併法人で行っていた事業を新会社（合併法人が設立した100％子法人）に移転しており、また、合併の効力発生日に、被合併法人の従業員の全員が新会社に転籍している。そのため、被合併法人において行われていた事業は合併法人には移転しておらず、もちろん合併法人において継続が

見込まれていることもない。ただし、完全支配関係がある法人間の合併であるため、個別規定上事業継続要件は課されない。包括的な否認規定により、繰越欠損金の引継ぎが否認された事例である。

東京高判令和元年12月11日付の判示によると、完全支配関係がある法人間の適格合併（100％子会社の吸収合併）で、支配関係の継続要件を満たしている場合（合併法人の合併事業年度開始の日の5年前の日から合併の日まで支配関係が継続している場合）であっても、合併前の被合併法人の事業の移転と合併後における当該事業の継続が必要であり、それが法人税法57条2項の趣旨・目的であるとされる。合併前の事業が合併後に合併法人において継続しない合併は、たとえ支配関係の継続要件を満たしていたとしても、先の趣旨・目的から逸脱するものであり、法人税法132条の2の包括否認規定の対象になるという主張がされている。

本判決に批判的な論文がその後いくつかみられる[54]。吉村論文によれば、TPR高裁判決における個別規定の趣旨・目的の認定方法について、法律そのものの規定振りよりも、立案担当者の講演も参照して、その理解を補強する態度がみられるが、このような手法によって個別規定の本来の趣旨・目的を探求することには疑問があるとされている。すなわち、本判決の内容は、趣旨・目的を探求するにあたって過度に個別規定から離れている点を指摘しているものである。

また、本事例は平成22年度税制改正前の税法が適用されるものであるが、平成22年度および平成29年度税制改正により、平成13年度税制改正の当時よりも「支配の継続」の意味合いが異なっており、組織再編税制の導入に当たって事業を重視する観点が採用されたことは確かであった

---

[54]　吉村政穂「繰越欠損金の引継ぎと組織再編成に係る行為計算否認規定の適用」（税務事例研究No. 177, P 1）（以下、「吉村論文」）、平川雄士「立法趣旨論再考」（租税研究第864号、P 94）。

として、それは移転資産等に対する支配に対する継続や事業の移転という観点があったものであり、それは譲渡損益の繰延べについてであって、それが未処理欠損金額の引継ぎについても当然に重視されるべき要素であったのかは疑わしいとしている。

　私見であるが、①支配関係がある法人間の合併について、事業継続要件および従業者引継ぎ要件をあえて明文で課しているのに対して完全支配関係がある法人間の合併については課されていない点、②平成22年度税制改正により、完全支配関係がある子法人の解散・清算に伴う残余採算の確定により、当該子法人の繰越欠損金を完全支配関係がある親法人に引き継ぐとされ、子法人の事業の移転や継続は何ら必要とされていない（子法人が休眠会社である場合も含まれる）点、③法人税法57条の２の欠損等法人に係る繰越欠損金の制限についても、その支配日以後５年を経過した日の前日までに適用事由が発生したときに規制が課されるものであって、たとえ休眠会社の買収であってもその期間内に適用事由が発生しなければ規制は課されない点、④平成29年度税制改正により、移転資産等に対する支配の継続という考え方が希薄化されている点、⑤平成30年度税制改正により、50％超100％未満の関係にある法人間の合併について、事業の移転・継続および従業者の引継ぎは合併法人単位ではなく合併法人と完全支配関係がある100％グループ単位で判定すればよいとされた点などを総合的に勘案すれば、本判決には違和感を持たざるを得ない。

　なお、最近ゴルフ場運営会社の買収および組織再編成における繰越欠損金の引継ぎが否認された案件が係争中になっているが、この案件に係る原処分庁の主張および裁決の判断が、TPR事件の判決に依拠しているものであるため、この案件の判決の動向を十分に注視しておくべきである。

Ⅵ　同族会社間の合併の事例

以下、同族一族が支配している法人間の合併の事例を取り上げる。

事例　同族一族が支配している法人間の合併

前提条件

　甲社は、個人株主A、B、Cが株式を保有し、乙社は、個人株主A、D、Eが株式を保有している。A、B、C、D、Eは親族の関係である。

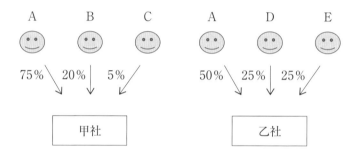

甲社貸借対照表（単位：万円）				乙社貸借対照表（単位：万円）			
諸資産	3,000	諸負債	1,000	諸資産	1,200	諸負債	700
（時価	3,500）	資本金	1,000	（時価	1,200）	資本金	1,000
		利益剰余金	1,000			利益剰余金	△500

　甲社および乙社は、いずれも資本金1,000万円の法人であり、発行済株式総数は200株である。乙社の諸資産の税務上の帳簿価額は1,250万円、税務上の利益積立金額はマイナス450万円であり、会計上の数字との差額の50万円は、過去の償却超過額であるとする[55]。

55　乙社の合併直前の納税充当金と未納法人税等は均等割の納税しかないため、プラス・

　甲社が乙社を吸収合併するが、合併後における一の者と甲社との間の完全支配関係は継続する見込みである。あとは対価要件のみ満たせば、適格合併に該当するが、合併の対価として甲社株式のみを乙社の株主に交付するものとしたため、本事例は適格合併に該当する。

　乙社の株主が保有する乙社株式1株に対して何株の甲社株式を割り当てるべきかであるが、この点については、両当事会社の1株当たり時価純資産額に基づいて合併比率を算定した。

　合併の税務処理（甲社における受入処理）を示しなさい。

1.　合併法人株式（甲社株式）の割当比率

　甲社の時価純資産額　　諸資産（時価）3,500－諸負債1,000＝2,500
　乙社の時価純資産額　　諸資産（時価）1,200－諸負債700＝500

　甲社と乙社の発行済株式総数は同数であるため、1株当たりの金額を算出しなくても、上記の金額の比率を算定すればよい。

　合併比率は、500÷2,500＝0.2

　合併比率を1対0.2と定めた。すなわち、乙社株式1株に対して甲社株式0.2株の割当比率となる。乙社株式200株の内訳は、A100株、D50株、E50株であるから、Aに対して甲社株式を20株（100株×0.2）、DおよびEに対して甲社株式をそれぞれ10株（50株×0.2）割り当てる。

2.　合併の受入処理

(1)　会計処理

　会計上は、「共通支配下の取引」に該当し、また、合併対価として甲社株式のみを交付しているため、乙社の合併期日の前日の適正な帳簿価

マイナス同額であり、ここでは捨象する。

額による株主資本の額を①払込資本（資本金または資本剰余金）として
処理する方法と、②乙社の純資産の部の内訳科目をそのまま引き継ぐ処
理のいずれも認められる（適用指針254項）。

①　原則的な会計処理

諸資産	1,200	諸負債	700
		その他資本剰余金	500

　払込資本の内訳については増加する株主資本の範囲内で合併契約にお
いて定めるものとされているが、資本金および資本準備金に計上しない
で、全額をその他資本剰余金に計上したものとする。

②　例外的な会計処理

諸資産	1,200	諸負債	700
利益剰余金	500	資本金	1,000

　乙社の純資産の部の内訳科目をそのまま引き継ぐ処理を行っている。

(2)　税務処理

諸資産	1,250	諸負債	700
利益積立金額	450	資本金等の額	1,000

　適格合併であるため、乙社の最後事業年度終了の時の資本金等の額と
同額を甲社において増加し、諸資産の帳簿価額から諸負債の帳簿価額お
よび資本金等の額の増加額の合計額を減算した額について、利益積立金
額を減少する。

① 原則的な会計処理によった場合の別表の記載

会計上は利益剰余金の引継ぎはないが、税務上は利益積立金額マイナス450万円の引継ぎを行う。また、会計上はその他資本剰余金を500万円増加させるが、税務上は資本金等の額を1,000万円増加させる必要がある。

会計と税務の差異については、以下のように、償却超過額50万円の受入を行う。また、「利益積立金額の計算に関する明細書」と「資本金等の額の計算に関する明細書」との間でプラス・マイナス500万円の振替調整を入れることによって、税務上は利益積立金額の450万円の減少と資本金等の額の1,000万円の増加が正しく表される。

なお、このプラス・マイナス500万円の調整は、会計と税務のルールの差異に起因するものであり、解消しない差異（永久差異）であると考えられる。

別表五（一）　利益積立金額および資本金等の額の計算に関する明細書

区　　分	期首現在利益積立金額	当期の増減		差引翌期首現在利益積立金額
		減	増	①－②＋③
	①	②	③	④
利益準備金				
償却超過額			※50	50
資本金等の額			△500	△500
繰越損益金			×××	×××

（表頭）Ⅰ　利益積立金額の計算に関する明細書

Ⅱ　資本金等の額の計算に関する明細書				
区　　分	期首現在資本金等の額	当期の増減		差引翌期首現在資本金等の額
		減	増	
資本金または出資金	ＸＸＸ			ＸＸＸ
資本準備金				
その他資本剰余金			500	500
利益積立金額			500	500

②　例外的な会計処理によった場合の別表の記載

　会計上、利益剰余金を500万円減少させているが、別表5⑴の「利益積立金額の計算に関する明細書」の「繰越損益金」の欄は、会計上の繰越利益剰余金と一致させるため、繰越損益金の増加欄に記載する数字は500万円の減少が反映された数字である。一方で、償却超過額50万円の受入れを行うため、トータルで利益積立金額は450万円減少する。また、乙社の最後事業年度終了の時の資本金等の額1,000万円について「資本金等の額の計算に関する明細書」における1行目の「資本金または出資金の額」の増加欄に表す。

別表五（一）　利益積立金額および資本金等の額の計算に関する明細書

I　利益積立金額の計算に関する明細書				
区　　分	期首現在利益積立金額	当期の増減		差引翌期首現在利益積立金額 ①－②+③
		減	増	
	①	②	③	④
利益準備金				
償却超過額			※50	50
繰越損益金	1,000	1,000	△500 ＸＸＸ	ＸＸＸ

（注）　繰越損益金の増加欄において、被合併法人の利益剰余金マイナス500万円が反映される。

　　　増加欄の「ＸＸＸ」は合併がなかった場合の合併法人の当期末残高であり、「差引翌期首現在利益積立金額」の「ＸＸＸ」は合併による影響（500万円の減少）を加味した金額である。

II　資本金等の額の計算に関する明細書				
区　　分	期首現在資本金等の額	当期の増減		差引翌期首現在資本金等の額
		減	増	
資本金または出資金	1,000		1,000	2,000
資本準備金				

　なお、利益積立金額の引継ぎについては、基本的には合併法人の合併の日を含む事業年度の別表5(1)の増加欄でプラスまたはマイナスの受入れをすればよいが、会計ソフトによっては別表4と連動するように設計されているケースがある。この増減は別表4を通さないで行うため、この問題を解決するために、別表5(1)の期首現在利益積立金額の箇所で受け入れる処理を行う方法が使われる場合もある。詳細については、本章

の「Ⅱ　適格合併の税務処理」の「(2)被合併法人の利益積立金額」を参照されたい。

事例　債務超過会社の合併（個人株主の場合その1）

前提条件

　甲およびその親族をグループとする同族一族が支配している法人が2社ある。A社は黒字会社で業績がいいが、B社は赤字で債務超過となっている。このままではB社の事業の改善が期待できず、銀行からの借入金の返済負担も重く、甲からの個人借入金による資金調達で銀行に対する返済を実質的に行っている実情にもある。また、B社の取引銀行から業績の良好なA社との合併の提案もあったことから、A社によるB社の吸収合併を検討することになった。

　支配関係が形成されてから相当の長期間になるので、支配関係の継続要件は問題なく満たされている。

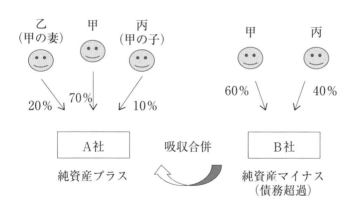

　上記のケースで、B社の繰越欠損金をA社に引き継ぐことは可能か。

200

解　答

1.　繰越欠損金の引継ぎの可否

　A社がB社の繰越欠損金を引き継ぐことができるかどうかが重要な論点となる。

　B社は債務超過会社であるため、A社の（時価のある）株式をB社の株主である甲と丙に6対4の比率で割り当てると、時価のあるA社株式を受け取った丙にみなし贈与に係る贈与税課税の問題が生じ得る[56]。

　しかし、対価を交付しない無対価合併を行うと、確かにみなし贈与の問題はクリアできるが、非適格合併となり、繰越欠損金の引継ぎができないということになる。なぜならば、無対価合併の場合は、一の者との間に完全支配関係がある法人相互の関係にあるときの適格要件として、一の者が個人であるときは、合併前の被合併法人の株主と合併法人の株主の構成が同一であり、かつ、各株主の被合併法人における持株割合と合併法人における持株割合が等しいことが必要であるからである。

2.　解決策

　上記の問題の解決策として、2つの方法が考えられる。

(1)　方法1

　B社の株主である甲と丙に対して、合併対価としてA社株式を1株だけ割り当てる。1株のみであるため、A社株式の1株当たりの価額がよほど高額でない限り、丙に対する贈与額は贈与税の基礎控除の枠内に収まることが考えられる。

56　甲はA社株式を70％保有しているため、合併に伴って保有している甲社株式の価額が減少することによるマイナスの影響を強く受ける。B社の株主としてA社株式の交付を受けることによるプラスと相殺関係になるため、みなし贈与の問題は生じないと考えられる。みなし贈与による贈与税課税の問題が生じるのは、丙についてである。

　また、Ａ社株式を1株でも割り当てる以上、対価交付型合併に該当する。対価要件はクリアするため、あとは合併後において一の者（甲およびその親族等）と合併法人Ａ社との間に、当該一の者による完全支配関係が継続することが見込まれていれば、適格合併に該当する。その場合に、支配関係の継続要件も満たしているため、Ｂ社の繰越欠損金のＡ社への引継ぎができると考えられる。

⑵　方法2

　甲と丙が保有しているＢ社株式をＡ社に譲渡し、Ｂ社をＡ社の100％子法人にしてから、Ａ社によるＢ社の吸収合併を行う。この場合は、無対価合併でも適格合併に該当することになる（法令4条の3第2項1号）。一の者（甲およびその親族等）とＡ社との間の支配関係、当該一の者とＢ社との間の支配関係が、株式の譲渡の前後を通じて継続しており、支配関係の継続要件を満たしていると考えられるため、繰越欠損金の引継ぎができると考えられる。

　なお、個人が保有する株式を他の法人に譲渡し、その保有先であった法人を他の法人の100％子法人にした上で、親法人が100％子法人を吸収合併するときの繰越欠損金の引継ぎの可否について、名古屋国税局の文書回答事例が公表されている[57]。

3.　合併に係る相応の理由

　論点が異なるが、債務超過会社Ｂ社との合併により、Ａ社株式の相続財産評価が下がることが考えられる。

57　名古屋国税局・文書回答事例（平成29年11月7日）「株主が個人である法人が適格合併を行った場合の未処理欠損金額の引継ぎについて（支配関係の継続により引継制限の判定をする場合）」（https://www.nta.go.jp/about/organization/nagoya/bunshokaito/hojin/171117/index.htm）。

　租税回避であると判断されないように、本合併を行うことについて相応の理由(合併に至った事情・背景、租税負担の減少以外の合併の理由・目的等)を説明できるようにしておく必要があると考えられる。

　本事例は、B社の業績の改善が見込めず、銀行借入の返済も限界にきている状況下において、収益性のあるA社に吸収合併することにより、銀行借入の返済を可能とする目的が明確であり、銀行からの提案もあった状況下で行われている。また、合併後に事務面の合理化、仕入ルートの共通化などが行われており、A社の業績は維持されている。合併を行うことに、租税負担の減少以外の経済合理性が認められる点も明らかである。したがって、租税回避に該当しない事例であると判断されている。

事例　債務超過会社の合併（個人株主の場合その２）

前提条件

　A社の発行済株式は甲が100％直接保有し、B社の発行済株式は甲が95％、甲とは親族等の関係にない部外者である乙が５％それぞれ直接保有している。A社は資産超過であるが、B社は債務超過である。

　A社とB社は、同一の製品の製造部門と販売部門を数年前に会社分割により別会社化したものである。このたび、２つの法人を別会社として運営するよりも、１つの法人に統合した方が、事業の効率性が高まり、無駄な面も解消し、経営の合理化が図れると判断し、２つの法人を合併により統合することになった。その経営判断には一定の経済合理性があると考えられる。

　A社とB社は、設立当初から、一の者との間に当事者間の支配関係がある法人相互の関係であり、支配関係の継続要件は問題なく満たされている。

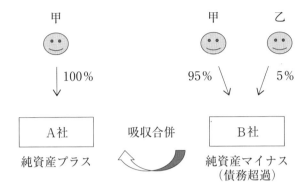

1.　合併の前段階における株式の整理

　乙は、過去に会社の番頭格であった者であり、すでに高齢であり、B社の経営には実質関与していない。B社の株主総会にも出席しないため、B社の株主権は事実上甲のみが行使している実態である。合併を行うにあたり、経営にまったく関与していない乙を合併後のA社の株主から外したいと考えている。

　そこで、甲が乙から株式の譲渡を受け、A社の株主も甲のみ、B社の株主も甲のみとし、そのうえで両社の合併を行うことにした。

2.　合併の方法

　A社の株主もB社の株主も甲のみであるため、合併の対価を交付する意味がない。そのため、無対価合併の方法で合併を行うことにした。

　法人相互の完全支配関係がある法人間の合併に係る適格要件は、以下の2つの要件を満たすことである。

(1) 合併前に当該合併に係る被合併法人と合併法人との間に同一の者による完全支配関係（法人相互の完全支配関係）があり、かつ、合併後に当該同一の者と当該合併に係る合併法人との間に当該同一の者による完全支配関係が継続することが見込まれていること（法令4条の3第2項2号）。

(2) 当該合併における被合併法人の株主等に合併法人株式または合併親法人株式のいずれか一方の株式または出資以外の資産が交付されないこと（法2条12号の8）。無対価の場合は、資産の交付は何もないわけであり、合併法人株式または合併親法人株式のいずれか一方の株式または出資以外の資産が交付されないため、この要件は充足する。

　なお、無対価合併の手法による場合には、合併前の完全支配関係が、一の者による完全支配関係がある法人相互の関係にあるときで、かつ、一の者が個人であるときは、被合併法人と合併法人の株主構成が同一で、かつ、各株主の被合併法人における持株割合と合併法人における持株割合が等しい場合、合併後における一の者と合併法人との間に、当該一の者による完全支配関係が継続することが見込まれている場合に、適格合併に該当する（法法2条12号の8イ、法令4条の3第2項2号）。

　A社の株主もB社の株主も甲のみであるため、被合併法人と合併法人の株主構成が同一で、かつ、各株主の被合併法人における持株割合と合併法人における持株割合が等しい場合に該当する。

3.　繰越欠損金の引継ぎの可否

　本事例は、適格合併に該当し、また、設立当初から合併の時までA社とB社との間の支配関係が継続していることから支配関係の継続要件を満たしていると考えられるため、A社はB社の繰越欠損金を引き継ぐことができると考えられる。

事例　100％子法人の合併

前提条件

　当社（甲社）は、100％子法人である乙社を合併することになった。次のような内容であったものとし、会計処理、税務処理および地方税の法人住民税均等割への影響を説明しなさい。なお、100％子法人の合併につき、合併対価を交付しない、いわゆる無対価合併で行った。

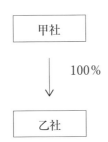

甲社貸借対照表（単位：万円）			
諸資産	3,000	諸負債	500
［うち抱合せ株式		資本金	1,500
1,800］		利益剰余金	1,000

乙社貸借対照表（単位：万円）			
諸資産	4,200	諸負債	1,100
		資本金	1,000
		利益剰余金	2,100

　甲社は乙社株式を乙社の設立時に取得したものではなく、設立後一定期間経過した後に、他の法人から取得したものであり、抱合せ株式（子法人株式）の帳簿価額と乙社の資本金の額は一致していない。

　なお、会計上の資本金の額と法人税法上の資本金等の額は一致してい

るものとする。乙社の税務上の利益積立金額は2,200万円であり、その内訳は次のとおりであったとする。

乙社の利益積立金額の内訳（単位：万円）

利益剰余金（繰越損益金に記載）	2,100
納税充当金	250
未納法人税等	△150
差引合計額	2,200

　納税充当金は税務上は負債ではなく純資産とみて、また、未納法人税等は確定税額として負債とみるため、諸負債に係る会計上の帳簿価額は1,100万円に対して税務上の帳簿価額は1,000万円ということになる。利益剰余金と利益積立金額の差額100万円は、諸負債に係る会計上の帳簿価額と税務上の帳簿価額との差額に一致する。

　なお、単純化のため、抱合せ株式消滅差益を除いた当期純利益はゼロとする。

1.　会計処理

　100％子会社の吸収合併であり、会計上は共通支配下の取引に該当する。甲社は、乙社の資産・負債を帳簿価額のまま受け入れる。

　合併に伴い抱合せ株式（乙社株式）は消滅する。抱合せ株式の消滅を認識することになるため、抱合せ株式を貸方に落とす。会計上、抱合せ株式の帳簿価額と子会社の純資産額（子会社の株主資本）との差額を抱合せ株式消滅差損または抱合せ株式消滅差益として特別損益に計上することになる。対価を何も交付しないため、資本金や資本剰余金は増加しない。なお、この特別損益は、税務上は課税所得に影響させないため、

別表4で加算（留保）または減算（留保）する必要がある。

（親会社の受入仕訳）

諸資産	42,000,000	諸負債	11,000,000
		抱合せ株式	18,000,000
		抱合せ株式消滅差益	13,000,000

合併後の甲社貸借対照表（単位：万円）

諸資産	5,400(注1)	諸負債	1,600
		資本金	1,500
		剰余金	2,300(注2)

（注1） 3,000＋4,200－1,800＝5,400万円
（注2） 1,000＋1,300＝2,300万円　　1,300万円は抱合せ株式消滅差益による利益剰余金の増加である。

2.　税務処理（法人税）

　100％子法人の吸収合併を無対価合併により行っているため、適格合併に該当する（法法2条12号の8イ、法令4条の3第2項1号）。

　甲社は、乙社の資産・負債を帳簿価額により引き継ぐ。また、乙社の最後事業年度終了の時の資本金等の額1,000万円を増加させる一方において、抱合せ株式の帳簿価額1,800万円について資本金等の額を減少する。トータルで資本金等の額が800万円減少することになる。

（親会社の税務上の受入仕訳）

諸資産	42,000,000	諸負債	10,000,000
資本金等の額	8,000,000	利益積立金額	22,000,000
		抱合せ株式	18,000,000

　結果として、甲社の合併前の資本金等の額は1,500万円であったが、800万円の減少により700万円になる。

　別表四　所得の金額の計算に関する明細書

区　　分		総　　額	処　　分		
			留　保	社外流出	
		①	②	③	
当期利益または当期欠損の額				配当	
				その他	
加算					
減算	抱合せ株式消滅差益減算	1,300	1,300		

別表五（一）　　利益積立金額および資本金等の額の計算に関する明細書

I　利益積立金額の計算に関する明細書				
区　分	期首現在利益積立金額	当期の増減		差引翌期首現在利益積立金額 ①−②+③
		減	増	
	①	②	③	④
利益準備金				
合併による増加			2,100	2,100
抱合せ株式消滅差益減算			△1,300	△1,300
資本金等の額				
繰越損益金	1,000	1,000	2,300	2,300
納税充当金	ＸＸ	ＸＸ	※250	ＸＸ
未納法人税等	△ＸＸ	△ＸＸ	※△150	△ＸＸ

（注）　繰越損益金の増加欄には期末の（会計上の）繰越利益剰余金を記載するが、抱合せ株式消滅差益を除いた当期純利益はゼロのため、抱合せ株式消滅差益1,300万円がオンされた数字になる。「抱合せ株式消滅差益減算」の△1,300万円と相殺関係になる。利益積立金額の増加額は、トータルで2,200万円（2,100万円＋250万円−150万円）となる。

II　資本金等の額の計算に関する明細書				
区　分	期首現在資本金等の額	当期の増減		差引翌期首現在資本金等の額
		減	増	
資本金または出資金	1,500			1,500
資本準備金				
合併による減少			△800	△800

　会計上、抱合せ株式消滅差益を特別利益に計上しているため、利益剰余金が増加している。別表5(1)上の繰越損益金の欄は会計上の繰越利益剰余金に一致させるため、当該欄が増加することになる。マイナス1,300

万円の減少が入ることで相殺関係になるため、利益積立金額はトータルで2,200万円の増加になる。被合併法人の最後事業年度終了の時の利益積立金額と同額が合併法人において増加することになる。一方、資本金等の額はトータルで800万円の減少になる。

3. 地方税の取扱い

法人税法上の資本金等の額は800万円減少したが、法人住民税均等割の税率区分の基準となる額については、平成27年度税制改正の影響を考慮する必要がある。

法人住民税均等割の税率区分の基準である資本金等の額が、資本金と資本準備金の合算額を下回る場合、法人住民税均等割の税率区分の基準となる額は資本金と資本準備金の合算額とされる（地法52条4項）。本件の場合は、次のようになる。

法人住民税均等割の税率区分の基準である資本金等の額	<	資本金の額	+	資本準備金の額
700万円		1,500万円		0

法人住民税均等割の税率区分の基準となる額は、右辺の1,500万円になり、合併前と変わらないということになる。平成27年度税制改正前の取扱いでは均等割が下がったわけであるが、この改正の影響により変わらない結果になる。左辺のみが減少しても均等割の負担に影響はない。右辺も減少しなければ均等割は下がらないことになる。

第5章

分割の処理

Ⅰ 適格分割の税務・会計の基本

1. 適格分割の税務処理の基本

　適格分割に該当する場合は、分割法人から分割承継法人に対して資産および負債を帳簿価額により引き継ぐ処理になる。したがって、分割法人において譲渡損益は生じない。一方、分割承継法人は、分割法人の分割直前の帳簿価額で受け入れる。

　適格分割型分割か適格分社型分割かによって、税務処理が異なる。それぞれの具体的な処理については後で詳説するが、基本的な処理は、次のとおりである。適格分割型分割の場合は、分割法人の利益積立金額のうち分割事業に対応する部分（分割移転割合に対応する部分）を分割承継法人に引き継ぐ。適格分社型分割の場合は、（適格であっても）引き継がず、分割承継法人において受け入れる簿価純資産額と同額の資本金等の額を増加させるのみである。具体的な詳しい内容は、「Ⅱ　適格分割型分割および適格分社型分割の税務・会計」で詳説する。適格分割型分割の場合は、分割承継法人が利益積立金額の引継ぎを行うため、みなし配当課税は発生しない。分社型分割の場合は、株主に対する資産の交付がないため、適格・非適格にかかわらず、みなし配当は生じない。

2. 同族会社における分割の会計処理

(1) 同族一族が支配している法人間の分割の会計処理

　同族一族が複数の法人を支配しているときのその法人間で分割を行う場合、個人の親族等が、その個人と同一の内容の議決権行使を行う者であると認められる場合は、会計上、その個人の緊密者であると考えられる。このように緊密な者または同一の内容の議決権行使を行うことに同意している者であると判断される場合は、その個人と緊密な者または同

意している者の持株数を合算して、法人を支配しているかどうかを判断することになると考えられる（「企業結合会計基準及び事業分離等会計基準に関する会計基準の適用指針」（以下、「適用指針」という）202項）。

　個人とその親族等が発行済株式等の過半数を保有している場合、その個人の親族等が緊密な者または同意している者に該当する場合がほとんどであり、その場合の会計処理は、共通支配下の取引に該当する。

　同族一族が複数の法人を支配しているときのその法人間で分割を行う場合、分割承継法人が分割法人に新株を交付する分社型分割によらないで、新株を分割法人の株主に交付する分割型分割により行う場合が多いと考えられる。もっとも会社法上、分割型分割は、分社型分割と分割法人が交付を受けた新株を分割法人の株主に剰余金の配当（分割承継法人株式による現物配当）として交付すると整理されている。その場合は、適用指針255項および256項を適用することになると考えられる。

(2)　分割法人および分割承継法人の会計処理
　①　分割法人の会計処理
　分割法人が分割により取得する分割承継法人株式の取得原価は、「企業結合に関する会計基準」（以下、「企業結合会計基準」）43項および「事業分離等に関する会計基準」（以下、「事業分離等会計基準」）19項(1)により、移転事業に係る株主資本相当額に基づいて算定する。したがって、当該分割により移転損益は生じない。

| 諸負債 | ××× | 諸資産 | ××× |
| 分割承継法人株式 | ××× | | |

　なお、移転事業に係る株主資本相当額がマイナスの場合には、マイナスの金額を「組織再編成により生じた株式の特別勘定」等、適切な

科目をもって負債に計上する。

諸負債	ＸＸＸ	諸資産	ＸＸＸ
		組織再編成により生じた株式の特別勘定	ＸＸＸ

　分社型分割の場合は上記のとおりであるが、分割型分割の場合は、分割法人が交付を受けた分割承継法人株式を、剰余金の配当として（分割法人の）株主に交付する。このとき分割法人は、受け取った分割承継法人株式の取得原価により株主資本を変動させる。変動させる株主資本の内訳は、取締役会等の会社の意思決定機関において定められた額とする。

　先の仕訳と同時に次の仕訳が起きる（株主資本相当額がプラスの場合を前提）。

その他利益剰余金	ＸＸＸ	分割承継法人株式	ＸＸＸ

> 変動させる株主資本の内訳は、取締役会等の会社の意思決定機関で決定（資本金、資本準備金を減少させるケースは少なく、その他利益剰余金を減少させる例によっている）。

② 　分割承継法人の会計処理

　分割承継法人が分割法人から受け入れる資産および負債は、企業結合会計基準41項により、分割期日の前日に付された適正な帳簿価額により計上する。

　また、増加すべき株主資本の会計処理については、次のとおり処理
する。すなわち、移転事業に係る株主資本相当額は、原則として、払
込資本（資本金または資本剰余金）として処理する。増加すべき払込
資本の内訳項目（資本金、資本準備金またはその他資本剰余金）は、
会社法の規定に基づき決定する。なお、移転事業に係る株主資本相当
額がマイナスとなる場合には、払込資本をゼロとし、その他利益剰余
金のマイナスとして処理する。分割承継法人における増加資本の処理
については、次のように原則的な処理と例外的な処理がある。

（ⅰ）　原則的な処理
　分割承継法人の資本金および資本剰余金の増加額は、株主資本の
変動額の範囲内で、分割承継法人が吸収分割契約の定めに従いそれ
ぞれ定めた額とし、利益剰余金の額は変動しないものとする。

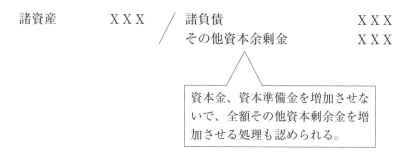

諸資産　　　　　ＸＸＸ　／　諸負債　　　　　　　ＸＸＸ
　　　　　　　　　　　　　　その他資本余剰金　　　ＸＸＸ

資本金、資本準備金を増加させないで、全額その他資本剰余金を増加させる処理も認められる。

（株主資本相当額がマイナスの場合）

諸資産　　　　　　　　　ＸＸＸ　／　諸負債　　　ＸＸＸ
その他利益剰余金　　　　ＸＸＸ

(ii) 例外的な処理

　分割の対価として分割承継法人株式のみが交付される場合、分割型分割により変動する分割法人の資本金、資本剰余金および利益剰余金の額をそれぞれ分割承継法人の資本金、資本剰余金および利益剰余金の変動額とすることができる（会社計算規則38条1項）。

　仮に分割法人において利益剰余金を減少させた場合、分割承継法人において利益剰余金を増加させることになる。

Ⅱ　適格分割型分割および適格分社型分割の税務・会計

1.　適格分割型分割の税務処理

(1)　分割法人の税務処理

　分割法人から分割承継法人に対して資産および負債を帳簿価額により引き継ぐ。したがって、分割法人において譲渡損益は生じない。

　税務上、分割法人は、①事業用財産を移転させて得た分割承継法人株式をもって、②株主に対して資本の払戻しをするものと整理されている。税務上、資本の払戻しについては、資本金等の額の減少と利益積立金額の減少（または増加）として取り扱われる。

　分割法人の資本金等の額のうち、移転した事業に対応する割合に相当する部分について分割法人において減少し、その額を分割承継法人において増加させる。一方、分割直前の移転資産の帳簿価額から分割直前の移転負債の帳簿価額と減少すべき資本金等の額の合計額を減算した額について、利益積立金額を減少（または増加）させる。なお、適格分割型分割の場合、みなし配当は生じない（法令8条1項15号、9条1項10号）。

分割法人における資本金等の額の減少額[58]

＝分割直前の資本金等の額×$\dfrac{\text{移転資産の分割型分割直前の帳簿価額}-\text{移転負債の分割型分割直前の帳簿価額}}{\text{分割法人の前事業年度終了の時の簿価純資産額（注）}}$

　(注)　分割法人の前事業年度終了の時の簿価純資産額は、税務上の簿価純資産額であり、分割法人の前事業年度の別表5(1)の利益積立金額の期末金額と資本金等の額の期末金額の合計額であると考えられる。ただし、当該終了の時から当該分割型分割直前の時までの間に資本金等の額また

58　当該金額は、分割承継法人における資本金等の額の増加額となる。

は利益積立金額（法令9条1項1号または6号に掲げる金額、すなわち所得計算に基づく増減とグループ通算制度における投資簿価修正額を除く）が増加し、または減少した場合には、その増加額は加算、減少額は減算する（法令8条1項15号イ）。所得計算に基づく増減を加減算する必要はないため、案件によっては加減算すべきものが発生しないケースもあり得る。

　なお、分割法人の分割直前の資本金等の額がゼロ以下であるときは分数をゼロとする。また、分割直前の資本金等の額および上記の分数の分子の額がゼロを超え、かつ、分母の金額がゼロ以下である場合は分数を1とする。分数の割合に小数点3位未満の端数があるときは、これを切り上げる。

　また、分数の分子の額が分母の額（ゼロに満たない場合を除く）を超える場合には、分子の金額を分母の金額と同額として分数を1とする。

　また、利益積立金額の減算すべき額は、次のとおりである。

> 分割法人における利益積立金額の減算額
> ＝分割直前の移転資産の帳簿価額 −（分割直前の移転負債の帳簿価額＋減少資本金等の額）

　減算額と記載されているとおり、計算結果がプラスの場合は分割法人においてその額を減少、計算結果がマイナスである場合は分割法人においてその絶対値を増加させることになる。

　以下、会計上の仕訳と税務上の仕訳を示す。会計上は、共通支配下の取引に該当するものとしている。会計上は、分割法人が分割承継法人株式をいったん受け取り、それを直ちに現物配当したものとして処理することになると考えられる。すなわち、交付を受けた株式の取得原価は、

移転事業に係る株主資本相当額に基づいて算定するので、移転損益は生じない。受け取った分割承継法人株式の取得原価により株主資本を変動させる。変動させる株主資本の内訳は、取締役会等の会社の意思決定機関において定められた額とする。

①　会計上の仕訳

分割承継法人株式	×××	/	諸資産	×××（簿価）
諸負債	×××（簿価）	/		
剰余金	×××	/	分割承継法人株式	×××

剰余金の減少と記載されているが、その他資本剰余金を減少させるのか、その他利益剰余金を減少させるのかについて、取締役会等の会社の意思決定機関において定めることになる。その他資本剰余金の残高がない法人も多いため、その他利益剰余金の減少と定めるケースが多いと考えられる。

②　税務上の仕訳

分割承継法人株式	×××	/	諸資産	×××（簿価）
諸負債	×××（簿価）	/		
資本金等の額	×××	/	分割承継法人株式	×××
利益積立金額	×××	/		

(2)　分割承継法人の税務処理

　分割承継法人は、移転事業に係る資産および負債を分割法人における分割直前の帳簿価額によって引き継ぐ。その見返りとして、分割法人に対して分割承継法人の株式を交付する[59]。分割承継法人においては、分

220

割法人において減少させる資本金等の額と同額の資本金等の額を増加さ
せる。また、利益積立金額については、分割により移転する諸資産の帳
簿価額から、諸負債の帳簿価額および増加すべき資本金等の額の合計額
を減算した額について増加（または減少）させる[60]。

　一方、会計上は、移転事業に係る株主資本相当額は、払込資本（資本
金または資本剰余金）として処理すると考えられる。増加すべき払込資
本の内訳項目（資本金、資本準備金またはその他資本剰余金）は、会社
法の規定に基づき決定する[61]。移転事業に係る株主資本相当額がマイナ
スとなる場合には、払込資本をゼロとし、その他利益剰余金のマイナス
として処理すると考えられる。

①　会計上の仕訳

諸資産　　ＸＸＸ（簿価）／諸負債　　　　　ＸＸＸ（簿価）
　　　　　　　　　　　　　その他資本余剰金　ＸＸＸ

②　税務上の仕訳

諸資産　　ＸＸＸ（簿価）／諸負債　　　　　ＸＸＸ（簿価）
　　　　　　　　　　　　　資本金等の額　　ＸＸＸ
　　　　　　　　　　　　　利益積立金額　　ＸＸＸ

59　いったん分割法人に交付したものとし、分割法人は交付を受けた分割承継法人株式を株主に対して資本の払戻し（会計上は、剰余金の配当）として分配したものと考える。
60　計算結果がプラスの場合は利益積立金額の増加となり、計算結果がマイナスの場合はその絶対値について利益積立金額の減少となる。
61　その内訳は吸収分割契約の定めに従い、それぞれ定めた額とされ（会社計算規則37条2項）、全額をその他資本剰余金に計上することもできる。

（分割承継法人における）利益積立金額の増加額（または減少額）の計算の仕組み

諸資産 （移転資産に係る適格分割型分割の直前の帳簿価額）	①諸負債 （移転負債に係る適格分割型分割の直前の帳簿価額）
	②増加すべき資本金等の額 （法令8条1項15号により計算）
	増加（または減少）すべき利益積立金額

諸資産から①および②の合計額を減算して計算

(注)　諸資産の帳簿価額から①および②の合計額を減算した額がプラスの場合はその額について利益積立金額の増加、諸資産の帳簿価額から①および②の合計額を減算した額がマイナスの場合はその絶対値について利益積立金額を減少させる。

2.　適格分社型分割の税務処理

(1)　分割法人の税務処理

　分割法人は、分割事業に係る資産・負債を移転するが、その対価として分割承継法人の株式を受け取る。分割承継法人株式の取得価額は、分割直前の移転資産の帳簿価額から分割直前の移転負債の帳簿価額を減算した金額である。

　　①　会計上の仕訳

分割承継法人株式　ＸＸＸ　　／　諸資産　　　　ＸＸＸ（簿価）
諸負債　　　　　ＸＸＸ（簿価）

② 税務上の仕訳

分割承継法人株式	ＸＸＸ	/	諸資産	ＸＸＸ（簿価）
諸負債	ＸＸＸ（簿価）			

　なお、移転事業に係る簿価純資産額がマイナスである場合は、理論上受け入れる分割承継法人株式の帳簿価額もマイナスになるが、会計上は「組織再編成により生じた株式の特別勘定」等の適切な科目をもって負債に計上することになる[62]。その分割承継法人株式を将来において譲渡等するときにその負債勘定を取り崩すことになるため、株式譲渡益がその分増加する。

　税務上も申告調整せずに、そのまま認容することになると考えられる[63]。

諸負債	ＸＸＸ	/	諸資産	ＸＸＸ
		/	組織再編成により生じた株式の特別勘定	ＸＸＸ

(2)　分割承継法人の税務処理

　移転資産および移転負債を分割直前の帳簿価額により受け入れる。税務上は、分割法人の当該適格分社型分割の直前の移転資産の帳簿価額から移転負債の帳簿価額を減算した金額により資本金等の額を増加させる（法令８条１項７号）。利益積立金額の変動は生じない。

62　「企業結合会計基準及び事業分離等会計基準に関する適用指針」226項参照。
63　適格分社型分割により交付を受けた分割承継法人の取得価額については、当該適格分社型分割の直前の移転資産の帳簿価額から移転負債の帳簿価額を減算した金額（当該株式の交付を受けるために要した費用がある場合には、その費用の額を加算した金額）と規定されている（法令119条１項７号）。「減算」と規定されているため、計算結果がマイナスの場合は、取得価額もマイナスになる。将来譲渡したときには譲渡益に加算することになる。

　会計上は、移転事業に係る株主資本相当額は、払込資本（資本金または資本剰余金）として処理すると考えられる。増加すべき払込資本の内訳項目（資本金、資本準備金またはその他資本剰余金）は、会社法の規定に基づき決定する[64]。

① 　会計上の仕訳

諸資産　　　ＸＸＸ（簿価）　／　諸負債　　　　　　　　ＸＸＸ（簿価）
　　　　　　　　　　　　　　　　　その他資本剰余金　ＸＸＸ

② 　税務上の仕訳

諸資産　　　ＸＸＸ（簿価）　／　諸負債　　　　　　　　ＸＸＸ（簿価）
　　　　　　　　　　　　　　　　　資本金等の額　　ＸＸＸ

64　その内訳は吸収分割契約の定めに従い、それぞれ定めた額とされ（会社計算規則37条
　2項）、全額をその他資本剰余金に計上することもできる。

Ⅲ 非適格分割型分割および非適格分社型分割の税務・会計

1. 非適格分割型分割の税務処理

(1) 分割法人の税務処理

　分割法人は、資産・負債を時価により譲渡したものとして移転する。したがって、交付を受ける分割承継法人株式の時価と移転簿価純資産額の差額が、譲渡損益として認識される。対価として受け取った分割承継法人株式を時価で受け入れるが、それを直ちに株主に対して資本の払戻しとして分配したものとして処理する。

　税務上、資本の払戻しについては、資本金等の額の減少と利益積立金額の減少として取り扱われる。分割法人の資本金等の額のうち、移転した事業に対応する割合に相当する部分について分割法人において減少する（法令8条1項15号）。この減少額は、適格分割型分割の場合と同じである。

　一方、分割承継法人株式の価額（時価）から上記の資本金等の額の減少額を減算した額について、利益積立金額を減少（または増加）させる（法令9条1項9号）。利益積立金額の減少がみなし配当として取り扱われ、分割法人の株主に対してみなし配当課税がされる。

分割法人における資本金等の額の減少額[65]

　＝分割直前の資本金等の額× $\dfrac{\text{移転資産の分割型分割直前の帳簿価額}-\text{移転負債の分割型分割直前の帳簿価額}}{\text{分割法人の前事業年度終了の時の簿価純資産額（注）}}$

　（注）　分割法人の前事業年度終了の時の簿価純資産額は、税務上の簿価純資産額であり、分割法人の前事業年度の別表5⑴の利益積立金額の期末

65　当該金額は、分割承継法人における資本金等の額の増加額となる。

　金額と資本金等の額の期末金額の合計額であると考えられる。ただし、当該終了の時から当該分割型分割直前の時までの間に資本金等の額または利益積立金額（法令９条１項１号または６号に掲げる金額、すなわち所得計算に基づく増減とグループ通算制度における投資簿価修正額を除く）が増加し、または減少した場合には、その増加額は加算、減少額は減算する（法令８条１項15号イ）。所得計算に基づく増減を加減算する必要はないため、案件によっては加減算すべきものが発生しないケースもあり得る。

　なお、分割法人の分割直前の資本金等の額がゼロ以下であるときは分数をゼロとする。また、分割直前の資本金等の額および上記の分数の分子の額がゼロを超え、かつ、分母の金額がゼロ以下である場合は分数を１とする。分数の割合に小数点３位未満の端数があるときは、これを切り上げる。

　また、非適格分割型分割の場合、計算した「資本金等の額の減少額」が分割法人の株主に交付した分割承継法人株式その他の資産の価額を超えるときは、その超える部分の金額を減算した金額とする。要するに、資本金等の額の減少額は、分割の対価として交付される分割承継法人株式その他の資産の価額（時価）が上限になるという意味である。

　また、利益積立金額の減算すべき額は、次のとおりである。

> 分割法人における利益積立金額の減算額
> ＝分割承継法人株式の価額－減少資本金等の額

① 会計上の仕訳

分割承継法人株式	×××	/	諸資産	×××
諸負債	×××	/	譲渡益	×××
剰余金	×××	/	分割承継法人株式	×××

② 税務上の仕訳

分割承継法人株式	×××	/	諸資産	×××
諸負債	×××	/	譲渡益	×××
資本金等の額	×××	/	分割承継法人株式	×××
利益積立金額	×××	/		

　分割承継法人株式の時価であるが、株式の評価方法として時価純資産価額方式を採用し、移転事業に係る時価純資産額に見合った分割承継法人株式の交付を行うように分割比率を定めた場合は、分割承継法人に移転する諸資産・諸負債の時価純資産額と分割承継法人株式の時価は一致することになる。

　簿価純資産額300（諸資産の帳簿価額500、諸負債の帳簿価額200）の事業を時価純資産額450で移転した場合（資産に含み益が150あった）

（会計上の仕訳）

諸負債	200	/	諸資産	500
分割承継法人株式	450	/	譲渡益	150
剰余金	450	/	分割承継法人株式	450

（税務上の仕訳）資本金等の額の減少額を100とする。

諸負債	200	諸資産	500
分割承継法人株式	450	譲渡益	150
資本金等の額	100	分割承継法人株式	450
利益積立金額	350		

(2) 分割承継法人の税務処理

　分割承継法人においては、分割の対価として交付する分割承継法人株式の時価相当額について資本金等の額を増加させる。分割承継法人株式の時価相当額と移転する資産および負債の時価純資産額が一致する場合は、次の仕訳となる。

①　会計上の仕訳

諸資産	××× （時価）	諸負債 剰余金	××× ×××

②　税務上の仕訳

諸資産	××× （時価）	諸負債 資本金等の額	××× ×××

　分割の対価として交付した分割承継法人株式の時価と移転する諸資産および諸負債に係る時価純資産額とが一致しない場合は、次の取扱いとなる。すなわち、非適格分割のうち、分割法人が直前において行う事業およびその事業に係る主要な資産または負債のおおむね全部が分割承継法人に移転するものについては、分割の対価として交付した分割承継法人株式の時価と移転する諸資産および諸負債の時価純資産額との差額を資産調整勘定または差額負債調整勘定に計上する。借方差額の場合は

「資産調整勘定」、貸方差額の場合は「差額負債調整勘定」を計上することになる。

諸資産	×××	諸負債	×××
	（時価）	資本金等の額	×××
資産調整勘定	×××		

　なお、分割承継法人株式の時価を時価純資産価額方式により評価し、移転事業に係る時価純資産額に見合った分割承継法人株式の交付を行うように分割比率を定めた場合は、分割承継法人に移転する諸資産・諸負債の時価純資産額と分割承継法人株式の時価は一致することになり、資産調整勘定または差額負債調整勘定は生じないことになる。

2.　非適格分社型分割の税務処理

⑴　分割法人の税務処理

　分割法人は、資産・負債を時価により譲渡したものとして移転する。したがって、分割承継法人株式の時価と移転簿価純資産額の差額が、譲渡損益として認識される。対価として受け取った分割承継法人株式を時価で受け入れる。

①　会計上の仕訳

分割承継法人株式	×××	諸資産	×××
諸負債	×××	譲渡益	×××

②　税務上の仕訳

分割承継法人株式	×××	諸資産	×××
諸負債	×××	譲渡益	×××

　分割承継法人株式の時価であるが、株式の評価方法として時価純資産価額方式を採用し、移転する時価純資産額に見合った分割承継法人株式の交付を行うように分割比率を定めた場合は、分割承継法人に移転する諸資産・諸負債の時価純資産額と分割承継法人株式の時価は一致することになる。

簿価純資産300（諸資産の帳簿価額500、諸負債の帳簿価額200）の事業を時価純資産額450で移転した場合（資産に含み益が150あった）

（資産調整勘定または差額負債調整勘定の計上がない場合）

諸負債	200	諸資産	500
（簿価）		譲渡益	150
分割承継法人株式	450		

⑵　分割承継法人の税務処理

　分割承継法人においては、分割の対価として交付する分割承継法人株式の時価相当額について資本金等の額を増加させる。分割承継法人株式の時価相当額と移転する資産および負債の時価純資産額が一致する場合は、次の仕訳となる。

① 　会計上の仕訳

諸資産	×××	諸負債	×××
	（時価）	剰余金	×××

② 　税務上の仕訳

諸資産	×××	諸負債	×××
	（時価）	資本金等の額	×××

　分割の対価として交付した分割承継法人株式の時価と移転する諸資産および諸負債に係る時価純資産額とが一致しない場合は、次の取扱いとなる。すなわち、非適格分割のうち、分割法人が直前において行う事業およびその事業に係る主要な資産または負債のおおむね全部が分割承継法人に移転するものについては、分割の対価として交付した分割承継法人株式の時価と移転する諸資産および諸負債の時価純資産額との差額を資産調整勘定または差額負債調整勘定に計上する。借方差額の場合は「資産調整勘定」、貸方差額の場合は「差額負債調整勘定」を計上することになる。

諸資産	ＸＸＸ	諸負債	ＸＸＸ
	（時価）	資本金等の額	ＸＸＸ
資産調整勘定	ＸＸＸ		

　なお、分割承継法人株式の時価を時価純資産価額方式により評価し、移転事業に係る時価純資産額に見合った分割承継法人株式の交付を行うように分割比率を定めた場合は、分割承継法人に移転する諸資産・諸負債の時価純資産額と分割承継法人株式の時価は一致することになり、資産調整勘定または差額負債調整勘定は生じないことになる。

　簿価純資産額300（諸資産の帳簿価額500、諸負債の帳簿価額200）の事業を時価純資産額450で移転した場合（資産に含み益が150あった）（資産調整勘定または差額負債調整勘定の計上がない場合）

諸資産	650	諸負債	200
	（時価）	資本金等の額	450

Ⅳ 繰越欠損金の使用制限等

1.　繰越欠損金の使用制限

(1)　繰越欠損金の使用に係る制限

　内国法人と支配関係法人（当該内国法人との間に支配関係がある法人）との間で当該内国法人を合併法人、分割承継法人、被現物出資法人または被現物分配法人とする適格合併[66]、適格分割、適格現物出資または適格現物分配（以下、「適格組織再編成等」という）が行われた場合において、みなし共同事業要件を満たしていないときは、当該内国法人の当該適格組織再編成等の日の属する事業年度（以下、「組織再編成事業年度」という）以後の各事業年度における繰越欠損金の控除の適用について使用制限がかかる（法法57条4項）。

　ただし、①組織再編成事業年度開始の日の5年前の日、②当該内国法人の設立の日または③当該支配関係法人の設立の日、以上のうち最も遅い日から継続して当該内国法人と当該支配関係法人との間に支配関係があるときは、制限はかからない（同条同項）。

　なお、適格現物分配については、事業の移転を伴わないことから、みなし共同事業要件の規定は適用されない点に留意する必要がある。

　繰越欠損金の引継ぎについては、組織再編成の中で適格合併のみ認められていることから、適格合併の場合のみを対象とする制限規定が置かれているが、繰越欠損金の使用については、繰越欠損金を有する法人を合併法人とする逆さ合併が行われる可能性もあるし、分割承継法人または被現物出資法人等を繰越欠損金を有する法人とし、支配関係がある法

66　完全支配関係がある法人間で非適格合併が行われた場合において、被合併法人である内国法人から移転した資産に譲渡損益調整資産に該当するものがある場合も適用対象になる。

人との間の再編成を行うことにより、所得金額をプラスに転換して、繰越欠損金の控除を行えるようにするという行為が行われる可能性があることから、使用制限の規定が設けられている。

(2) 規定に抵触した場合に制限を受ける金額

　仮に使用制限がかかる場合は、当該内国法人の支配関係事業年度前の各事業年度の未処理欠損金額、および当該内国法人の支配関係事業年度以後の各事業年度で生じた欠損金額のうち、含み損資産の譲渡等により生じたもの（特定資産譲渡等損失額に相当する金額から成る部分の金額）は使用できなくなる（法法57条4項1号、2号）。

＜繰越欠損金の使用制限に係る判定フローチャート＞

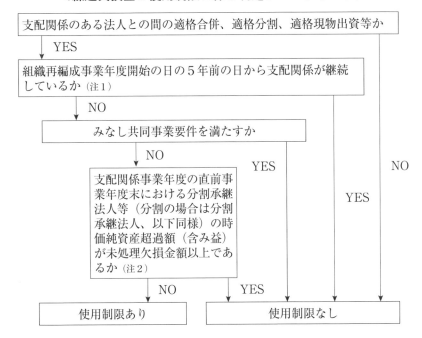

> （注1）　組織再編成事業年度開始の日の5年前の日、当該内国法人の設立の日または当該支配関係法人の設立の日のうち最も遅い日から継続して当該内国法人と当該支配関係法人との間に支配関係があるときは、制限はかからない。
>
> （注2）　みなし共同事業要件を満たさなくても、分割承継法人等の支配関係事業年度の直前事業年度末における分割承継法人等の時価純資産超過額（時価純資産価額－簿価純資産価額）が未処理欠損金額以上であるときは、分割承継法人等の未処理欠損金額の全額の使用が可能となる。また、逆に未処理欠損金額が時価純資産超過額を上回るときは、時価純資産超過額の範囲で分割承継法人等の未処理欠損金額の使用が可能となる。

⑶　繰越欠損金使用制限の特例

　先のフローチャートの（注2）は、支配関係事業年度の直前事業年度

末における分割承継法人等（分割の場合は分割承継法人、以下同様）の
時価純資産超過額が一定額ある場合の特例である。支配関係事業年度の
前事業年度終了の時に分割承継法人等に時価純資産超過額（含み益）が
あり、その額が未処理欠損金額以上であるときは、未処理欠損金額の全
額について使用が可能となる。

　また、分割承継法人等の時価純資産超過額が未処理欠損金額を下回っ
ている場合でも、時価純資産額と同額の使用は認められる。その含み益
に対応する未処理欠損金額について引継ぎが認められるという意味であ
る（法令113条１項）。

| 分割承継法人等の時価純資産超過額 | ≧ | 分割承継法人等の未処理欠損金額 |

　　➡　　分割承継法人等の未処理欠損金額の全額の使用が可能

| 分割承継法人等の時価純資産超過額 | ＜ | 分割承継法人等の未処理欠損金額 |

　　➡　　分割承継法人等の時価純資産超過額と同額について、未処
　　　　　理欠損金額の使用が可能

　分割承継法人等の時価純資産超過額が未処理欠損金額以上ある場合
は、含み益を実現させるだけで、適格組織再編成等を行わなくても、未
処理欠損金額を使用することができる状態であることを意味する。その
ため、未処理欠損金額の使用を特例的に認めているものである。

　特例的な取扱い（できる規定）であり、組織再編成事業年度開始の日
の５年前の日から適格分割等の時まで支配関係が継続していない場合に
おいて、時価純資産超過額と未処理欠損金額の大小関係次第で、使用制
限される金額が原則的な取扱い[67]と違ってくる点に留意する必要があ

67　原則的な取扱いとは、支配関係事業年度前に生じた欠損金額、および支配関係事業年

る。

　なお、特例を適用する場合は、確定申告書に明細書の添付が必要であり、かつ、時価純資産価額の算定の基礎となる事項を記載した書類その他の財務省令で定める書類を保存している場合に限り適用される（法令113条4項、法規26条の2の4）。すなわち、①確定申告書への明細書の添付要件および②保存書類の保存要件を満たしている場合に限り適用が受けられる。

2.　特定資産の譲渡等損失の損金算入制限

　含み損のある資産を含む事業を分割等により移転し、分割等の後においてその資産の譲渡等による損失を利用するような租税回避を防止するために、分割等後一定の期間（以下、「適用期間」という）内に生じた特定資産に係る譲渡等の損失は損金の額に算入することができないとされている。分割法人等から引き継いだ資産だけでなく、含み損のある資産を保有する法人を分割承継法人等とする逆さ分割等も考えられるため、分割承継法人等が保有していた資産についても同様の制限が課される。

　本取扱いは、支配関係がある法人との間の適格合併、適格分割、適格現物出資または適格現物分配などが対象である。その点は、繰越欠損金の使用制限の対象と同じである。繰越欠損金の引継ぎは適格合併の場合のみ認められているため、繰越欠損金の引継ぎ制限が適格合併のみを対象にしているのと範囲が異なる。

　具体的には、次のとおりである。内国法人と支配関係法人（当該内国

度以後に生じた欠損金額のうち含み損のある資産の譲渡等により生じたもの（特定資産譲渡等損失額に相当する金額から成る部分の金額）は、分割承継法人等において使用できないとされる取扱いである。

法人との間に支配関係がある法人）との間で当該内国法人を合併法人、分割承継法人、被現物出資法人または被現物分配法人とする特定適格組織再編成等[68] が行われた場合、当該特定適格組織再編成等の日の属する事業年度（以下、「特定組織再編成事業年度」という）開始の日から同日以後3年を経過する日（その経過する日が当該内国法人が当該支配関係法人との間に最後に支配関係を有することとなった日以後5年を経過する日後となる場合は、その5年を経過する日）までの期間（適用期間）内において生ずる特定資産の譲渡等損失は、当該内国法人の各事業年度の所得の金額の計算上、損金の額に算入しない（法法62条の7第1項）。

ただし、①特定組織再編成事業年度開始の日の5年前の日、②当該内国法人の設立の日、③当該支配関係法人の設立の日、以上のうち最も遅い日から継続して支配関係がある場合は、制限を受けない旨が規定されている。当事法人のいずれかが特定組織再編成事業年度開始の日の5年前の日よりも後に設立された場合は、設立の日から継続して支配関係がある場合は、制限は課せられない。

なお、特定資産譲渡等損失額とは、次の金額の合計額をいう（法法62条の7第2項）。

68　「特定適格組織再編成等」とは、適格合併、非適格合併のうち100％グループ内法人間で譲渡損益調整資産の譲渡損益繰延の適用があるもの、適格分割、適格現物出資または適格現物分配のうち、みなし共同事業要件を満たさないものをいう（法法62条の7第1項）。

特定資産の譲渡等損失の額

①　当該内国法人が特定適格組織再編成等により移転を受けた資産で、被合併法人、分割法人、現物出資法人または現物分配法人が支配関係発生日の属する事業年度開始の日前から有していたもの（特定引継資産）	当該内国法人を合併法人、分割承継法人、被現物出資法人または被現物分配法人とする特定適格組織再編成等が行われた場合に、支配関係法人（当該内国法人との間に支配関係がある法人をいう）から移転を受けた資産で当該支配関係法人が当該内国法人との間に最後に支配関係があることとなった日（以下、「支配関係発生日」という）の属する事業年度開始の日前から有していたもの（以下、「特定引継資産」という）の譲渡、評価換え、貸倒れ、除却その他これらに類する理由による損失の額の合計額から特定引継資産の譲渡または評価換えによる利益の額の合計額を控除した金額
②　当該内国法人が支配関係発生日の属する事業年度開始の日前から有していた資産（特定保有資産）	当該内国法人が支配関係発生日の属する事業年度開始の日前から有していた資産（以下、「特定保有資産」という）の譲渡、評価換え、貸倒れ、除却その他これらに類する理由による損失の額の合計額から特定保有資産の譲渡または評価換えによる利益の額の合計額を控除した金額

（注）　土地を除く棚卸資産、売買目的有価証券、特定適格組織再編成等の日における帳簿価額または取得価額が1,000万円に満たないものを除く（法令123条の8第3項）。

＜特定資産の譲渡等損失の損金算入制限に係る判定フローチャート＞

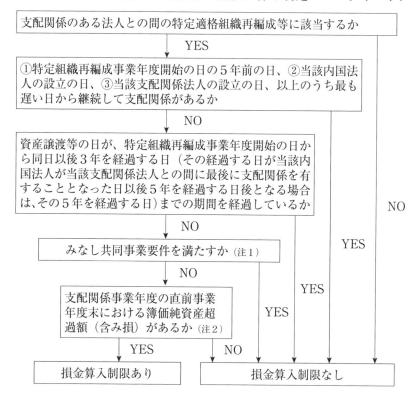

支配関係のある法人との間の特定適格組織再編成等に該当するか

YES

①特定組織再編成事業年度開始の日の５年前の日、②当該内国法人の設立の日、③当該支配関係法人の設立の日、以上のうち最も遅い日から継続して支配関係があるか

NO

資産譲渡等の日が、特定組織再編成事業年度開始の日から同日以後３年を経過する日（その経過する日が当該内国法人が当該支配関係法人との間に最後に支配関係を有することとなった日以後５年を経過する日後となる場合は、その５年を経過する日）までの期間を経過しているか

NO

NO

YES

みなし共同事業要件を満たすか（注１）

NO

YES

支配関係事業年度の直前事業年度末における簿価純資産超過額（含み損）があるか（注２）

YES

YES

NO

損金算入制限あり

損金算入制限なし

（注１） 適格現物分配の場合、事業の移転ではないことから、みなし共同事業要件に該当する場合の制限の除外措置は設けられていない。

（注２） 特例を適用する場合は、確定申告書に明細書の添付が必要であり、かつ、時価純資産額の算定の基礎となる事項を記載した書類等を保存している場合に限り適用される（法令123条の９第２項、法規27条の15の２第１項）。

Ⅴ 同族会社の分割の事例

同族会社の分割の事例をいくつかみていく。

事例　同族会社間の分割の事例

前提条件

　甲社は、個人株主A、B、Cが株式を保有し、乙社は、個人株主A、Dが株式を保有している。A、B、C、Dは親族等の関係である。甲社と乙社は、同一の者との間に完全支配関係がある法人相互の関係であり、完全支配関係がある。このたび甲社の一定の事業を分割型分割により乙社に移転することとなった。

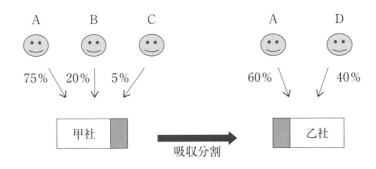

甲社貸借対照表（単位：万円）
諸資産　　3,400 ｜ 諸負債　　　1,000
（時価　3,800）｜ 資本金　　　1,000
｜ 利益剰余金 1,400

乙社貸借対照表（単位：万円）
諸資産　　1,200 ｜ 諸負債　　　　700
（時価　1,200）｜ 資本金　　　1,000
｜ 利益剰余金 △500

　（注）　甲社および乙社の税務上の資本金等の額は、会計上の資本金の額1,000万円と同額であったものとする。また、税務上の利益積立金額は、会計上の利益剰余金の額と同額であったものとする。

　分割により甲社から乙社に移転する事業に係る諸資産の帳簿価額は800万円、諸負債の帳簿価額は200万円であったものとする。分割により移転する事業について、償却超過額などの税務調整項目はなかったものとする。

　乙社は分割の対価として乙社株式のみを、甲社の株主に対して、甲社の株主の保有する甲社株式の持株数に応じて（按分型で）交付するものとする。また、分割後に同一の者と分割承継法人との間にその同一の者による完全支配関係が継続することが見込まれているため[69]、適格分割に該当するものとする（法令4条の3第6項2号イ）。

　甲社および乙社のそれぞれの会計処理、税務処理を示しなさい。また、法人住民税均等割にどのように影響するのかも併せて示しなさい。

1.　甲社の会計・税務処理

(1)　会計処理

　甲社において、受け取った分割承継法人株式の取得原価により株主資本を変動させる。変動させる株主資本の内訳は、取締役会等の会社の意思決定機関において定められた額とされるが、取締役会の決議により、その他利益剰余金を600万円減少させることとしたものとする。その場合は、次の会計処理になる。

諸負債	200	諸資産	800
分割承継法人株式	600		
その他利益剰余金	600	分割承継法人株式	600

69　平成29年度税制改正前は、分割後に分割法人と分割承継法人との間にその同一の者による完全支配関係が継続することが見込まれていることが要件であった。分割後におけるその同一の者と分割法人との間でその同一の者による完全支配関係の継続が見込まれていることは要件上必要なくなった。本改正は、平成29年10月1日以後に行われる分割について適用されている。

　会社法上、分割型分割は、分社型分割および分割法人が交付を受けた分割承継法人株式の分割法人の株主に対する剰余金の配当（分割承継法人株式による現物配当）として整理されているが、会計上もそれを踏まえた処理になる。

(2)　税務処理

　適格分割型分割に該当するため、移転事業に係る諸資産および諸負債を帳簿価額により甲社から乙社に引き継ぐ。また、甲社における資本金等の額の減少額は、次のとおり計算される。

分割法人における資本金等の額の減少額

$$= 分割直前の資本金等の額 \times \frac{移転資産の分割型分割直前の帳簿価額 - 移転負債の分割型分割直前の帳簿価額}{分割法人の前事業年度終了の時の簿価純資産額}$$

$$= 1,000万円 \times \frac{600万円}{2,400万円} = 250万円$$

利益積立金額の減少額は、次のとおり計算される。

600万円 - 250万円 = 350万円

諸負債	200	諸資産	800
資本金等の額	250		
利益積立金額	350		

(3) 申告調整

別表五（一）　利益積立金額および資本金等の額の計算に関する明細書

I　利益積立金額の計算に関する明細書			
区　　分	期首現在利益積立金額	当期の増減		差引翌期首現在利益積立金額 ①−②+③
		減	増	
	①	②	③	④
利益準備金				
資本金等の額			250	250
繰越損益金	ＸＸＸ		△600 ＸＸＸ	ＸＸＸ

（注）　増加欄の「ＸＸＸ」は分割がなかった場合の分割法人の当期末残高であり、「差引翌期首現在利益積立金額」の「ＸＸＸ」は分割による影響（600万円の減少）を加味した金額である。

II　資本金等の額の計算に関する明細書			
区　　分	期首現在資本金等の額	当期の増減		差引翌期首現在資本金等の額
		減	増	
資本金または出資金	1,000			1,000
資本準備金				
利益積立金額			△250	△250

「利益積立金額の計算に関する明細書」上の繰越損益金の欄は会計上の繰越利益剰余金に一致させるのが基本であるため、その増加欄において、分割による利益剰余金の600万円の減少が反映される。ただし、税務上、利益積立金額が350万円減少し、資本金等の額が250万円減少するため、「利益積立金額の計算に関する明細書」と「資本金等の額の計算に関する明細書」との間でプラス・マイナス250万円の振替調整を入れ

る。これによって、利益積立金額は350万円減少し、資本金等の額は250万円減少することが正しく表される。

⑷　法人住民税均等割への影響

　平成27年度地方税法の改正により、法人住民税均等割の税率区分の基準となる資本金等の額が資本金と資本準備金の合算額を下回るときは、法人住民税均等割の税率区分の基準となる額は資本金と資本準備金の合算額とする旨の規定が定められた（地法52条4項）。法人税法上の資本金等の額が減少しているだけであり、会社法上の資本金と資本準備金の額は変動していないため、甲社の法人住民税均等割には影響はない。もっとも、本事例の場合、もともと甲社の資本金等の額は1,000万円であるから、最低ランクのままということになる。

$$\boxed{\begin{array}{l}\text{法人住民税均等割の税率区分の基準}\\\text{である資本金等の額}\end{array}} \quad < \quad \boxed{\text{資本金の額}} \quad + \quad \boxed{\text{資本準備金の額}}$$

➡　法人住民税均等割の税率区分の基準となる額（および外形標準課税の資本割の課税標準の額）を、資本金の額＋資本準備金の額とする。

2.　乙社の会計・税務処理

⑴　会計処理

　乙社が甲社から受け入れる資産および負債は、分割期日の前日に付された適正な帳簿価額により計上する。

　また、移転事業に係る株主資本相当額は、払込資本（資本金または資本剰余金）として処理するのが原則である。増加すべき払込資本の内訳項目（資本金、資本準備金またはその他資本剰余金）は、会社法の規定

に基づき決定する。資本金および資本剰余金の増加額は、株主資本の変動額の範囲内で、分割承継法人が吸収分割契約の定めに従いそれぞれ定めた額とし、利益剰余金の額は変動しないものとする（会社計算規則37条2項）。

　一方、例外的に分割の対価として分割承継法人株式のみが交付される場合は、分割型分割により変動する分割法人の資本金、資本剰余金および利益剰余金の額をそれぞれ分割承継法人の資本金、資本剰余金および利益剰余金の変動額とすることができる（会社計算規則38条1項）。

　本事例は、払込資本として処理するものとし、株主資本の変動額の全額をその他資本剰余金の増加と定めたものとする。

諸資産	800	諸負債	200
		その他資本剰余金	600

⑵　税務処理

　適格分割型分割に該当するため、諸資産および諸負債を帳簿価額により引き継ぐ。資本金等の額については、甲社における減少額250万円について増加させる。利益積立金額については、分割により移転する事業に係る資産の帳簿価額800万円から負債の帳簿価額200万円および増加すべき資本金等の額250万円の合計額450万円を減算した額350万円を増加させる。

諸資産	800	諸負債	200
		資本金等の額	250
		利益積立金額	350

(3)　申告調整

別表五（一）　利益積立金額および資本金等の額の計算に関する明細書

I　利益積立金額の計算に関する明細書				
区　分	期首現在利益積立金額	当期の増減		差引翌期首現在利益積立金額 ①－②＋③
		減	増	
	①	②	③	④
利益準備金				
資本金等の額			350	350
繰越損益金	×××		×××	×××

II　資本金等の額の計算に関する明細書				
区　分	期首現在資本金等の額	当期の増減		差引翌期首現在資本金等の額
		減	増	
資本金または出資金	1,000			1,000
資本準備金				
その他資本剰余金			600	600
利益積立金額			△350	△350

　「資本金等の額の計算に関する明細書」上で、その他資本剰余金の増加600万円を記載する。ただし、税務上は、利益積立金額が350万円増加し、資本金等の額が250万円増加するため、「利益積立金額の計算に関する明細書」と「資本金等の額の計算に関する明細書」との間でプラス・マイナス350万円の振替調整を入れる。これによって、利益積立金額は350万円増加し、資本金等の額は250万円増加することが正しく表される。

⑷　法人住民税均等割への影響

　平成27年度地方税法の改正により、法人住民税均等割の税率区分の基準となる資本金等の額が資本金と資本準備金の合算額を下回るときは、法人住民税均等割の税率区分の基準となる額は資本金と資本準備金の合算額とする旨の規定が新設された（地法52条4項）。法人税法上の資本金等の額が250万円増加し、会社法上の資本金と資本準備金の額は変動していない。

法人住民税均等割の税率区分の基準である資本金等の額	＞	資本金の額	＋	資本準備金の額
1,250万円		1,000万円		0

　法人住民税均等割の税率区分の基準となる額は1,250万円となり、法人住民税均等割の負担が増加することになる。

事例　完全支配関係がある法人間の分割（無対価分割の事例）

前提条件

　同一の者（A）との間に完全支配関係がある法人相互の関係である丙社と丁社との間で、会社分割を行うことになった。無対価による分割型分割を行う。分割後における同一の者と分割承継法人丁社との間に同一の者による完全支配関係の継続が見込まれており、税務上の適格要件を満たしており、適格分割型分割に該当する。

　丙社と丁社のそれぞれにおける会計処理、税務処理および地方税の法人住民税均等割への影響を示しなさい。

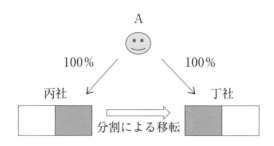

丙社貸借対照表（単位：万円）

諸資産	6,300	諸負債	2,300
		資本金	1,200
		利益剰余金	2,800

丁社貸借対照表（単位：万円）

諸資産	3,500	諸負債	1,500
		資本金	1,000
		利益剰余金	1,000

（注）丙社および丁社の税務上の資本金等の額は、会計上の資本金の額と同額であったものとする。また、税務上の利益積立金額は、会計上の利益剰余金の額と同額であったものとする。

　分割により移転する事業の簿価純資産額は、2,000万円（諸資産の帳簿価額3,500万円、諸負債の帳簿価額1,500万円）であったものとする。

　分割により移転する事業について、償却超過額などの税務調整項目はなかったものとする。

1.　丙社の処理

⑴　会計処理

　分割法人である丙社は、企業会計基準適用指針第10号「企業結合会計基準及び事業分離等会計基準に関する適用指針」（以下、「適用指針」という）の255項に準じて会計処理を行い、株主資本の額を変動させる（適用指針203-2項⑵②）。共通支配下の取引であるため、移転した事業の簿価純資産額について変動させる。変動させる株主資本の内訳は、取

締役会等の会社の意思決定機関において定められた額とする（適用指針
233項、446項）。仮にその他利益剰余金を変動させると決定したものと
する。

諸負債	1,500		諸資産	3,500
その他利益剰余金	2,000(注)			

(注)　資本金、準備金または剰余金のいずれを変動させるかを取締役会等
　　の会社の意思決定機関で定める。

(2)　税務処理

　分割法人と分割承継法人との間に同一の者による完全支配関係がある
法人相互の関係にある法人間の分割を無対価分割により行う場合は、同
一の者が個人であるときは、①分割前の分割法人と分割承継法人の株主
構成が同一であり、かつ、各株主の分割法人における持株割合と分割承
継法人における持株割合が等しく、②分割後において当該同一の者と分
割承継法人との間に当該同一の者による完全支配関係が継続することが
見込まれているときは[70]、適格分割に該当する（法法2条12号の11イ、
法令4条の3第6項2号イ）。本事例の場合、分割法人および分割承継
法人の株主がそれぞれAのみであるため、上記の①の要件を満たしてい
る。

　適格分割に該当する場合は、分割事業に係る資産および負債は分割法
人における分割直前の帳簿価額により分割承継法人に引き継がれる。

　また、適格分割型分割に該当する場合は、分割法人の分割直前の資本

70　平成29年度税制改正前は、分割後に分割法人と分割承継法人との間にその同一の者に
　よる完全支配関係が継続することが見込まれることが要件であった。分割後におけるその
　同一の者による分割法人との間の完全支配関係の継続が見込まれることは要件上必要なく
　なった。本改正は、平成29年10月1日以後に行われる分割について適用されている。

金等の額に分割移転割合を乗じた額について分割法人において資本金等の額を減算し、分割承継法人において同額を増加する（法令8条1項6号、15号）。さらに、移転事業に係る諸資産の帳簿価額から諸負債の帳簿価額および資本金等の額の減算額の合計額を減算した額について計算される利益積立金額を分割法人において減算し、分割承継法人において加算する（法令9条1項3号、10号）。

　具体的には、まず資本金等の額の減少額A（分割法人の資本金等の額×分割移転割合）をとらえてから、利益積立金額の増減額B（移転資産の帳簿価額−移転負債の帳簿価額−A）をとらえる。

分割法人における資本金等の額の減少額（仮にAとする）[71]

$$= 分割直前の資本金等の額 \times \frac{移転資産の分割型分割直前の帳簿価額 − 移転負債の分割型分割直前の帳簿価額}{分割法人の前事業年度終了の時の簿価純資産額（注）}$$

（注1）　分割法人の前事業年度終了の時の簿価純資産額は、税務上の簿価純資産額であり、分割法人の前事業年度の別表5(1)の利益積立金額の期末金額と資本金等の額の期末金額の合計額であると考えられる。ただし、当該終了の時から当該分割型分割直前の時までの間に資本金等の額または利益積立金額（法令9条1項1号または6号に掲げる金額、すなわち所得計算に基づく増減とグループ通算制度における投資簿価修正額を除く）が増加し、または減少した場合には、その増加額は加算、減少額は減算する（法令8条1項15号、9条1項10号）。
（注2）　分割型分割の直前の資本金等の額がゼロ以下であるときは分数をゼロとする。
（注3）　分割型分割の直前の資本金等の額および上記の分子の金額がゼロを超え、かつ、分母の金額がゼロ以下である場合は分数を1とする。

71　当該金額は、分割承継法人における資本金等の額の増加額となる。

250

（注４） 分数の割合に小数点３位未満の端数があるときは、これを切り上げる。

利益積立金額の増減額（Ｂ）
＝分割直前の移転資産の帳簿価額－（分割直前の移転負債の帳簿価額＋減少資本金等の額）

　本事例の場合、次のように計算される。

丙社における資本金等の額の減少額

$$=1,200万円 \times \frac{3,500万円-1,500万円}{4,000万円}$$

$$=600万円$$

丙社における利益積立金額の減少額

$$=3,500万円-(1,500万円+600万円)$$

$$=1,400万円$$

（税務上の仕訳）

諸負債	1,500	諸資産	3,500
資本金等の額	600		
利益積立金額	1,400		

　なお、本事例の場合、丙社において会計上のその他利益剰余金を2,000万円減少させる旨を取締役会等で決議しているため、次のように別表５(1)における振替調整が必要になると考えられる。

別表五（一）　利益積立金額および資本金等の額の計算に関する明細書

区　　分	期首現在利益積立金額	当期の増減 減	当期の増減 増	差引翌期首現在利益積立金額 ①－②＋③
I　利益積立金額の計算に関する明細書				
	①	②	③	④
利益準備金				
資本金等の額			600	600
繰越損益金	ＸＸＸ		△2,000 ＸＸＸ	ＸＸＸ

（注）　増加欄の「ＸＸＸ」は分割がなかった場合の分割法人の当期末残高であり、「差引翌期首現在利益積立金額」の「ＸＸＸ」は分割による影響（2,000万円の減少）を加味した金額である。

区　　分	期首現在資本金等の額	当期の増減 減	当期の増減 増	差引翌期首現在資本金等の額
II　資本金等の額の計算に関する明細書				
資本金または出資金	1,200			1,200
資本準備金				
利益積立金額			△600	△600

　「利益積立金額の計算に関する明細書」上の繰越損益金の増加欄において、分割による利益剰余金の2,000万円の減少が反映される。ただし、税務上、利益積立金額が1,400万円減少し、資本金等の額が600万円減少するため、「利益積立金額の計算に関する明細書」と「資本金等の額の計算に関する明細書」との間でプラス・マイナス600万円の振替調整を入れる。これによって、利益積立金額は1,400万円減少し、資本金等の額は600万円減少することが正しく表される。

⑶　法人住民税均等割への影響

　法人税法上の資本金等の額が600万円減少し、資本金等の額が600万円（1,200万円−600万円）になったが、次の取扱いを考慮しなければならない。

　法人住民税均等割の税率区分の基準である資本金等の額が、資本金と資本準備金の合算額を下回る場合、法人住民税均等割の税率区分の基準となる額は資本金と資本準備金の合算額とされる（地法52条4項）。本事例の場合は、次のようになる。

法人住民税均等割の税率区分の基準である資本金等の額	<	資本金の額	+	資本準備金の額
600万円		1,200万円		0

　法人住民税均等割の税率区分の基準となる額は、右辺の1,200万円になり、分割前と変わらないということになる。平成27年度税制改正前の取扱いでは均等割が下がったが、この改正の影響により変わらない結果になる（右辺も減少しない限り、影響が生じない）。

2.　丁社の処理

⑴　会計処理

　分割承継法人である丁社は、分割法人である丙社における分割直前の帳簿価額により諸資産および諸負債を引き継ぐとともに、丙社で変動させた株主資本の額を引き継ぐ（適用指針203−2項、256項）。原則として、分割法人で変動させた資本金および資本準備金はその他資本剰余金として引き継ぎ、分割法人で変動させた利益準備金はその他利益剰余金として引き継ぐ（適用指針437−2項、437−3項）。このように資本金および準備金として引き継がないのは、無対価であって、分割承継法人は

新株を発行していないためである。

諸資産	3,500	諸負債	1,500
		その他利益剰余金	2,000

　丙社においてその他利益剰余金を変動させているため、丁社において
その他利益剰余金の増加として処理する。

(2)　税務処理

　適格分割であるため、分割により移転する諸資産および諸負債を丙社
における分割直前の帳簿価額で引き継ぐ。また、適格分割型分割である
ため、丙社における資本金等の額600万円の減少と利益積立金額1,400万
円の減少は、丁社においてそれぞれ増加になる。

諸資産	3,500	諸負債	1,500
		資本金等の額	600
		利益積立金額	1,400

　なお、丙社において会計上のその他利益剰余金を2,000万円減少させ
る旨を取締役会等で決議しており、丁社においてそれを引き継ぐ会計処
理を行っているため、次のように別表5(1)における振替調整が必要にな
ると考えられる。

別表五（一）　　利益積立金額および資本金等の額の計算に関する明細書

I　利益積立金額の計算に関する明細書				
区　　分	期首現在利益積立金額	当期の増減		差引翌期首現在利益積立金額 ①－②＋③
		減	増	
	①	②	③	④
利益準備金				
資本金等の額			△600	△600
繰越損益金	ＸＸＸ		2,000 ＸＸＸ	ＸＸＸ

（注）　増加欄の「ＸＸＸ」は分割がなかった場合の分割承継法人の当期末残高であり、「差引翌期首現在利益積立金額」の「ＸＸＸ」は分割による影響（2,000万円の増加）を加味した金額である。

II　資本金等の額の計算に関する明細書				
区　　分	期首現在資本金等の額	当期の増減		差引翌期首現在資本金等の額
		減	増	
資本金または出資金	1,000			1,000
資本準備金				
利益積立金額			600	600

　「利益積立金額の計算に関する明細書」上の繰越損益金の増加欄において、分割による利益剰余金の2,000万円の増加が反映される。ただし、税務上、利益積立金額が1,400万円増加し、資本金等の額が600万円増加するため、「利益積立金額の計算に関する明細書」と「資本金等の額の計算に関する明細書」との間でプラス・マイナス600万円の振替調整を入れる。これによって、利益積立金額は1,400万円増加し、資本金等の額は600万円増加することが正しく表される。

⑶　法人住民税均等割への影響

　丁社の分割前の資本金等の額は1,000万円であった。分割により600万円増加し、1,600万円になった。

　法人住民税均等割の税率区分の基準である資本金等の額が、資本金と資本準備金の合算額を下回る場合、法人住民税均等割の税率区分の基準となる額は資本金に資本準備金の合算額となるが（地法52条4項）、本事例の場合は、次のようになる。

法人住民税均等割の税率区分の基準である資本金等の額	＞	資本金の額	＋	資本準備金の額
1,600万円		1,000万円		0

　法人住民税均等割の税率区分の基準となる額は、1,600万円ということになり、均等割の負担が上がる結果になる。

事例　同族会社における債務の整理事例

前提条件

　A社は、親族関係にある株主（かつ役員）3名（甲、乙、丙）から成る同族会社である。甲およびその親族が発行済株式等の全部を保有しているため、甲およびその親族を一の者としたときの一の者とA社との間には、当事者間の完全支配の関係がある。

　また、A社は株主甲からの個人借入金を5,000万円抱えているが（甲からみると貸付金）、甲は高齢であり、甲が死亡したときに甲の相続財産に組み込まれることになるため、早急に整理したいと考えている。ただし、A社の事業は継続して行っていきたいと考えている。甲からの借入金の整理にあたっては、不採算事業の整理も併せて行いたいと考えている。

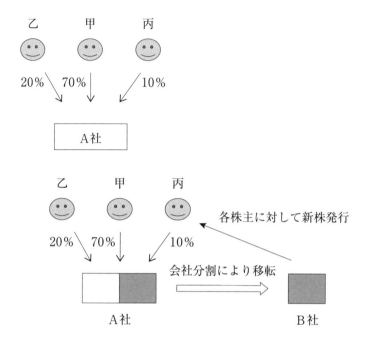

1. 会社分割の活用

　会社分割を活用し、A社の行っている事業のうち継続する事業を新設法人であるB社に会社分割により移転する。分割型分割で行い、新設法人B社の発行した新株は、A社の株主である甲、乙および丙に対してもともとの持株数に応じて（按分型で）交付される。このとき、甲からの個人借入金は、B社に承継されないで、分割法人A社に残っている。また、不採算事業もA社に残っている。

　なお、分割後において、一の者とB社との間の完全支配関係の継続が見込まれている。

2.　分割法人Ａ社の解散・清算と適格判定

　分割法人Ａ社には、不採算事業と甲からの借入金が残っている。分割後におけるＡ社の解散・清算を予定している。甲およびその親族を一の者とした場合の一の者との間に当事者間の完全支配の関係がある法人相互の関係の継続が、分割後において見込まれていないことになる。

　しかし、平成29年度税制改正により、分割型分割については、分割後における一の者と分割承継法人との間の完全支配関係の継続が見込まれていることが要件とされた。この点、改正前は、分割後に分割法人と分割承継法人との間にその一の者による完全支配関係が継続することが見込まれることが要件とされていたものであるが、一の者と分割法人との間の完全支配関係の継続が見込まれていることは要件から除外された。

　本案件は、平成29年度税制改正による改正規定の施行日（平成29年10月１日）以後に行われており、一の者とＢ社との間に一の者による完全支配関係が継続することが見込まれており、かつ、対価要件を満たしていることから、適格分割に該当すると考えられる。

3.　分割法人Ａ社の解散・清算

　分割法人Ａ社は、分割後において解散・清算し、甲からの借入金については清算中に債務免除を受ける。債務免除益が発生するが、分割法人Ａ社には残余財産が残らなかったため、期限切れ欠損金の損金算入特例（法法59条４項）により、債務免除益による課税は生じない結果となった。

　なお、分割の結果、Ｂ社が資産超過会社となる場合は、甲からの借入金の整理（甲の債権放棄）に伴って、乙と丙の保有する株式に価値が生じることになるため、甲から乙、甲から丙に対するみなし贈与の問題が生じ得る。しかし、本事例においては、Ｂ社においては資産と負債がほ

ほ見合った関係になっているため、みなし贈与の問題は生じていない。

事例　事業承継対策としての分割の活用

前提条件

　同族会社Ｘ社は、甲事業と乙事業を行っている。また、創業者オーナーＡには後継者候補である子Ｂおよび子Ｃがいるが、兄弟仲がよくないため、Ａにとって事業承継が心配である。そこで、会社分割を活用して、甲事業と乙事業を分割して別会社化することを検討した。

1.　会社分割の方法

　乙事業を新設分割で別会社化する方法をとった。乙事業に含み益はあるが、適格分割に該当すれば、譲渡損益は生じない。適格分割で実行するために、按分型分割（分割承継法人株式を分割法人の株主Ａ、ＢおよびＣに対してその持株数に応じて交付する分割）を行うこととした。この点、非按分型分割を行うと、非適格分割になるという問題だけではなく、株主間の利益移転（財産移転）が生じることになり、みなし贈与の課税の問題が生じ得る。

　下記の図表のように、分割後において、甲社の株主もＡ、Ｂ、Ｃ、乙社の株主もＡ、Ｂ、Ｃということになり、これでは会社分割をした意味がない。甲社と乙社のそれぞれについて、ＢとＣの保有を分離したい、すなわち甲社の株主はＡとＢのみに、乙社の株主はＡとＣのみにしたい。

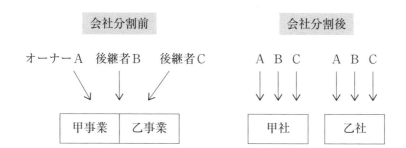

2.　株式の譲渡

　分割後において、BとCとの間で株式を相互に譲渡する方法が考えられる。具体的には、Bが保有する乙社株式をCに、Cが保有する甲社株式をBに譲渡する。それぞれが保有している株式を時価により譲渡するため、株式の譲渡所得課税は生じ得るが、申告分離課税で済む。

　譲渡後は、次の状態になる。この場合、Aおよびその親族を一の者としたときの、一の者と乙社（分割承継法人（新設法人））との間の完全支配関係は継続することになるため、適格性を否認されるおそれはないと考えられる。

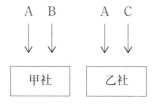

　また、オーナーAが死亡したときに、保有している甲社株式をBに相続し、保有していた乙社株式をCに相続する旨の遺言を残しておく。

事例　不動産管理会社の株式を相続させる事業承継対策の事例

　オーナーの経営を引き継ぎたくないサラリーマンの息子への事業承継対策として、次のような活用も可能である。

　不動産を新設分割により新設法人に移転し、新設法人と分割法人の間で不動産賃貸借契約を結ぶ。分割法人の株式を第三者に譲渡した場合、一方で新設法人の株式を子に相続させることにより、不動産賃貸料を収入源とする不動産賃貸会社の株式を子に相続させることが可能となる。

　子が会社の跡を継ぎたくないといったケースにおいて、不動産管理会社の株式を相続させることにより、会社の跡は継がないが、不動産賃貸会社の株式を相続により取得し、賃貸料を原資とした収入は受け取るというスキームが可能になる。

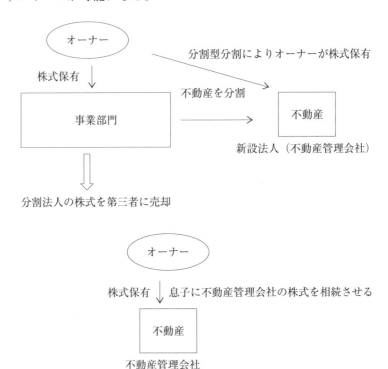

事例　会社分割を活用したＭ＆Ａによる一部事業の身売り事例

<u>前提条件</u>

　Ｘ社（株主はＡとＡの子であるＢの２人）は、金属の加工業と機械部品の販売業を営んでいる。金属の加工業はＩＴ化を進め、加工技術の向上を図り、付加価値のある製品を製造できるようになり、売上が急上昇してきた。

　一方、機械部品の販売業は取引先Ｙ社との付き合いの関係から、20年来行ってきているが、海外から仕入れたものをそのまま卸している。マージンが薄く、為替相場の変動の影響を受けやすい状況であり、できればＸ社は撤退したいと考えていた。

　今回、機械部品の販売先Ｙ社から、事業の拡張に伴い、機械部品を安定的にまとまった数量の調達を自ら行いたいという意向があることが提示され、仕入ルートをそのまま引き継ぎたいという意図もあり、会社分割により機械部品の販売部門の移転・受入れを行うことで合意した。

<u>手順１</u>

　Ｘ社は、新設分割型分割により、金属の加工業を移転し、新設会社とする。ただし、同時に社名変更し、もともとのＸ社をＺ社とし、金属の加工業を行う新設会社をＸ社とする。

Ｘ社

機械部品の販売業	金属の加工業

Ｚ社

機械部品の販売業

⟹

Ｘ社（新設会社）

金属の加工業

　按分型分割で行うため、X社とZ社の株主構成および各株主の持株割合は同じである。

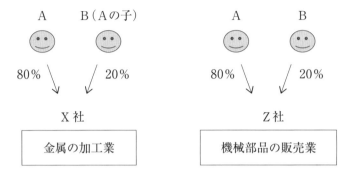

手順2

　AとBが有するZ社株式をY社のオーナー株主またはその親族に売却する。

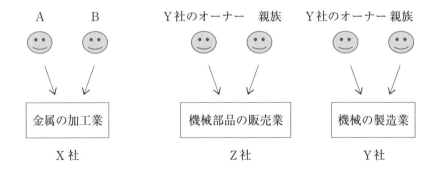

　本分割は、分割前に一の者（AおよびB）とX社との間に完全支配関係があり、かつ、分割後において一の者（AおよびB）と分割承継法人であるX社（金属の加工業を行う会社）との間の完全支配関係が継続することが見込まれており、また、対価要件を満たしているため、適格分割に該当すると考えられる。課税関係は生じない。

本分割が適格分割となるのは、平成29年度税制改正により、分割後における一の者と分割法人との間の（完全）支配関係の継続が見込まれていることが適格分割となるための要件から削除されたからである。一の者と分割承継法人との間の（完全）支配関係の継続が見込まれていることが要件である。

　なお、Ｙ社とＺ社を別会社のままにしておきたくないとＹ社のオーナーが判断した場合、Ｙ社がＺ社を吸収合併することも可能である。

第6章

合併、分割の
税務処理（細目）

Ⅰ 合併の税務処理（細目）

合併に伴う税務処理の細目について、項目ごとに解説する。

1. 引当金、準備金

適格合併の場合は、被合併法人の最後事業年度において損金の額に算入された個別評価金銭債権および一括評価金銭債権に係る貸倒引当金を、合併法人に引き継ぐ。貸倒引当金は洗替えであるため、合併法人においては合併の日の属する事業年度で戻入れの対象になるが、当該金銭債権が合併の日の属する事業年度末に残っていれば、それについて繰入れを行うことになる。

非適格合併の場合は、非適格合併により合併法人に移転する金銭債権については被合併法人の最後事業年度における繰入対象債権から除外するものとされており、引継ぎはできない。したがって、前事業年度の繰入に対する戻入（益金算入）のみ発生する。

海外投資等損失準備金などの租税特別措置法上の準備金の取扱いも、原則として、同様に取り扱われる。

2. 減価償却資産の移転を受けた場合

(1) 取得価額および取得の日の取扱い

適格合併により移転を受けた減価償却資産の帳簿価額は、被合併法人の最後事業年度末における税務上の帳簿価額である[72]。したがって、償却超過額も合併法人に引き継がれる（別表5(1)・別表16で受け入れる）。

---

[72] 被合併法人においては、最後事業年度（合併の日の前日に終了する事業年度）において、その事業年度の月数に見合った償却を行うことができる。償却費を計上した場合は、その償却後の帳簿価額ということになる。

その後合併法人において償却不足額が生じたときは、別表４上の減算により損金として認容される。

　また、適格合併により合併法人が移転を受けた資産の取得価額は、①被合併法人の取得価額と②合併法人が事業の用に供するために直接要した費用の額の合計額とされている（法令54条１項５号）。取得価額については、被合併法人の取得価額（原始取得価額）を引き継ぐという考え方が適用される。また、同様に、合併法人における取得の日も、被合併法人の取得の日（原始取得日）を引き継ぐ。

適格合併における合併法人の取得価額（①と②の合計額）

①　当該適格合併に係る被合併法人が当該適格合併の日の前日の属する事業年度において当該資産の償却限度額の計算の基礎とすべき取得価額
②　当該適格合併に係る合併法人が当該資産を事業の用に供するために直接要した費用の額

　定額法または旧定額法を適用する場合は、被合併法人の最後事業年度において償却限度額の計算の基礎となった取得価額とは、その時の帳簿価額ではなく、被合併法人の当初の取得価額である点に留意する必要がある。それに対して、定率法または旧定率法を適用する場合には、被合併法人における合併直前の帳簿価額に償却率を乗じて計算することになる。

　一方、非適格合併の場合は、時価譲渡であるため、合併法人の受入価額は、その合併時の時価相当額（その減価償却資産を事業の用に供するために直接要した費用があるときは、これを加算した金額）である。

268

(2)　償却の方法

償却の方法については、引継ぎという考え方はない。あくまでも合併法人の現に採用している償却の方法を適用することになる。

ただし、合併により移転を受けた減価償却資産について、被合併法人の適用していた償却の方法を合併法人が合併後において適用できる例外がある。次のいずれかのケースに該当し、かつ、「減価償却資産の償却方法の届出書」を提出した場合である。

①　すでに償却方法を選定している資産以外の資産を合併により取得した場合
②　合併により新たに事業所を設けたと解し得る場合

この場合の届出書の提出期限は、合併事業年度の確定申告書の提出期限である。

(3)　耐用年数の取扱い

合併法人が合併により引き継いだ減価償却資産に適用する耐用年数は、原則として、法定耐用年数である。ただし、中古資産の耐用年数を適用することが例外的に認められている（耐令３条１項）。

ここで注意しなければならない点は、中古資産の耐用年数を適用する場合は、定額法または旧定額法で計算するときは、その計算の基礎となる取得価額については、被合併法人の取得価額（原始取得価額）を用いないで、被合併法人における合併直前の帳簿価額を用いる必要があるという点である[73]。法定耐用年数を適用する場合には被合併法人の取得価

73　結果として、その場合の償却費の計算の基礎となる取得価額は、①被合併法人が最後事業年度においてその資産の償却限度額の計算の基礎とすべき取得価額および②合併法人

額（原始取得価額）を用いるのと異なる取扱いになる点に留意が必要である。

　一方、非適格合併の場合は、耐用年数については、原則として、中古資産の耐用年数を適用することになると考えられる。非適格合併の場合は、時価譲渡であるため、その時価が取得価額となると考えられるが、その取得価額が10万円未満のものについて少額減価償却資産、取得価額が20万円未満のものについては一括償却資産として取り扱うことができると考えられる。

3.　一括償却資産

　適格合併の場合、被合併法人の適格合併直前の一括償却資産を、合併法人にその帳簿価額で引き継ぐ。被合併法人は、最後事業年度開始の日から適格合併の日の前日までの期間を一事業年度とみなして、その月数に応じた金額を損金算入することができる。また、合併法人は、合併の日から合併事業年度終了の日までの期間に対応する金額を、合併事業年度において損金算入することができる。合併法人における合併の日の属する事業年度に係る損金算入限度額は、被合併法人における一括償却対象額（被合併法人における原始取得価額）を引き継いで、当該一括償却対象額を36で除し、これに合併の日から当該事業年度終了の日までの期間の月数を乗じて計算した金額となる。

　なお、少額減価償却資産については、被合併法人おいて帳簿価額ゼロになっているわけであり、適格合併の場合には引き継ぐ対象にはならない[74]。

がその資産を事業の用に供するために直接要した費用の額、以上①および②の合計額から被合併法人がすでに行った償却の額で損金の額に算入された金額を控除した金額となる（耐用年数省令3条3項）。
74　非適格合併の場合は、合併法人が時価で取得したものとして処理するため、その取得

非適格合併の場合、被合併法人の非適格合併直前の一括償却資産については、合併法人に引き継ぐことはできず、最後事業年度の損金の額に算入する。一方、合併法人においては、資産を時価で取得したものとして取り扱うため、取得価額が20万円未満である減価償却資産を一括償却資産として取り扱うことができる。その場合の一括償却対象額は、合併法人における取得価額となる。

4. 圧縮記帳

適格合併の場合、被合併法人は、最後事業年度においても国庫補助金等や保険金等の取得に係る特別勘定を設定することができ、それを合併法人に引き継ぐことができる。

非適格合併の場合、被合併法人は、最後事業年度において国庫補助金等や保険金等の取得に係る特別勘定を設定することはできない。また、被合併法人が既往に設定した特別勘定は、最後事業年度に取り崩して、益金の額に算入しなければならない。

また、収用等に伴い代替資産を取得した場合の課税の特例について、その特別勘定を設けている法人は、適格合併が行われたときは、その直前の特別勘定を合併法人に引き継ぐが、非適格合併の場合は、被合併法人の最後事業年度において益金の額に算入しなければならない。

5. 繰延消費税額等

適格合併の場合、被合併法人の最後事業年度終了の時の繰延消費税額等を、合併法人に引き継ぐ。被合併法人は、最後事業年度開始の日から適格合併の日の前日までの期間を一事業年度とみなして、その月数に応

価額（時価相当額）が10万円未満であれば、少額減価償却資産として、合併の日の属する事業年度において一括して損金算入することができる。

じた金額を損金算入することができる。また、合併法人は、合併の日から合併事業年度終了の日までの期間に対応する金額を、合併事業年度において損金算入することができる。

　非適格合併の場合、被合併法人の非適格合併直前の繰延消費税額等については、合併法人に引き継ぐことはできず、最後事業年度の損金の額に算入する。

6.　繰延資産

　適格合併の場合、被合併法人の適格合併直前の繰延資産を、合併法人にその帳簿価額で引き継ぐ。被合併法人は、最後事業年度開始の日から適格合併の日の前日までの期間を一事業年度とみなして、その月数に応じた金額を損金算入することができる。また、合併法人は、合併の日から合併事業年度終了の日までの期間に対応する金額を、合併事業年度において損金算入することができる。

　非適格合併の場合、被合併法人の非適格合併直前の繰延資産については、合併法人に引き継ぐことはできず、最後事業年度の損金の額に算入する。

7.　役員退職給与

　役員退職給与は、①退職の事実および②その支払債務の確定の２つの要件を満たすことにより、その損金性が認められる。したがって、役員退職給与の損金算入時期については、原則として、株主総会等の決議によりその支給額が具体的に確定した日の属する事業年度とされている（法基通９-２-28）。

　ところが、合併に際して退職した被合併法人の役員に対する退職給与については、その支払の確定が合併後となるものであっても、その性格

から被合併法人の損金に算入することが相当と考えられるため、特別の取扱いが通達により示されている。

すなわち、合併に際し退職した当該合併に係る被合併法人の役員に支給する退職給与の額が合併承認総会等において確定されない場合において、被合併法人が退職給与として支給すべき金額を合理的に計算し、合併の日の前日の属する事業年度（最後事業年度）において未払金として損金経理したときは、これが認められる（法基通9-2-33）[75]。

法人税基本通達9-2-33は、被合併法人の役員であると同時に合併法人の役員を兼ねている者または被合併法人の役員から合併法人の役員となった者に対し、合併により支給する退職給与について準用する（法基通9-2-34）。

なお、被合併法人において合理的に計算できない場合は、合併法人においてその額が具体的に確定した日の属する事業年度の損金として処理することができる。

被合併法人の役員に対する退職給与の損金算入（法基通9-2-33）

> 合併に際し退職した当該合併に係る被合併法人の役員に支給する退職給与の額が合併承認総会等において確定されない場合において、被合併法人が退職給与として支給すべき金額を合理的に計算し、合併の日の前日の属する事業年度において未払金として損金経理したときは、これを認める。

---

75 被合併法人により見積りにより計上した結果、その後合併法人において具体的に確定した金額と差額が生じることもあり得る。その差額は、合併法人においてその差額が確定した日の属する事業年度の益金または損金の額に算入する。

8.　使用人に対する退職金

　合併に際して退職する使用人が存在した場合、その使用人に対する退職給与は、被合併法人においてたとえ未払であっても、被合併法人において債務確定しているものと考えられるため、被合併法人の損金となり、合併法人の損金にはならない。

　また、被合併法人の使用人は合併法人に承継され、そこで雇用関係が継続することになる。合併を理由として、被合併法人の勤務期間に対応する退職金を打切り支給したとしても、原則として、損金算入は認められないと考えられる。

　ただし、合併の際の退職給与規程の改正等、一定の例外ケースについてのみ、打切り支給が認められる場合はあり得る。次の通達が、その例外を示している。

退職給与の打切支給（法基通9-2-35）

　法人が、中小企業退職金共済制度または確定拠出年金制度への移行、定年の延長等に伴い退職給与規程を制定または改正し、使用人（定年延長の場合にあっては、旧定年に到達した使用人をいう）に対して退職給与を打切支給した場合において、その支給をしたことにつき相当の理由があり、かつ、その後は既往の在職年数を加味しないこととしているときは、その支給した退職給与の額は、その支給した日の属する事業年度の損金の額に算入する。

（注）　この場合の打切支給には、法人が退職給与を打切支給したこととしてこれを未払金等に計上した場合は含まれない。

274

9. 事業税、特別法人事業税

適格合併における被合併法人の最後事業年度の事業税および特別法人事業税は、被合併法人の最後事業年度の損金の額には算入されず、その事業税が確定した日の属する合併法人の事業年度の損金の額に算入される（法基通9-5-1）。

被合併法人の最後事業年度の未確定債務に係る費用は同様に取り扱われ、合併法人において債務確定したときの損金となる。

なお、非適格合併の場合も、同様である。

10. 特定同族会社の留保金課税

非適格合併により被合併法人が合併法人に資産等を移転させたときは、被合併法人が時価により譲渡したものとして譲渡損益を認識するが、特定同族会社の留保金課税の取扱いにおいては、この譲渡損益を留保金額から除外する（法法67条3項1号）。

11. 外国税額控除に係る控除限度額

適格合併の場合、合併法人は被合併法人の外国税額控除における控除限度額および控除対象外国法人税額を引き継ぐ（法法69条9項）。

12. 確定申告書の添付書類

被合併法人の最後事業年度の法人税の確定申告書には、貸借対照表、損益計算書、合併契約の写し等のほか、合併法人に移転した資産、負債その他主要な事項に関する明細書を添付する必要がある（法法74条3項、法規35条1項6号、7号、法基通17-1-5）。所定の様式である付表「組織再編成に係る主要な事項の明細書」に所定事項を記載し、確定申告書に添付することになる。

　同様に、合併法人の合併の日の属する事業年度の法人税確定申告書には、貸借対照表、損益計算書、合併契約の写し等のほか、被合併法人から移転を受けた資産、負債その他の主要な事項に関する明細書を添付する必要がある（法法74条3項、法規35条1項6号、7号、法基通17-1-5）。明細書の様式も同じである。

| 組織再編成に係る主要な事項の明細書 | | | 連結事業年度 | ・　・ | 法人名 | | 付表 |

		区　　　　分	態　　　様	組織再編成の日
提出対象法人の区分、組織再編成の態様及び組織再編成の日	1	被合併法人・合併法人・分割法人・分割承継法人・現物出資法人（株式交付以外）・被現物出資法人（株式交付以外）・株式交付親会社・現物分配法人・被現物分配法人（適格現物分配）・株式交換完全親法人・株式交換完全子法人・株式移転完全親法人・株式移転完全子法人	合併・分割型分割（単独新設分割型分割以外）・単独新設分割型分割・分社型分割・中間型分割・現物出資（株式交付以外）・株式交付・現物分配（株式分配以外）・株式分配・株式交換・株式移転	・　・

		区　　　分	名　　　称	所　在　地
相手方の区分、名称及び所在地	2	合併法人・被合併法人・分割承継法人・分割法人・被現物出資法人・現物出資法人（株式交付以外）・株式交付子会社・被現物分配法人・現物分配法人・株式交換完全子法人・株式交換完全親法人・株式移転完全子法人・株式移転完全親法人		

		資産・負債の種類	価額等	株式交付にあっては左の算定根拠
移転した（又は交付した）資産又は負債の明細	3			

		資産・負債の種類	価額等	
移転を受けた資産又は負債の明細	4			

適　格　判　定　に　係　る　主　要　な　事　項				
適　格　区　分	5	適格（法第2条第　　号該当）その他		

			株式の保有割合	組織再編成前	組織再編成後
株式保有関係	6	令第4条の3第　項第　号該当	直接保有	％	％
			間接保有	％	％

		組織再編成前	組織再編成後
従業者の数	7	人	人

組織再編成前の主要事業等	8		（　継続　・　関連　）

関　連　事　業	9		

		指　　標	左の指標による規模の比較
事　業　規　模	10	売上金額・資本金の額又は出資金の額・従業者の数・その他（　　　　）	

		組織再編成前の役職名	組織再編成後の役職名	氏　　名
特定役員等の役職名及び氏名	11			

		氏　名　又　は　名　称	旧　株　数	新株継続保有見込の有無
支配株主の株式の保有状況	12		株	有・無
				有・無
		（合　計）		有・無
		被合併法人等の発行済株式等の数	株	

13.　消費税・不動産取得税・登録免許税

⑴　消費税

　合併の場合、被合併法人の権利義務の承継が個々の権利義務についての個別的な移転を必要とせず、包括的に行われる。したがって、消費税法上の資産の譲渡等には該当せず、消費税の課税対象外取引（不課税取引）である。適格合併か非適格合併かを問わない。

⑵　不動産取得税

　合併による不動産の取得については、不動産取得税は課されない。適格合併か非適格合併かを問わない。

⑶　登録免許税

　合併法人については、吸収合併によって増加した資本金の額に対して0.15％を乗じた額が登録免許税として課される。また、資本金の増加額が被合併法人の資本金を超える場合には、その超過額に対して0.7％が課される。ただし、合併法人に課される登録免許税が3万円を下回る場合は、最低額が一律3万円とされる（資本金の額が増加しない場合も合併の登記について3万円課される）。また、被合併法人の登記手続については、一律3万円が課される。

　さらに、合併に伴う不動産の所有権の移転登記に対する登録免許税が課せられる。適格合併であるか非適格合併であるかは問わない。

Ⅱ 分割の税務処理（細目）

分割に伴う税務処理の細目について、項目ごとに解説する。

1. 減価償却資産の取扱い

(1) 分割法人の取扱い

　適格分割により分割法人が減価償却資産を移転する場合、分割法人において適格分割の日の属する事業年度にその減価償却資産について損金経理額に相当する金額を費用の額としたときは、その費用の額とした金額（期中損金経理額）のうち、その適格分割の日の前日を事業年度終了の日とみなしたときに計算される償却限度額に達するまでの金額を損金の額に算入する（法法31条2項）。

　ただし、この特例は、分割の日以後2ヵ月以内に期中損金経理額等を記載した書類を所轄税務署長に提出した場合に限り適用が認められる（法法31条3項、法規21条の2）。

　非適格分割の場合、上記のような特例はなく、分割の日の前日までの償却費を損金算入することはできない。その分（時価譲渡の）譲渡原価が多くなる。

(2) 分割承継法人の取扱い

　適格分割により減価償却資産の移転を受けた分割承継法人においては、移転をした分割法人の分割直前の帳簿価額を引き継ぐ。また、移転を受けた減価償却資産の償却限度額の計算の基礎とすべき取得価額は、移転をした分割法人の償却限度額の計算の基礎とすべき取得価額に、移転を受けた分割承継法人が当該資産を事業の用に供するために直接要した費用の額を加算した金額とする（法法31条4項、法令54条1項5号）。

　非適格分割により減価償却資産の移転を受けた分割承継法人において
は、帳簿価額の引継ぎという取扱いは適用されない。分割承継法人にお
ける取得価額は、その取得の時における当該資産の取得のために通常要
する価額（時価相当額）に当該資産を事業の用に供するために直接要し
た費用の額を加算した額とされる（法令54条1項6号）。

2.　一括償却資産

(1)　分割法人の取扱い

　適格分割の場合、適格合併の取扱いと異なり、一括償却資産を分割承
継法人に引き継ぐことができるのは、「分割事業に供用するために取得
したものでその旨を記載した書類が保存されているものに限る」という
要件を満たすものに限られる点に留意する必要がある（法令133条の2
第2項かっこ書き、法規27条の17）。

　上記の要件を満たし、分割承継法人に引き継がれる一括償却資産につ
いて、分割法人において適格分割の日の属する事業年度にその一括償却
資産について損金経理額に相当する金額を費用の額としたときは、その
費用とした額（期中損金経理額）のうち、その適格分割の日の前日を事
業年度終了の日とした場合に計算される損金算入限度額に達するまでの
金額を損金の額に算入する（法令133条の2第2項）。

　ただし、この特例は、分割の日以後2ヵ月以内に期中損金経理額等を
記載した書類を所轄税務署長に提出した場合に限り適用が認められる
（法令133条の2第3項、法規27条の18）。

(2)　分割承継法人の取扱い

　適格分割の場合、上記の期中損金経理額の損金算入の規定の適用を受
けた一括償却資産の帳簿価額を分割承継法人に引き継ぐ。

　分割承継法人における適格分割の日から当該事業年度終了の日までの期間に対応する償却限度額は、当該適格分割により移転を行った分割法人における一括償却対象額（分割法人における原始取得価額）を引き継いで、当該一括償却対象額を36で除し、これに適格分割の日から当該事業年度終了の日までの期間の月数を乗じて計算した金額となる。

　非適格分割の場合、一括償却資産の引継ぎは認められず、分割法人において本来の規定どおり損金算入していくことになる。分割承継法人において損金算入することはできない。

3.　繰延資産

(1)　繰延資産の引継ぎ

　適格分割の場合、分割法人は、繰延資産のうち分割により移転する資産または契約と密接な関連を有する繰延資産（例えば分割により移転する工場に隣接する公共的施設等の分担金)、および密接ではないが関連はあるもので所定の書類を所轄税務署長に提出した繰延資産については、その帳簿価額により分割承継法人に引き継ぐ（法法32条4項、5項、法令66条、法規22条）。

　引継ぎの対象にならなかった繰延資産および非適格分割の場合の分割法人の繰延資産については、例えば繰延資産に係る固定資産または契約について移転等があった場合は、その移転等の日の属する事業年度においてその繰延資産の未償却残額を損金の額に算入することができると解される（法基通8-3-6参照）。

(2)　期中損金経理額

　適格分割の場合、分割法人が分割承継法人に繰延資産を引き継ぐときは、適格分割の日の属する事業年度にその繰延資産について損金経理額

に相当する金額を費用の額としたときは、その費用の額とした金額（期中損金経理額）のうちその適格分割の日の前日を事業年度終了の日としたときに計算される償却限度額に達するまでの金額は、分割法人において損金の額に算入する（法法32条2項）。

　ただし、この特例は、分割の日以後2ヵ月以内に期中損金経理額等を記載した書類を所轄税務署長に提出した場合に限り適用が認められる（法法32条3項、法規21条の3）。

(3)　分割承継法人における償却限度額

　分割承継法人においては、繰延資産を引き継いだときは、その引き継いだ繰延資産について、分割法人における繰延資産の額をその繰延資産となる費用の支出の効果の及ぶ期間の月数で除して計算した金額に当該事業年度の月数を乗じて計算した金額が償却限度額となる。ただし、当該事業年度が適格分割により分割法人から引継ぎを受けた日の属する事業年度である場合は、適格分割の日から当該事業年度終了の日までの期間の月数を乗じて計算した金額とされる（法法32条1項、法令64条1項2号）。

4.　繰延消費税額等

　適格分割により分割法人が分割承継法人に繰延消費税額等を引き継ぐ場合、その繰延消費税額等[76] について損金経理額に相当する金額を費用の額としたときは、その費用とした額（期中損金経理額）のうちその適格分割の日の前日を事業年度終了の日とした場合に計算される損金算入限度額に達するまでの金額を分割法人において損金の額に算入する（法

76　分割事業に係る繰延消費税額等であることを記載した書類等が保存されているものに限る。

令139条の４第７項、法規28条の３）。

　ただし、この特例は、分割の日以後２ヵ月以内に期中損金経理額等を記載した書類を所轄税務署長に提出した場合に限り適用が認められる（法令139条の４第８項、法規28条の２）。

　また、分割承継法人は、適格分割の日から当該事業年度終了の日までの期間に対応する金額を、適格分割の日の属する事業年度において損金算入することができる。

　非適格分割の場合は、引継ぎに係る規定はないため、分割法人において規定どおり損金算入することになる。

5.　引当金・準備金

(1)　期中貸倒引当金の損金算入

　分割法人が、適格分割により個別評価金銭債権を分割承継法人に移転する場合、適格分割の日の属する事業年度に、その個別評価金銭債権について貸倒引当金勘定に相当するもの（期中個別貸倒引当金勘定）を設けたときは、適格分割の直前の時を事業年度終了の時とした場合に計算される個別貸倒引当金繰入限度額に達するまでの金額は、分割法人の分割の日の属する事業年度の損金の額に算入する（法法52条５項）。所定の書類を、適格分割の日以後２ヵ月以内に所轄税務署長に提出することが条件である（同条７項）。

　同様に、分割法人が、適格分割により一括評価金銭債権を分割承継法人に移転する場合、適格分割の日の属する事業年度に、その一括評価金銭債権について貸倒引当金勘定に相当するもの（期中一括貸倒引当金勘定）を設けたときは、適格分割の直前の時を事業年度終了の時とした場合に計算される一括貸倒引当金繰入限度額に達するまでの金額は、分割法人の分割の日の属する事業年度の損金の額に算入する（法法52条６

項）。所定の書類を、適格分割の日以後2ヵ月以内に所轄税務署長に提出することが条件である（同条7項）。

(2)　貸倒引当金の引継ぎ

適格分割の場合の損金算入された個別評価金銭債権に係る期中貸倒引当金を分割承継法人に引き継ぐ（法法52条8項）。

同様に、適格分割の場合の損金算入された一括評価金銭債権に係る期中貸倒引当金を分割承継法人に引き継ぐ（法法52条8項）。

貸倒引当金は洗替えであるため、分割承継法人においては適格分割の日の属する事業年度で戻入れの対象になるが、当該金銭債権が当該分割の日の属する事業年度末に残っていれば、それについて繰入れを行うことになる。

(3)　準備金

海外投資等損失準備金を積み立てている法人が適格分割により分割承継法人に当該海外投資等損失準備金に係る特定法人の株式等の全部または一部を移転した場合には、その適格分割直前における海外投資等損失準備金の金額のうちその移転することとなった株式等に係るものとして政令で定めるところにより計算した金額（当該適格分割により当該特定法人の株式等の全部を移転した場合には、その適格分割直前における当該特定法人に係る海外投資等損失準備金の金額）は、分割承継法人に引き継ぐ（措法55条13項、措令32条2第11項）。

非適格分割の場合、引継ぎはできないため、分割法人において取り崩して益金の額に算入する。

6. 受取配当等の益金不算入

⑴ 関連法人株式等の保有期間の判定

　関連法人株式等は、法人が他の内国法人の発行済株式等の3分の1超の株式等をその配当に係る計算期間の初日からその計算期間の末日まで継続して保有する場合のその株式等をいう（法法23条4項、法令22条1項）。

　適格分割により株式等の移転を受けた場合、分割法人のその株式等の保有期間を分割承継法人の保有期間とみなして、保有期間の判定を行う（法令22条3項2号）。

　なお、非適格分割の場合、分割承継法人の保有期間のみで判定する（分割法人における保有期間を加えてはいけない）。

⑵ 外国子会社から受ける配当等の益金不算入

　内国法人が、外国法人から配当等を受けた場合、原則として、益金の額に算入することになるが、一定の外国子会社（内国法人が保有しているその株式等の数または金額が、その発行済株式の総数または総額の25％以上に相当する数または金額となっていること、その保有期間が6ヵ月以上となっていること等の要件を備えている外国法人）から受ける利益剰余金の配当等の額がある場合には、その外国子会社からの配当等の額の95％相当額を益金不算入とする規定が設けられている（法法23条の2第1項、法令22条の4第1項）。

　分割承継法人が、適格分割により分割法人から上記の外国子会社株式の移転を受けた場合、分割承継法人の保有期間については、その分割法人における適格分割前の保有期間を含めて、分割承継法人の保有期間を計算する（法令22条の4第6項）。

7.　圧縮記帳

(1)　分割法人における圧縮記帳

　国庫補助金等や保険金等で取得した固定資産に係る圧縮記帳は、その取得した事業年度終了の時に行うのが原則であるが、適格分割の直前の時までに国庫補助金等の交付を受け、その交付の目的に適合した固定資産を取得（または改良）した分割法人が、その固定資産を適格分割により分割承継法人に移転したときの取扱いが問題となる。

　適格分割により分割法人が当該適格分割の直前の時までに取得（または改良）をした固定資産（当該適格分割等の日の属する事業年度開始の時から当該直前の時までの期間内に交付を受けた国庫補助金等の交付の目的に適合したものに限る）を分割承継法人に移転した場合（その国庫補助金等の返還不要が当該直前の時までに確定した場合に限る）、当該固定資産について、当該事業年度において圧縮限度額に相当する金額の範囲内でその帳簿価額を減額したときは、その減額した金額に相当する金額は、当該事業年度の所得の金額の計算上、損金の額に算入する（法法42条5項）。

　ただし、分割の日以後2ヵ月以内に所定の書類を所轄税務署長に提出した場合に限り、認められる（同条7項）。

　なお、分割承継法人において受け入れる固定資産の（税務上の）取得価額は、その圧縮後（圧縮により損金の額に算入された金額を控除後）の金額となる。

(2)　期中特別勘定の設定

　適格分割の場合、分割法人が分割の直前までに圧縮記帳の対象となる国庫補助金等や保険金等の交付（または支払）を受けた場合、分割承継法人が交付（または支払）の目的に適合した固定資産の取得をすること

が見込まれる等の要件を満たすときは、分割の日以後2ヵ月以内に所定の書類を所轄税務署長に提出することを条件として、「期中特別勘定」を設定して、その繰入額を損金の額に算入することができる（法法43条6項、7項）。この「期中特別勘定」は、分割承継法人に引き継ぐ。

なお、非適格分割の場合、「期中特別勘定」の規定は適用されない。

8. 収用等があった場合の所得の特別控除

分割法人が買取り等の申出を受けていた場合、分割法人がその収用換地等による譲渡を行っておらず、かつ、その適格分割により対象資産を取得した分割承継法人がその収用換地等による譲渡を行ったときは、その分割承継法人において収用換地等の場合の所得の特別控除が認められる（措法65条の2第3項）。

9. 土地譲渡益重課

土地の譲渡等があった場合の特別税率および短期所有に係る土地の譲渡等がある場合の特別税率の適用において、適用対象となる土地の譲渡等には、非適格分割による土地の移転が含まれる。

なお、当該課税は、課税停止中である。

10. 外国税額控除

適格分割の場合、分割法人は分割承継法人に移転事業に係る国外所得金額に対応する外国税額控除における控除限度額および控除対象外国法人税額を引き継ぐ。この引き継いだ金額は、分割法人においてないものとする（法法69条9項）。

ただし、分割の日以後3ヵ月以内に所定の書類を所轄税務署長に提出した場合に限り、認められる（同条10項）。

11.　確定申告書の添付書類

　分割により資産の移転があった事業年度の分割法人の確定申告書には、貸借対照表、損益計算書、分割契約書の写し等のほか、分割承継法人に移転させる資産、負債その他主要な事項に関する明細書を添付しなければならない（法法74条3項、法規35条1項6号、7号、法基通17-1-5）。所定の様式である付表「組織再編成に係る主要な事項の明細書」に記載し、添付することになる。

　また、分割承継法人の分割の日の属する事業年度の確定申告書には、貸借対照表、損益計算書、分割契約書の写し等のほか、分割法人から移転を受けた資産、負債その他主要な事項に関する明細書を添付しなければならない（法法74条3項、法規35条1項6号、7号、法基通17-1-5）。

| 組織再編成に係る主要な事項の明細書 | 連結事業年度 | ・　・ ・　・ | 法人名 | | 付表 |

組織再編成に係る主要な事項の明細書

提出対象法人の区分、組織再編成の態様及び組織再編成の日	1	区　分	態　様	組織再編成の日
		被合併法人・合併法人・分割法人・分割承継法人・現物出資法人（株式交付以外）・被現物出資法人（株式交付以外）・株式交付親会社・現物分配法人・被現物分配法人（適格現物分配）・株式交換完全親法人・株式交換完全子法人・株式移転完全親法人・株式移転完全子法人	合併・分割型分割（単独新設分割型分割以外）・単独新設分割型分割・分社型分割・中間型分割・現物出資（株式交付以外）・株式交付・現物分配（株式分配以外）・株式分配・株式交換・株式移転	

相手方の区分、名称及び所在地	2	区　分	名　称	所　在　地
		合併法人・被合併法人・分割承継法人・分割法人・被現物出資法人・現物出資法人（株式交付以外）・株式交付子会社・被現物分配法人・現物分配法人・株式交換完全子法人・株式交換完全親法人・株式移転完全子法人・株式移転完全親法人		

移転した（又は交付した）資産又は負債の明細	3	資産・負債の種類	価額等	株式交付にあっては左の算定根拠

移転を受けた資産又は負債の明細	4	資産・負債の種類	価額等	

適　格　判　定　に　係　る　主　要　な　事　項

適　格　区　分	5	適　格　（法第2条第　　号　該当）その他		

株式保有関係	6	令第4条の3第　項第　号該当	株式の保有割合	組織再編成前	組織再編成後
			直接保有	％	％
			間接保有	％	％

従業者の数	7	組織再編成前	組織再編成後
		人	人

組織再編成前の主要事業等	8		（　継続　・　関連　）

関　連　事　業	9	

事　業　規　模	10	指　標	左の指標による規模の比較
		売上金額・資本金の額又は出資金の額・従業者の数・その他（　　　　　）	

特定役員等の役職名及び氏名	11	組織再編成前の役職名	組織再編成後の役職名	氏　名

支配株主の株式の保有状況	12	氏名又は名称	旧株数	新株継続保有見込の有無
			株	有・無
				有・無
				有・無
		（合計）		
		被合併法人等の発行済株式等の数	株	

12.　消費税・不動産取得税・登録免許税

⑴　消費税

　会社分割では、権利義務の承継が個々の権利義務についての個別的な移転を必要とせず、包括的に行われる。したがって、消費税法上の資産の譲渡等には該当せず、消費税の課税対象外取引（不課税取引）である。

⑵　不動産取得税

　不動産取得税が課されない会社分割は、次に掲げる要件に該当する分割で分割対価資産として分割承継法人の株式以外の資産が交付されないもの（当該株式が交付される分割型分割の場合は、当該株式が分割法人の株主等の有する当該分割法人の株式の数（出資にあっては、金額）の割合に応じて交付されるものに限る）である（地法73条の7第1項2号、地令37条の14）。

> ①　当該分割により分割事業（分割法人の分割前に行う事業のうち、当該分割により分割承継法人において営まれることとなるものをいう。以下同じ。）に係る主要な資産および負債が分割承継法人に移転していること。
> ②　当該分割に係る分割事業が分割承継法人において当該分割後に引き続き営まれることが見込まれていること。
> ③　当該分割の直前の分割事業に係る従業者のうち、その総数のおおむね80％以上に相当する数の者が当該分割後に分割承継法人の業務に従事することが見込まれていること。

　一見すると、法人税法における適格要件と共通性があるように思われ

るが、この地方税法および政令の規定は、資本関係が100％の場合と50％超100％未満の場合を区別していない点に留意する必要がある。

(3)　登録免許税

　吸収分割における分割承継法人については、増加した資本金の額に対して0.7％を乗じた額の登録免許税が課される。その額が3万円に満たない場合は一律3万円が課され、また分割により資本金の額が増加しない場合も3万円が課される。一方、分割法人については一律3万円が課される。

　新設分割における分割承継法人（新設法人）の登録免許税は、資本金の額に対して0.7％を乗じた額の登録免許税が課される。ただし、その額が3万円に満たない場合は、一律3万円が課される。

　また、分割事業に不動産が含まれている場合は、会社分割に伴う不動産の所有権の移転登記に対する登録免許税が課せられる。

第7章

持株会社化、
M＆Aの活用

Ⅰ 持株会社化のメリット

1. 必要な事業の取り込み、不要な事業の切り離し

　持株会社化というと、大企業での活用をイメージするが、最近では中小の優良会社における活用例が増加している。

　事業を多角化するうえで、持株会社が株式を取得することにより、簡単に傘下に取り込める。また、特定の事業から撤退したいという場合も、持株会社がその事業子会社の株式を売却することにより、手離すことができる。

　また、持株会社とその事業子会社は完全支配関係がある100％グループであるため、そのグループの中での合併、分割等の企業組織再編成も、適格組織再編成になる場合がほとんどであり、課税関係なしに実行できる。このように事業の整理・統合を容易に行うことができるメリットに着目するものである。

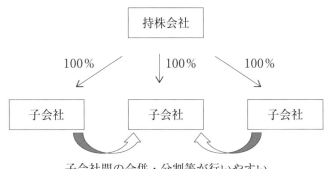

子会社間の合併・分割等が行いやすい

　さらに、事業を拡大していくと、1人のオーナー経営者がすべての事業に対して経営監督することは難しくなる。持株会社の下にいくつかの子会社をぶら下げて、それぞれの事業子会社の直接の業務執行は他の者

にある程度委ね、オーナー経営者はグループ全体の経営の監督に専念する形をとることで、経営がうまくいく例も少なくない。特に後継者難が言われて久しい中小の同族会社においては、非同族の役員を事業子会社の社長に据えやすくなるというメリットも生じる。各事業子会社が持株会社の傘下の下で独立した会社となるため、事業ごとの権限と責任が明確化されるメリットも期待できる。

　このように、持株会社化することによって、持株会社を中心とした企業グループとして経営資源の最適配分を図っていくということが行いやすくなる面が期待できる。ただし、持株会社の監督の下でグループ全体の統率がとれてこそ最適化が実現できるものであって、持株会社の監督が行き届かなくなると、経営がうまくいかなくなる場合もある。持株会社化をするにあたっては、その点を十分に踏まえて制度設計を行うべきである。

2.　節税のメリット

　オーナー経営者は持株会社の株式を保有する形になるが、持株会社の収益は事業子会社からの配当がほとんどを占めることになる。持株会社と事業子会社との間には完全支配関係があるため、持株会社が支払を受ける受取配当は、完全子法人株式等に係る配当として、全額が益金不算入になる。

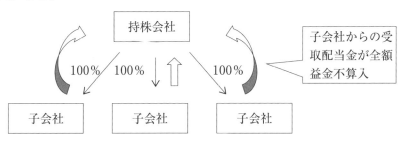

　また、持株会社は配当が主な収入源になり、利益はそれほど計上されない。類似業種比準価額方式による株式評価が低めになるケースもみられる。ただし、持株会社が株式特定保有会社に該当する場合は、株価の低減の効果は期待できない。株式特定保有会社に該当しないようにできるかどうかが重要なポイントである。その点については、持株会社が固定資産を保有し、その固定資産を各事業子会社に貸し付ける形をとる方法が使われるケースもみられる。

　もちろん株式評価を下げるためのみの目的で持株会社化し、それ以外に持株会社化する合理的な理由（合理的な事業目的等）が見出せない場合は租税回避行為に当たる可能性が生じるが、そうではなく経営上のメリットを期待して行われるものについては結果的に株式の評価が下がるとしても、それは租税回避行為には該当しないと考えられる。

Ⅱ　持株会社グループの中での組織再編成の実務処理

　持株会社とその事業子会社は完全支配関係がある100％グループである。持株会社の傘下にある子法人間での合併や分割、持株会社と子法人との間の合併や分割などは、完全支配関係がある法人間での合併、分割になるため、通常は適格組織再編成になる。課税関係なしに実行できるメリットが生じる。会社分割を利用すれば、事業の整理・統合を容易に行うことができる。

　また、100％でない子法人を100％子法人化することも、適格株式交換等により、容易に実行できる。さらに、株式の持合い関係があるような場合も、自己株式の取得等により、整理するときに、課税関係なしに実行できることが考えられる[77]。

　本項では、100％グループ内の合併、分割の実務処理について、ケースごとに分けて解説する。

　なお、100％親子法人間の合併のケースと100％子法人間の合併のケースについては、「第4章　合併の処理」の「Ⅵ　同族合併間の合併の事例」を参照されたく、ここでは100％親子法人間の分割、100％子法人間の分割および「子法人を100％子法人化する株式交換に係る会計・税務」について取り上げる。

77　完全支配関係としたうえで、自己株式の取得を行うことにより、取得した株主法人におけるみなし配当課税の問題や株式の譲渡益課税の問題を回避することができる。みなし配当は完全子法人株式等に係る配当として全額益金不算入（法法23条1項）、株式の譲渡損益は不計上とされる（法法61条の2第17項）。

1.　親法人から100％子法人に対する無対価分割に係る会計・税務

⑴　親法人から100％子法人に対する無対価分割に係る会計処理

　分割法人（親法人）および分割承継法人（子法人）のそれぞれの会計処理は、次のとおりである。

　①　分割法人の会計処理

　　共通支配下の取引であるため、移転した事業の簿価純資産額について株主資本を変動させる。変動させる株主資本の内訳は、取締役会等の会社の意思決定機関において定められた額とされる（「企業結合会計基準及び事業分離等会計基準に関する適用指針」（以下、「適用指針」という）203-2項、233項、446項）。

諸負債	ＸＸＸ	諸資産	ＸＸＸ
株主資本項目	ＸＸＸ(注)		

　　（注）　資本金、準備金または剰余金のいずれを変動させるかを取締役　　　　会等の会社の意思決定機関で定める。

　　会計上、無対価分割の場合は、親法人から100％子法人への分割であっても、分割型分割（分社型分割＋剰余金の配当）として処理する点に留意が必要である。すなわち、通常の分社型分割の場合は、対価として分割承継法人株式を受け入れるが、無対価であるときは受け入れる分割承継法人株式がない。上記の仕訳のように、純資産の減少を認識することになる。

　②　分割承継法人の会計処理

　　分割承継法人は、分割法人における分割直前の帳簿価額により諸資産および諸負債を引き継ぐとともに、分割法人で変動させた株主資本

の額を引き継ぐ処理をする（適用指針203-2項、234項）。

　原則として、分割法人で変動させた資本金および資本準備金はその他資本剰余金として引き継ぎ、分割法人で変動させた利益準備金はその他利益剰余金として引き継ぐ（適用指針437-3項）。このように資本金および準備金として引き継がず、剰余金として引き継ぐのは、無対価であって、分割承継法人は新株を発行していないためである。

諸資産	ＸＸＸ	諸負債	ＸＸＸ
		株主資本項目	ＸＸＸ(注)

　(注)　その他資本剰余金またはその他利益剰余金を変動させる（資本金および準備金は引き継がない）。

⑵　親法人から100％子法人に対する無対価分割に係る税務処理

　税務上、無対価分割で、かつ、その分割の直前において分割法人が分割承継法人の株式を保有している場合（分割承継法人が分割法人の発行済株式等の全部を保有している場合を除く）の分割は、分社型分割であると規定されている（法法2条第12号の10ロ）。

　無対価分割については、①分割法人が分割承継法人の発行済株式等の全部を保有する関係があり、かつ、②当該分割後に当該分割法人と分割承継法人との間に当該いずれか一方の法人による完全支配関係が継続することが見込まれている場合に、適格要件を満たすことが明確化されている（法令4条の3第6項1号ロ）。

分割型・分社型の区別（無対価分割の場合）

(1) 分割型分割の場合	① 100％子法人から直接の100％親法人に対する分割 ② 同一の者が株式を100％直接に保有している兄弟法人間の分割 ③ 分割承継法人およびその直接の100％親法人が分割法人の株式の100％を保有している場合の分割
(2) 分社型分割の場合	親法人から直接の100％子法人に対する分割

　無対価であっても、対価の交付を省略したにすぎないと考えるため、対価を交付した場合の税務処理と原則として同様である。

　親法人が発行済株式等の全部を保有している100％子法人に対する分割を無対価で行った場合、分割後において、分割法人と分割承継法人との間の完全支配関係の継続が見込まれているときは、適格分社型分割になると考えられる。

① 分割法人の税務処理

　適格分社型分割に該当する場合は、無対価であっても、分割法人は分割直前の移転資産の帳簿価額から移転負債の帳簿価額を減算した金額（当該株式の交付を受けるために要した費用がある場合には、その費用の額を加算した金額）により分割承継法人株式を受け入れる処理をする（法令119条1項7号）。

| 諸負債 | ××× | 諸資産 | ××× |
| 分割承継法人株式 | ××× | | |

　なお、債務超過の事業を移転する場合、受け入れる分割承継法人株

式は、下記のようにマイナスで受入処理する。

諸負債　　　　　　　ＸＸＸ　／　諸資産　　　　　ＸＸＸ
分割承継法人株式　△ＸＸＸ　／

　この取扱いは、第5章で説明した会計処理[78] と異なるので、後で説明するように、申告調整で対応することになる。

② 　分割承継法人の税務処理

　分割承継法人は、受け入れる事業に係る分割直前の移転資産の帳簿価額から移転負債の帳簿価額を減算した金額と同額の資本金等の額の加算（受入事業が債務超過である場合は減算）処理を行う（法令8条1項7号）。

諸資産　　　　　　　ＸＸＸ　／　諸負債　　　　　ＸＸＸ
　　　　　　　　　　　　　　／　資本金等の額　ＸＸＸ

③ 　会計と税務の調整

　すでに説明したように、分割法人において、会計上は分割型分割として処理し分割承継法人株式の受入を認識しないのに対して、税務上は分割承継法人株式の受入処理をする。この点は、法人税申告書別表5⑴で受入処理をすることになる。

　以下、会計上はその他資本剰余金100を減少する処理をしたものとし、税務上は分割承継法人株式の受入れ100を認識する処理であった場合の分割法人における調整例である。なお、分割承継法人株式をＳ社株式とする。

78　マイナスの金額を「組織再編成により生じた株式の特別勘定」等、適切な科目をもって負債に計上する。

別表五（一）　利益積立金額および資本金等の額の計算に関する明細書

I　利益積立金額の計算に関する明細書				
区　　分	期首現在利益積立金額	当期の増減		差引翌期首現在利益積立金額 ①－②＋③
		減	増	
	①	②	③	④
利益準備金				
積立金				
S社株式			100	100
資本金等の額			△100	△100

（注）　税務上、利益積立金額と資本金等の額との間の振替調整（プラス・マイナス100）を入れることにより、利益積立金額に変動が生じないことが表される。S社株式に係る調整額100は、会計上は帳簿価額ゼロに対して税務上は帳簿価額が100であることを表している。

II　資本金等の額の計算に関する明細書				
区　　分	期首現在資本金等の額	当期の増減		差引翌期首現在資本金等の額
		減	増	
資本金または出資金	ＸＸＸ			ＸＸＸ
資本準備金				
その他資本剰余金	ＸＸＸ		△100	ＸＸＸ
利益積立金額			100	

（注）　利益積立金額との間で振替調整（プラス・マイナス100）が入ることによって、資本金等の額にも変動が生じないことが表される。

　税務上は、分割法人において純資産の変動は認識しないため、利益積立金額にも資本金等の額にも変動が生じない。利益積立金額と資本金等の額との間の振替調整によって、その点が正しく表される。

2.　100％子法人間の無対価分割に係る会計・税務

⑴　100％子法人間の無対価分割に係る会計処理

　同一の親法人に発行済株式の全部を保有されている子法人同士の間で、無対価分割が行われた場合の会計処理は、次のとおりである。

①　分割法人の会計処理

　分割法人である子法人は、適用指針255項に準じて会計処理を行い、株主資本の額を変動させる（適用指針203-2項⑵②）。共通支配下の取引であるので、移転した事業の簿価純資産額について変動させる。変動させる株主資本の内訳は、取締役会等の会社の意思決定機関において定められた額とする（適用指針233項、446項）。

| 諸負債 | ＸＸＸ | 諸資産 | ＸＸＸ |
| 株主資本項目 | ＸＸＸ(注) | | |

（注）　資本金、準備金または剰余金のいずれを変動させるかを取締役
　　　会等の会社の意思決定機関で定める。

②　分割承継法人の会計処理

　分割承継法人である他の子法人は、分割法人における分割直前の帳簿価額により諸資産および諸負債を引き継ぐとともに、分割法人である子法人で変動させた株主資本の額を引き継ぐ（適用指針203-2項、256項）。原則として、分割法人で変動させた資本金および資本準備金はその他資本剰余金として引き継ぎ、分割法人で変動させた利益準備金はその他利益剰余金として引き継ぐ（適用指針437-2項、437-3項）。このように資本金および準備金として引き継がないのは、無対価であって、分割承継法人は新株を発行していないためである。

諸資産	ＸＸＸ	諸負債	ＸＸＸ
		株主資本項目	ＸＸＸ(注)

（注）　その他資本剰余金またはその他利益剰余金（資本金および準備金は引き継がない）。

③　親法人の会計処理

　個別財務諸表上、当該分割により分割法人である子法人の株式の価値の一部が分割承継法人である子法人の株式に移転する。親法人は、分割直前の分割法人である子法人の株式の適正な帳簿価額のうち、合理的に按分する方法によって算定した引き換えられたものとみなされる部分の価額について、分割法人である子法人株式から分割承継法人である子法人株式に帳簿価額を付け替える必要が生じる（適用指針295項）。

Ｓ２社株式	ＸＸＸ	Ｓ１社株式	ＸＸＸ

　合理的に按分する方法としては、①関連する時価の比率で按分する方法、②時価総額の比率で按分する方法、③関連する帳簿価額の比率で按分する方法が示されている（適用指針295項の後段）。

⑵　100％子法人間の無対価分割に係る税務処理

　分割型分割と分社型分割の定義が次のように規定されている（法法2条12号の9、12号の10）。無対価分割である場合は、①と②のそれぞれの(ⅱ)の定義を参考に判断する。

分割型と分社型の定義

①	分割型分割	(i)　分割の日において当該分割に係る分割対価資産のすべてが分割法人の株主等に交付される場合の当該分割 (ii)　無対価分割で、その分割の直前において、分割承継法人が分割法人の発行済株式等の全部を保有している場合または分割法人が分割承継法人の株式を有していない場合の当該分割
②	分社型分割	(i)　分割の日において当該分割に係る分割対価資産のすべてが分割法人の株主等に交付されない場合の当該分割 (ii)　無対価分割で、その分割の直前において、分割法人が分割承継法人の株式を保有している場合（分割承継法人が分割法人の発行済株式等の全部を保有している場合を除く）の当該分割

　100％子法人間で無対価分割が行われる場合は、上記の表の①(ii)の「分割法人が分割承継法人の株式を有していない場合」に該当するため、分割型分割として取り扱われる。

　分割前に当該分割に係る分割法人と分割承継法人との間に同一の者による完全支配関係がある無対価分割で、かつ、分割型分割に該当する場合は、①分割前の完全支配関係が次のいずれかの関係に該当する場合で、かつ、②分割後に同一の者と分割承継法人との間に当該同一の者による完全支配関係が継続することが見込まれている場合に、適格分割となる（法令4条の3第6項2号イ）。

> (i)　分割承継法人が分割法人の発行済株式等の全部を保有する関係
>
> (ii)　分割法人の株主等（分割法人および分割承継法人を除く）および分割承継法人の株主等（分割承継法人を除く）のすべてに

> ついて、その者が保有する分割法人の株式の数の分割法人の発
> 行済株式等（分割承継法人が保有する分割法人の株式を除く）
> の総数のうちに占める割合と当該者が保有する当該分割承継法
> 人の株式の数の分割承継法人の発行済株式等の総数のうちに占
> める割合とが等しい場合における当該分割法人と分割承継法人
> との間の関係

　分割前の完全支配関係が、同一の親法人に発行済株式の全部を保有さ
れている子法人同士の関係であるため、上記の(ii)に該当する。適格分割
に該当するため、分割事業に係る資産および負債は分割法人における分
割直前の帳簿価額により分割承継法人に引き継がれる。

　適格分割型分割に該当するため、分割法人の分割直前の資本金等の額
に分割移転割合を乗じた額について分割法人において資本金等の額を減
算し、分割承継法人において同額を増加する（法令8条1項6号、15
号）。また、移転事業に係る諸資産の帳簿価額から①諸負債の帳簿価額
および②資本金等の額の減算額の合計額を減算した額について計算され
る利益積立金額を分割法人において減少（または増加）し、分割承継法
人において同額を増加（または減少）する（法令9条1項3号、10号）。

　会計および税務ともに帳簿価額による引継ぎの処理となるため、会計
上のその他資本剰余金およびその他利益剰余金それぞれの引継額と税務
上の資本金等の額および利益積立金額それぞれの引継額が一致する場合
は、税務調整は不要になるものと考えられる。ただし、会計上は、変動
させる株主資本の内訳は、取締役会等の会社の意思決定機関において定
められた額とする取扱いであるため、両者の引継額が一致するとは限ら
ない。一致しない場合には、申告調整が必要となる。申告調整の方法に
ついては、第5章の「Ⅴ　同族会社の分割の事例」を参照されたい。

3.　子法人を100％子法人化する株式交換に係る会計・税務

(1)　株式交換の会計処理

　株式交換における親法人の会計処理は、次のとおりである（企業結合会計基準（注11）、適用指針236項）。第1に、親法人が追加取得する完全子法人株式の取得原価は、取得の対価（非支配株主に交付した完全親法人株式の時価）に付随費用を加算して算定する。

　第2に、完全親法人の増加すべき株主資本であるが、払込資本（資本金または資本剰余金）として処理する。増加すべき払込資本の内訳項目（資本金、資本準備金またはその他資本剰余金）は、会社法の規定に基づき決定するが、債権者保護手続を行うことを条件として、その他資本剰余金に全額を計上することが認められる（会社計算規則39条2項）。

　なお、完全子法人となる子法人における会計処理は、後で説明する自己株式を保有している場合のような例外を除いて、原則として発生しない。

(2)　株式交換の税務処理

　税務上、企業グループ内の適格株式交換の適格要件を満たしている場合は適格株式交換に該当し、その場合は、完全親法人の取得する完全子法人株式の取得価額は、税務上、①完全子法人の株主が50人未満の場合と、②完全子法人の株主が50人以上の場合とでそれぞれ次のとおりとなる（法令119条1項10号）。50人未満か50人以上かは、株式交換の直前の時の人数で判定する。

　また、完全子法人株式の取得価額について、資本金等の額を増加させる（法令8条1項10号）。

① 完全子法人の株主が50人未満の場合	完全子法人となる法人の株主の株式交換直前の帳簿価額の合計額に、その株式を取得するために要した費用を加算した金額
② 完全子法人の株主が50人以上の場合	株式交換完全子法人の前期末時の簿価純資産額に適格株式交換直前までの資本金等の額等の増減を加減算した金額

⑶　申告調整の実務

　以下、具体例により、申告調整の実務を示す。

事例　子法人を100％子法人化する株式交換に係る会計・税務

前提条件

　親法人（Ｐ社）が子法人（Ｓ社）を株式交換により100％子法人化することとなった。Ｓ社の発行済株式総数は20株であり、Ｐ社が16株、非支配株主であるＺ社が４株（帳簿価額200）保有している。

　Ｐ社は、株式交換に際してＺ社に対して、Ｐ社株式２株（１株当たり時価180)を割り当てた。また、Ｐ社は債権者保護手続を実施したので、払込資本の内訳はその他資本剰余金とする。

　親法人（Ｐ社）における会計処理および税務処理ならびに申告調整を示しなさい。なお、税務上は、適格株式交換に該当するものとする。

解　答

① 会計処理

　親法人（Ｐ社）が追加取得したＳ社株式の取得原価は、取得の対価（非支配株主に交付した完全親法人株式の時価）360（180×2株）である。

　Ｓ社株式　　　　　　　360　／　その他資本剰余金　　360

② 税務処理

　税務上、Ｐ社におけるＳ社株式の取得価額は、先ほど説明した「完全子法人の株主が50人未満の場合」に該当するので、Ｚ社におけるＳ社株式の帳簿価額200である。

　Ｓ社株式　　　　　　　200　／　資本金等の額　　　　200

③ 申告調整

　Ｓ社株式の会計上の取得価額が360であるのに対して、税務上の取得価額は200である。また、会計上は、その他資本剰余金を360増加しているのに対して、税務上の資本金等の額の増加額は200である。次のとおり、法人税申告書別表5⑴上で調整を行う。

308

別表五（一）　利益積立金額および資本金等の額の計算に関する明細書

I　利益積立金額の計算に関する明細書				
区　分	期首現在利益積立金額	当期の増減		差引翌期首現在利益積立金額 ①−②+③
		減	増	
	①	②	③	④
利益準備金				
積立金				
S社株式			△160	△160
資本金等の額			160	160

（注）　S社株式の会計上の取得価額が360であるのに対して、税務上の取得価額は200であるため、S社株式と記載してマイナス160の調整を入れる。ただし、税務上の利益積立金額は変動なしであるので、利益積立金額と資本金等の額との間の振替調整（プラス・マイナス160）を入れることにより、利益積立金額は変動しないことが表される。

II　資本金等の額の計算に関する明細書				
区　分	期首現在資本金等の額	当期の増減		差引翌期首現在資本金等の額
		減	増	
資本金または出資金				
資本準備金				
その他資本剰余金			360	360
利益積立金額			△160	△160

（注）　会計上はその他資本剰余金が360増加するが、税務上の資本金等の額は200の増加であるため、利益積立金額との間の振替調整（プラス・マイナス160）が入ることによって、資本金等の額が200増加することが表される。

⑷　子法人が自己株式を保有している場合の留意点

　子法人が自己株式を保有している場合、株式交換により親法人株式が

割り当てられる。会計上は、子法人は親法人株式を時価で受け入れ、自己株式の帳簿価額との差額がその他資本剰余金に計上される。

　一方、税務上は、自己株式の帳簿価額はゼロであるため、株式交換で受け入れる親法人株式の帳簿価額もゼロになる（法令119条１項９号）。将来の売却等により多額の譲渡益が発生し得るため、事前に対策を検討しておく必要がある。これについては、株式交換前に自己株式の消却を行う方法、（子会社に剰余金がある場合に）株式交換後に適格現物分配で親法人に移転する方法などが考えられる。

Ⅲ 子法人の解散・清算の場面

1. 特定の事業の整理

　持株会社の傘下で行われるいくつかの子法人の事業のうち、特定の事業を手離したい場合は、その子法人株式の売却を検討することになる。しかし、その株式の買手が見つからなければ、成り立たない。そのような場合は、その子法人を解散・清算することも選択肢になる。

　持株会社と事業子会社との間には完全支配関係があるため、子法人を解散することについての株主総会の特別決議は容易にとれる。後は、債務の整理が問題になる。親法人である持株会社が債務保証している場合には、保証債務の履行が必要になるし、親法人である持株会社からの債務があれば、債権放棄が必要になると考えられる。ただし、債権放棄が仮に寄附金であると認定された場合であっても、法人による完全支配関係があるため、寄附金は全額損金不算入となり、子法人における受贈益も全額益金不算入となり、実質的な課税の問題は生じないことになる。

2. 子法人における課税の問題

　子法人の清算中に終了する事業年度については、残余財産がないと見込まれることを要件として、青色欠損金のほかに、期限切れ欠損金の損金算入が認められる（法法59条4項）。子法人の清算期間中に、資産の譲渡益や債務免除益などが生じた場合であっても、子法人に残余財産がないと見込まれるときは、この特例により課税が発生しない可能性が極めて高い。

3. 繰越欠損金の引継ぎメリット

　完全支配関係がある子法人が解散し、残余財産が確定した場合は、原

則として、その子法人の繰越欠損金のうち未使用のものを完全支配関係
がある株主法人である持株会社に引き継ぐことになる（法法57条2
項）。業績が芳しくない事業子会社を解散・清算した場合は、その事業
子会社の繰越欠損金を持株会社に引き継げるメリットが生じる。

　もちろん、適格合併と同様の繰越欠損金の引継ぎ制限があるので、①
残余財産の確定の日の翌日の属する（親法人の）事業年度開始の日の5
年前の日、②親法人の設立の日、③子法人の設立の日、以上のうち最も
遅い日から継続して支配関係を有していない場合には、繰越欠損金の引
継ぎに制限が課される点には留意する必要がある（法法57条3項）。

4.　現物分配の活用

　子法人を解散した場合、清算手続として財産の換価処分を進めていく
ことになる。不動産のように換価処分することが容易ではない資産があ
った場合、無理に換価処分しないで、残余財産として残したうえで、親
法人に残余財産の分配として移転する方法がある。場合によって弁済不
能な債務について親法人である持株会社が肩代わりしたうえで、残余財
産を残し、それを親法人に分配することも考えられる。完全支配関係が
ある親法人に対する現物分配であるため、適格現物分配に該当する。簿
価譲渡として取り扱われ、課税関係は生じない。

　また、親法人が子法人の債務を肩代わりしたことにより生じる子法人
に対する債権を放棄した場合であっても、完全支配関係があるため、実
質的な課税関係は生じないと考えられる。

5. 平成29年度税制改正による分割型分割における支配継続要件の見直しと活用

(1) 分割型分割における支配継続要件に係る改正

　平成29年度税制改正前は、分割前において分割法人および分割承継法人が同一の者との間に支配関係がある法人相互の関係にあるときの分割型分割が適格分割となるための支配継続要件については、その分割後に分割法人と分割承継法人との間にその同一の者による支配関係が継続することが見込まれていることが要件になっていた（旧法令4条の3第7項2号）。

　平成29年度税制改正により、分割型分割については、先の要件が分割後にその同一の者と分割承継法人との間にその同一の者による支配関係が見込まれていることに改められた（法令4条の3第6項2号、第7項2号）。すなわち、同一の者と分割法人との間の支配関係の継続が見込まれていることは要件から除外された。本改正は、平成29年10月1日以後に行われる分割から適用されている。

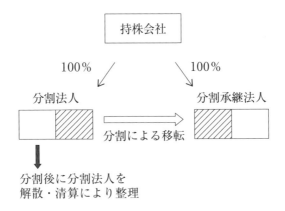

(2)　分割を活用した子法人の不採算事業の整理

　継続を図る事業を分割により新設法人に移転し、分割法人に不採算事業を残したうえで、分割後に分割法人を解散・清算することにより一定の事業を整理する手法が用いられることがある。すなわち、子法人の事業の整理・統合を行ううえで、継続を図る事業のみを新設分割型分割により移転し、新設法人の株式を親法人が保有する形にしておいて、不採算事業のみが残った分割法人を解散・清算する方法である。

　この場合、分割当初において分割後における分割法人の解散・清算が計画されている場合には、親法人と分割法人との間の支配関係の継続が見込まれていないことになり、平成29年度税制改正前は、非適格分割とされた。

　改正後は、親法人と分割承継法人との間の支配関係の継続が見込まれていればよい取扱いに改められたので、他の要件さえ満たしていれば、適格分割に該当することになる。課税関係を生じさせないで実行できるため、この手法を使いやすくなったといえる。

(3)　子法人との間に完全支配関係がある場合

　親法人と子法人との間に完全支配関係がある場合についても、分割後の完全支配関係の継続について、同様に改正された。

　100％子法人間で分割型分割を行う場合は、分割の対価を何も交付しない無対価分割を行うことが考えられるが、分割前において親法人が分割法人および分割承継法人の発行済株式の全部を保有しており（直接保有で全部保有しており）、かつ、分割後に親法人と分割承継法人である子法人との間にその親法人による完全支配関係の継続が見込まれているときは、適格分割に該当することになる（法令4条の3第6項2号イ）。

　新設分割の場合は、分割後に分割法人と分割承継法人（新設法人）と

の間に同一の者による完全支配関係がある場合、分割後にその同一の者
と分割承継法人（新設法人）との間にその同一の者による完全支配関係
の継続が見込まれているときに、適格分割に該当することになる（法令
4条の3第6項2号ハ）。

　なお、100％子法人間の分割を行った結果、分割後においても親法人
と分割法人である子法人との間に完全支配関係があるので、分割後に分
割法人である子法人を解散・清算するときは、分割法人の残余財産の確
定を条件として、その子法人の繰越欠損金が、原則として親法人に引き
継がれる（法法57条2項)。子法人における一定の事業の整理と子法人
の繰越欠損金の親法人への引継ぎが併せて行われることにより、企業グ
ループとしてみたときの企業価値の向上が期待される。

Ⅳ 子法人の解散・清算と現物分配の実務

親法人である持株会社と子法人との間に完全支配関係があるため、子法人を解散したときに残余財産の分配をした場合であっても、親法人におけるみなし配当課税は生じない。

また、有価証券や固定資産等の現物資産を残余財産として分配する場合であっても、現物分配の直前において完全支配関係があり、株主は内国法人のみであるため、適格現物分配に該当し（法法２条12号の15）、親法人における適格現物分配に係る収益は、全額について益金不算入となる（法法62条の５第４項）。受取配当等の益金不算入規定が適用されるのではなく、適格現物分配に係る収益が全額益金不算入となる法人税法62条の５第４項が適用されるという整理になる。したがって、別表８(1)の記載は不要である。この場合は、所得税の源泉徴収も不要である（所法24条１項）。

事例　100％子法人の解散・清算と現物分配

前提条件

当社（甲社）の100％子法人（乙社）を解散した。子法人が所有している土地を売却処分しないで、残余財産として残したうえで、残余財産の確定後に当該土地を残余財産の分配として当社に移転しようと考えている[79]。当社と子法人との間には完全支配関係があるので、税務上の適

79　残余財産の分配を現物資産により行う場合、税務上の現物分配に該当する。すなわち、税務上「現物分配」は、法人（公益法人等および人格のない社団等を除く）が剰余金の配当またはみなし配当事由に基づき、株主に対して金銭以外の資産（現物資産）を交付することをいう（法法２条12号の６）。みなし配当事由として、解散・清算に伴う残余財産の分配、自己株式の取得などが含まれるので、この場合の残余財産の分配は、現物分配に該当する。

格現物分配に該当する[80]。したがって、子法人において譲渡損益は計上されない（法法62条の5第3項)。

この残余財産の分配に係る会計処理と税務処理を示しなさい。

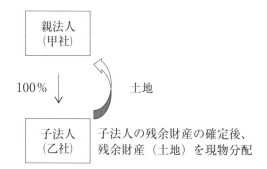

子法人の資産のうちの土地の帳簿価額は6,000、時価は7,000とする。資産（帳簿価額8,000）のうちの土地以外の資産（帳簿価額2,000、時価も同額）はすべて換価処分し、負債の返済に充てた結果、負債は親法人借入金4,000のみになった。また、当社の保有する子法人株式（乙社株式）の帳簿価額は、1,000であった。

80　税務上の適格現物分配の適格要件は、内国法人を現物分配法人とする現物分配のうち、①現物分配法人と被現物分配法人が、現物分配の直前において完全支配関係があり、②現物分配を受ける株主が、完全支配関係がある内国法人（普通法人または協同組合等に限る）のみである、以上の2つの要件を満たすことである（法法2条12号の15)。

乙社の解散時の貸借対照表

資産	8,000	負債 （うち親法人借入金　4,000）	6,000
		資本金	1,000
		利益剰余金	1,000

 資産（帳簿価額2,000）を換価処分した後、負債の返済に充当

乙社の貸借対照表

資産	6,000	負債 （親法人借入金）	4,000
		資本金	1,000
		利益剰余金	1,000

1.　親法人の債権放棄

　親法人は、子法人に対する貸付金（帳簿価額4,000）を債権放棄する。弁済原資があるにもかかわらず債権放棄を行うため、税務上は寄附金に該当すると考えられる。ただし、法人による完全支配関係がある内国法人間で行われる寄附であるため、親法人において寄附金は全額損金不算入とされ、子法人においてはその寄附金に対応する受贈益が全額益金不算入とされる（法法37条2項、25条の2第1項）。親法人においては、会計上債権放棄損を計上するが、別表4で全額加算するので、トータルでみると所得に影響はない。同様に、子法人においては、会計上債務免除益を計上するが、別表4で全額減算するので、トータルでみると所得に影響はない。

　この親法人の債権放棄により、子法人の負債はすべて整理された。一方、子法人の資産は土地のみとなり、この土地を換価処分しないで現物

分配する方針であるので、残余財産は確定する。

乙社の貸借対照表

資産 （土地）	6,000	負債	0
		資本金	1,000
		利益剰余金	5,000

（注）税務上の資本金等の額も1,000、利益積立金額も5,000とする。

2. 残余財産の分配（現物分配）

(1) 会計処理

① 甲社（親法人）の会計処理

土地	6,000	乙社株式	1,000
		子法人清算益	5,000

共通支配下の取引であるため、土地を現物分配直前の帳簿価額6,000で受け入れるが、乙社株式の帳簿価額との差額5,000は子法人清算益として計上することになると考えられる。

② 乙社（子法人）の会計処理

資本金	1,000	土地	6,000
利益剰余金	5,000		

⑵ 税務処理

① 甲社（親法人）の税務処理

現物分配法人株式（乙社株式）に係る譲渡原価を計算する（法令119条の9第1項）。

$$株式の譲渡原価 = \underset{(現物分配法人株式の簿価)}{直前の帳簿価額} \times \frac{交付現物資産の帳簿価額}{前事業年度終了の時の簿価純資産額}$$

$$= 1,000 \times 6,000 / 6,000$$

$$= 1,000$$

ただし、甲社と乙社との間には完全支配関係があるため、譲渡損益は不計上となり（法法61条の2第17項）、資本金等の額の加減算処理となる（法令8条1項22号）。

資本金等の額の減少額および利益積立金額の加算額をそれぞれ次の算式により計算する（法令8条1項22号、9条1項4号）。

適格現物分配の場合は、現物分配法人における現物資産の帳簿価額

資本金等の額の減少額＝

$$\left\{ \begin{array}{c} みなし配当の額 + 譲渡対価の額と \\ みなされる額 \end{array} \right\} - 交付金銭等の額$$

$$(＝株式の譲渡原価)$$

$$= (5,000 + 1,000) - 6,000$$

$$= 0$$

利益積立金額の加算額＝交付を受けた現物資産の交付直前の帳簿価額
　　　　　　　　　　　－その適格現物分配に係る現物分配法人の資本
　　　　　　　　　　　　金等の額のうちその交付の基因となったその
　　　　　　　　　　　　現物分配法人の株式または出資に対応する金
　　　　　　　　　　　　額
　　　　　　　　　＝6,000－1,000
　　　　　　　　　＝5,000

| 土地 | 6,000 | 乙社株式 | 1,000 |
| | | 利益積立金額（みなし配当） | 5,000 |

別表四　所得の金額の計算に関する明細書

区　分	総　額	処　分	
		留　保	社外流出
	①	②	③
当期利益または当期欠損の額			配当
			その他
加算　受取配当金計上漏れ	5,000	5,000	
減算　子法人清算益減算	5,000	5,000	
適格現物分配に係る益金不算入額	5,000		5,000

　会計上、子法人清算益を5,000計上しているため、別表4で減算する。また、みなし配当の計上漏れを加算（留保）したうえで、同額につ

いて適格現物分配に係る益金不算入額として減算（社外流出）する（法法62条の５第４項）。別表４の減算「適格現物分配に係る益金不算入額」は、受取配当等の益金不算入規定が適用されるのではなく、適格現物分配に係る収益が全額益金不算入となる法人税法62条の５第４項が適用されることによる減算である。したがって、別表８(1)の記載は不要である。

　なお、会計上、清算益を計上していることにより繰越利益剰余金が増加しているので、別表５(1)の繰越損益金の増加により、税務上は利益積立金額が5,000増加していることになる。したがって、別表５(1)上に別途増加調整を入れる必要はない。

(3)　乙社（子法人）の税務処理

　資本金等の額の減少額と利益積立金額の減少額をそれぞれ次の算式により計算する（法令８条１項18号、９条１項12号）。

$$\begin{array}{l} \text{資本金等の額の減少額} \\ \text{（減資資本金額）} \end{array} =$$

$$\text{払戻し直前の資本金等の額} \times \frac{\text{現物資産の帳簿価額}}{\text{前事業年度終了の時の簿価純資産額}}$$

$$= 1,000 \times 6,000 / 6,000$$

$$= 1,000$$

$$\text{利益積立金額の減少額} = \text{交付した現物資産の交付直前の帳簿価額} - \text{減資資本金額}$$

$$= 6,000 - 1,000$$

$$= 5,000$$

| 資本金等の額 | 1,000 | / | 土地 | 6,000 |
| 利益積立金額 | 5,000 | / | | |

Ⅴ 株式の譲渡（M&A）の実務

持株会社化した場合、新たな事業分野に進出するために持株会社が株式を取得したり、特定の事業から撤退するためにその事業子会社の株式を売却したりする場面が生じ得る。この場合の株式の取得および売却は、M&Aと同様の実態になり、その場合の株式の評価が問題となる。

また、中小企業については後継者難が叫ばれて久しいが、後継者が存在しない場合に、その会社の株式を第三者に売却するM&Aが最近増えている。この場合も、同様に、株式の評価が問題となる。次項において、株式の譲渡（M&A）とそのときの株式の評価の問題について解説する。

1. 後継者問題に対する有力な解決策

中小企業においては、後継者の問題が深刻化している。後継者のいない会社については、次の主な選択肢が考えられる。

・M&A
・解散・清算
・番頭に後を継がせる（MBO）

その中でも最も有力な解決策が、M&Aであると考えられる。会社にまだ利益が出ているうちに、他の者に株式を譲渡して経営から退くことで、その会社の創業者も安心して引退できるし、従業員等の雇用の継続も確保できる。また、買手企業の事業との相乗効果等（新たな販路が得られる、新たな仕入ルートが得られる、ブランドの獲得、資金力の獲得、事業所の統合…etc.）により、業績の向上効果が生まれる場合も少なくない。

M&Aの方法としては、株式の譲渡がメインである。他の方法とし

ては、事業譲渡等が用いられる場合もみられる。事業譲渡は簿外債務が買手に承継されないが、合併は被合併法人に簿外債務があったときに合併法人に承継されてしまうという難点がある。合併がＭ＆Ａで用いられるケースは非常に少ない。ただし、事業譲渡を用いた場合、従業員はいったん退職し、再雇用という形になるし、取引先との関係についても取引基本契約を締結し直す必要があるという問題が生じ得る。一方、会社分割を使うと、包括承継となり、資産・負債だけでなく、従業員との雇用契約、取引先との取引基本契約などが、そのまま分割承継法人に引き継がれる。

　また、Ｍ＆Ａの対象となる事業を会社分割で切り分けて、分社化した上で、その会社の株式を譲渡するという方法も使われる場合が多い。

2.　買手をさがす方法

　Ｍ＆Ａの買手をさがす方法としては、Ｍ＆Ａ仲介会社、地方銀行・信用金庫等、会計事務所等に相談する方法が有力である。ただし、経営者が会社を手離そうとしているという情報が漏れると、次のような様々な悪影響が生じるおそれがある。

・取引先が取引を手控える

・仕入先が決済条件を厳しくしてくる

・銀行が融資を貸し渋る

　そこで、Ｍ＆Ａを相談する場合は、最初に秘密保持契約を締結する必要がある。また、銀行等に相談する場合は、Ｍ＆Ａの経験・ノウハウを持ち、Ｍ＆Ａに理解を持っているのかどうかについて慎重に判断する必要があると考えられる。

3.　株価（買収価額）の評価の方法とポイント

　Ｍ＆Ａにおける株価（買収価額）の算定方法としては、「時価純資産＋営業権」、DCF法（収益還元価値法）、それらの折衷法などがあるが、中小企業を買収する場合は、DCF法（収益還元価値法）が用いられる場合は少なく、「時価純資産＋営業権」で株価を算定する方法が用いられる場合が多い。ただし、Ｍ＆Ａの場合、最終的には売手と買手の交渉により売買価格が決定される。「時価純資産＋営業権」で算定された株価は、交渉のたたき台でしかないという点に留意する必要がある。

　中小企業の企業評価は相場のもともとないところにあえて値段を付ける性格のものであり、売手と買手が納得できる一定の根拠を示したうえで、最終的には両者がそれに合意するかどうかという問題である。

　企業評価を専門家に依頼して行われるデューデリジェンスでは、時価純資産の妥当性がチェックされる。例えば、通常の事業活動で使用されている建物等は減価償却後の簿価または不動産鑑定評価で評価される場合が多いが、賃貸不動産はその利回りが問題となるため、不動産鑑定評価で評価すべきと考えられる。また、レストランやドラッグストアなどの店舗については、外装や内装の早期のリニューアルが特に求められるため、法定耐用年数によらない年数で償却（定率法）したとした場合の簿価等を評価する必要があると考えられている。

　また、買収対象企業において、役員退職金を支給することにより、株価を押さえることができ、株式の譲渡所得があまり生じないように対応することが多い。買手にも①役員退職金の損金算入により買収対象企業の納税額が少なくなる、②株式の買受代金が少なくて済むメリットが生じる。

　以下、「時価純資産＋営業権」による方法の評価要素である時価純資産と営業権について、それぞれの評価方法のポイントを解説する。

⑴ 時価純資産の算定

　時価純資産の額を算定するために、まず修正貸借対照表を作成する。修正貸借対照表における勘定科目ごとの算定方法は、次のように考えられる。

修正貸借対照表における勘定科目ごとの算定方法

勘定科目	処分価格の算定方法
現金	現金の保有高（＝帳簿価額）
預金	元本に経過利息を加算した金額。
金銭債権	債権残高から取立不能見込額および取立費用見込額を控除して評価する。貸倒引当金は計上しない。
商品等の棚卸資産	市場価格がある場合は、市場価格から売却に要する費用の見積額を控除した金額。市場価格がない場合は、売却可能価額を見積もり、売却に要する費用の見積額を控除した金額。
有価証券	市場価格のある有価証券は、市場価格から処分費用見込額を控除した金額。市場価格のない有価証券は、売却可能価額を見積もり、処分費用見込額を控除した金額。
前払費用、仮払金	現金回収が見込まれる部分については、未収入金に計上し、それ以外の部分についてはゼロ評価。
土地	近隣の取引事例価額、または、公示価格、路線価格等をもとに売却可能価額を見積もり、処分費用見込額を控除した金額。建物を取り壊して更地として処分する必要があるものについては、取壊費用を見積もり控除した金額。
その他の有形固定資産	処分が可能なものは、処分可能価額から処分費用見込額を控除した金額。

無形固定資産	原則としてゼロ評価。ただし、処分が可能なものは、処分可能価額から処分費用見込額を控除した金額。
繰延資産	原則としてゼロ評価。ただし、税務上の繰延資産で契約解除により現金回収が見込まれる部分については、未収入金を計上する。
未払金	契約解除に伴い違約金を支払うものについては、それを未払金に計上する。
借入金	作成日までの経過利息を未払金に計上する。
未払退職給付	原則として、作成日現在の、会社都合要支給額を計上する。
法人税、住民税および事業税	損益法に基づいて、その事業年度に係る所得を可能な範囲で見積もり、概算計上するものと考えられる。
偶発債務	保証債務等で、債務の履行が確実に見込まれるものについては、履行見込額を未払金に計上する。なお、割引手形については、不渡りとなったときに遡求義務が発生するため、割引手形残高は受取手形（資産）と割引手形(負債)を両建てで表示することが考えられる。

(2)　営業権

　営業権を評価する場合の評価の手法であるが、次のような手法がある。この中でよく用いられるのが、普通純益基準法（年数法）または超過収益基準法（年数法）である。

営業権の評価の各手法

① 相続税法上の営業権

　営業権の価額は、次の算式によって計算した金額によって評価する（財産評価基本通達165）。

　平均利益金額×0.5－標準企業者報酬額－総資産価額×0.05＝超過利益金額

　超過利益金額×営業権の持続年数（原則として、10年）に応ずる基準年利率による複利年金現価率＝営業権の価額

　なお、平均利益金額、標準企業者報酬額および総資産価額については、財産評価基本通達166による。

② DCF法

　将来にわたり生み出すキャッシュ・フローの予測値（見積値）を現在価値に割り引くことにより、事業価値を算出し、そこから時価純資産額を差し引いた差額を営業権として評価する。

③ 営業量基準法

　営業量（例えば売上高、売上数量）に一定の倍数を乗じて算出した金額をもって営業権を評価する。

④ 純益基準法

　法人の純利益を基準として計算する方法

　(i) 普通純益基準法

　　(a) 年数法

　　　平均純益×持続年数

　　(b) 還元法

　　　平均純益／正常利回り率－有形固定資産価額

　(ii) 超過収益基準法

  (a)　年数法

    （平均純益－総資産額×正常利回り率）×持続年数

  (b)　年金法

    超過純益×持続年数の期間に応ずる複利年金現価率

  (c)　還元法

    （平均純益－資本金×正常利回り率）／正常利回り率

(iii)　株式時価基準法

    譲渡法人の資本金×譲渡会社の株価／譲受会社の株価－譲渡会社の資本金

　普通純益基準法とは、「修正後税引前利益」×一定年数で算出される。また、超過収益基準法とは、（平均純益－総資産額×正常利回り率）×一定の年数で算出される。

　「修正後税引前利益」は、会社の本来の収益力を示すために、一定の修正をした後の税引前利益である。一定の修正とは、主に次のようなものである。

修正事項

・役員報酬について過大分または過少分を修正する。

・交際費について、使いすぎや実質役員報酬分を修正する。

・減価償却費について、本来計上すべき額に修正する。

・会社と役員との間で不動産貸借がある場合、適正な地代家賃に修正する。

・一時的な利益、損失は除く。

　この「修正後税引前利益」に営業権の持続年数を乗じて営業権を評価する。営業権の持続年数は、収益性が安定している企業の場合は４年から５年、収益性が安定していない企業の場合は３年程度として算定する場合が多いと考えられる。

超過収益基準法（年数法）の計算例
　「修正後税引前利益」が10,000千円、総資産額が130,000千円、営業権の持続年数が５年の場合

　営業権＝（10,000千円－130,000千円×２％※）×５年＝37,000千円

※正常利回り率については、複利年金現価率を用いる。現在の経済・金融情勢を考慮し、現時点における長期国債利回り０％にリスク・プレミアム２％を加味して２％が妥当と判断している。

Ⅵ 営業の許認可の承継の可否

　Ｍ＆Ａおよび企業組織再編成における営業の許認可の可否について
は、次のとおりである。

(1) 株式の譲渡

　株式の譲渡によるＭ＆Ａの場合、株主が変更されるだけであって、
会社の事業内容や事業活動に影響するものではないため、営業の許認可
はそのまま継続する。許認可事業を行う会社の場合は、株式の譲渡によ
るＭ＆Ａを行うことにより、営業の許認可を再取得しなければならな
いという問題は発生しないで済む。

(2) 事業譲渡

　事業譲渡を用いた場合、従業員はいったん退職し、再雇用という形に
なるし、取引先との関係についても取引基本契約を締結し直す必要があ
るという問題が生じ得る。その点、会社分割を使うと、包括承継とな
り、資産・負債だけでなく、従業員との雇用契約、取引先との取引基本
契約などが、そのまま分割承継法人に引き継がれるので、その問題はク
リアできる。

　また、事業譲渡の場合、営業の許認可は引き継がれないため、再度取
得し直さなければならないという問題が生じ得る。

(3) 合併

　合併における存続会社がもともと許認可事業を行っている場合、合併
後においてもそのまま許認可を維持することができる。一方、消滅会社
が許認可事業を行っていた場合には、消滅会社は合併により消滅するこ

とになるため、消滅会社が有していた許認可を存続会社が引き継ぐことはできない。

　存続会社が合併前に許認可の取得に係る申請をする場合であっても、存続会社が許認可の資格を満たしているのかどうかの確認が必要になる。また、許認可が得られるまで一定の時間がかかるため、スケジュールの調整が必要である。

(4)　会社分割

　会社分割は、事業の種類によって、引き継がれる許認可と引き継がれない許認可がある。その点を確認する必要がある。場合によっては、行政書士等と協力して、行政庁との間で相談・協議等を行うなどの対応が必要である。会社分割の場合、営業の許認可について引き継げる場合もある。

(参考)　会社分割における許認可の承継

　第1に、保険業および登録電気工事事業者については、届出なしに許認可が承継される。

　第2に、飲食店営業、液化石油ガス販売業者、アルコール製造事業者、製造業等特定工場の設置をする者、ばい煙を大気中に排出する施設を設置する者、許可井戸の使用者の地位、理容業、特定貨物自動車運送事業、貨物軽自動車運送事業、自動車分解整備事業者については、届出を行うだけで許認可が承継される。

　第3に、ガス事業、熱供給事業、一般廃棄物処理業、産業廃棄物処理業、ホテル・旅館業、温泉利用の許可を受けた者の地位、一般旅客定期航路事業、一般貨物自動車運送業、一般旅客自動車運送業、信託業は、許認可の承継のために、会社分割に対する所轄官庁の承認を受ける必要

がある。また、キャバレー、パチンコ、遊技場店舗などの風俗営業の許可が必要なものについては、あらかじめ承認が必要である。

　第4に、宅地建物取引業、貸金業、建設業などについては許認可の引継ぎが認められない。引継ぎが認められない事業を会社分割により移転する場合は、承継会社または新設会社が許認可を得てから分割することを検討する必要がある。

第8章

合併か解散かの
選択ポイント

　実務上、合併を用いるか、解散・清算を用いるかの判断を求められる場面が少なくない。それぞれの特性やメリットおよびデメリットを比較考量して、いずれが適切であるかの判断を行うことになる。

Ⅰ　合併のメリット・デメリットと解散のメリット・デメリット

　合併および解散については、それぞれメリット・デメリットがあり、場面によってどちらの方法が適切であるかを判断する必要があると考えられる。

1.　解散・清算のメリット

　次のメリットを享受できると考えられる。

⑴　債務整理が行いやすい

　借入金などの債務を整理する場合、債務免除益による課税がネックになる場合がある。この問題については、清算中に債務免除を受けることにより、清算中に終了する事業年度末の現況において残余財産がないと見込まれる要件を満たすことにより、青色欠損金のほかに期限切れ欠損金を使用することができるため（法法59条4項）、課税が生じないように対応しやすい。

⑵　特定の事業のみの整理

　継続を図る事業のみを会社分割または事業譲渡により移転し、整理したい事業のみを残した会社を解散・清算する方法により、特定の事業のみを整理するという活用が可能である。不採算事業のみをピンポイントで整理する方法として、会社分割が用いられる場合が多い。

⑶　役員の老後の保障

　役員退職慰労金の支給により、役員の引退後の老後の生活が保障される。名実共に引退するため、役員退職慰労金については過大支給であると認定されない限り、全額損金算入される。

⑷　繰越欠損金の引継ぎメリット（100％子法人の解散・清算の場合）

　完全支配関係がある子法人を解散・清算する場合は、完全支配関係がある株主法人に繰越欠損金が引き継がれる（法法57条2項）。業績の良くない100％子法人については、早めに解散・清算することで、傷口を広げない対応も考えられる。

⑸　解散・清算にあたっての債権放棄

　解散・清算するにあたって、親法人の債権を放棄する場合でも、完全支配関係がある場合は、寄附金は全額損金不算入、当該寄附金に対応する受贈益は全額益金不算入とされるため（法法37条2項、25条の2第1項）、実質的に課税関係が生じないように対応できる。子法人の業績が深刻な状態にならないうちに、債務整理を行い、解散・清算するという対応がやりやすい。

2.　解散・清算のデメリット

　次のデメリットが生じる場合がある。

⑴　従業員の再就職

　従業員とその家族が路頭に迷わないようにするために、再就職のあっせんをしなければならない場合がある。それができない場合は、別のグループ会社で再雇用するなどの対応が必要になることもある。

338

(2)　役員退職慰労金の支給の可否

　役員退職慰労金を支給する原資がない場合は、役員の引退後の生活資金を別途確保しておかなければならない。

3.　合併のメリット

　次のメリットを享受できると考えられる。

(1)　繰越欠損金の引継ぎ

　適格合併に該当する場合、原則として被合併法人の繰越欠損金を合併法人に引き継げる。解散・清算のように、完全支配関係がなくても、支配関係（50％超の関係）があれば、他の要件を満たすことにより、引き継げる場合が少なくない。

(2)　債権と債務の整理

　合併法人の債権と被合併法人の債務、または合併法人の債務と被合併法人の債権は、合併によって民法上の混同（民法520条）により消滅する[81]。債権と債務の整理が行いやすい。

(3)　手続の簡便性

　合併においては、被合併法人のあらゆる権利・義務が合併法人に包括的に承継される。被合併法人の資産・負債は個々の移転手続なしに合併法人に包括的に承継されるし、被合併法人の雇用契約や取引先との間の取引基本契約等も合併法人に承継されるため、手続が比較的簡単に済む

---

[81]　民法520条には「債権及び債務が同一人に帰属したときは、その債権は、消滅する。ただし、その債権が第三者の権利の目的であるときは、この限りでない。」と規定されている。

（これと対照的であるのが、事業譲渡である）。

4. 合併のデメリット

次のデメリットが生じる場合がある。

(1) 簿外債務の承継リスク

被合併法人のあらゆる権利・義務が合併法人に包括的に承継されるため、万が一被合併法人に簿外債務があった場合は、それも合併法人に引き継がれる。簿外債務の承継リスクを伴う。

ただし、同一の同族株主グループが支配している法人同士の合併の場合は、同族株主は通常簿外債務があるかどうかの把握ができていると思われる。

(2) 不要な事業や資産の承継

被合併法人のあらゆる権利・義務が合併法人に包括的に承継されるため、不要な事業や資産をも承継してしまうという場合がある。

もっともこの点については、合併前に会社分割や事業譲渡で不要な事業・資産を切り分けておくとか、合併後において不要な事業・資産を整理するという対策はある。

Ⅱ ケースごとの選択

1. 同族会社において後継者がいない場合

　同族会社において後継者が存在せず、かつ、親族等以外の番頭格にも後を継がせる者がいない場合は、解散・清算で会社をたたむか、もしくは第三者にM&Aで経営を承継することが考えられる。

　第三者にM&Aで経営を承継する方法としては、株式の譲渡による方法がメインである。合併は、簿外債務があるときにそれも承継されてしまう難点があるため、第三者が会社を買い取る方法としてはあまり使われない。

　また、第三者が特定の事業だけを承継したいという場面も少なくない。その場合は、会社分割等により特定の事業を切り分け、分社化し、その分社した会社の株式を譲渡するという方法が採られる場合が多い。

　役員借入金をどのように整理するかが重要なポイントとなる場合が多い。役員借入金の整理を伴う場合は、残余財産がない場合は期限切れ欠損金が使えるため、解散・清算を用いる場合が多い。M&Aを行う場合は、M&Aで買い取ってもらう事業を新設法人に移転する会社分割を行ったうえで、新設法人株式を第三者に譲渡する一方で、不採算事業や役員借入金が残った分割法人を解散・清算する方法も考えられる。

事例　解散・清算と役員借入金の整理

前提条件

　甲社は、X1年9月30日に解散決議をした。解散日現在の貸借対照表（継続企業ベース）は、次のとおりである。

貸借対照表（X1年9月30日）　　　（単位：円）

現金及び預金	1,500,000	買掛金	700,000
棚卸資産	600,000	未払金	300,000
売掛金	2,200,000	借入金	30,500,000
建物	4,500,000	資本金	10,000,000
土地	18,000,000	利益剰余金	△14,700,000
資産合計	26,800,000	負債および純資産合計	26,800,000

　売掛金は全額回収し、買掛金および未払金の支払もすべて完了した。その後、建物と土地の売却先も見つかり、合わせて20,000,000円で売却できた（売却損2,500,000円）。

　その後、X2年9月30日に終了する清算事業年度第1期を迎えた。

貸借対照表（X2年9月30日）　　　（単位：円）

現金及び預金	5,500,000	借入金	30,500,000
		純資産	△25,000,000
		資本金	10,000,000
		利益剰余金	△35,000,000
資産合計	5,500,000	負債および純資産合計	5,500,000

損益計算書（X1年10月1日〜X2年9月30日）

棚卸資産処分原価	600,000	棚卸資産処分収入	700,000
固定資産処分原価	22,500,000	固定資産処分収入	20,000,000
給与	12,000,000	当期純損失	22,000,000
旅費交通費	1,200,000		
その他経費	6,000,000		
支払利息	400,000		
合計	42,700,000		42,700,000

342

　清算事業年度第1期の貸借対照表をみると、借入金（オーナーからの借入金）が30,500,000円残っている。債務免除を受ける方法により、清算結了に至らせたい。課税を受けないようにするためには、どのような点がポイントになるか。

ポイント

　借入金はオーナー個人からのものであり、債務免除を受けた時点で清算法人である甲社に債務免除益が30,500,000円発生する。清算費用の支払を行ってもなお現金及び預金の残高が残ると、債務免除後において残余財産が残ることになり、期限切れ欠損金の使用ができなくなり、課税所得が生じる。現金及び預金により可能な限り借入金の一部弁済を行い、一部弁済後に債務免除を受けることにより、残余財産が残らない状態になると考えられる。

　また、本事例の場合は、現金及び預金5,500,000円のうちＸ2年10月1日以後に発生した清算費用3,200,000円に充てた残りの2,300,000円を借入金の一部弁済に充てた。一部弁済後の借入金28,200,000円（30,500,000円－2,300,000円）について債務免除を受け、清算結了に至った。

損益計算書（Ｘ2年10月1日～Ｘ2年12月31日）

給与	1,800,000	債務免除益	28,200,000
旅費交通費	400,000		
その他の経費	1,000,000		
当期純利益	25,000,000		
合計	28,200,000		28,200,000

　債務免除益28,200,000円の影響により、当期純利益が25,000,000円生

じたが、残余財産が残らないことから、期限切れ欠損金の使用が可能であり、課税所得が生じないように対応できた。

　前期から繰り越された欠損金の合計額が、利益積立金額の△35,000,000（会計上の利益剰余金△35,000,000と同額とする）とすると、△35,000,000は青色欠損金と期限切れ欠損金の合計額であることから、青色欠損金でカバーできなくても、期限切れ欠損金を使用することにより、課税所得は発生しないことは明らかである。

2.　不採算会社の整理（完全支配関係がある場合）

　不採算の子法人を解散・清算により整理する場合、親法人による完全支配関係がある場合は、子法人の繰越欠損金の引継ぎができる。

　また、親法人との間に完全支配関係がある子法人を合併により整理する場合も、適格合併に該当し、原則として子法人の繰越欠損金を親法人に引き継げる。

　一方、親法人が子法人に対して貸付金等の債権を有している場合、解散・清算においては寄附金の全額損金不算入、受贈益の全額益金不算入の規定により、実質的な課税関係は生ぜず、合併の場合は債権と債務が混同により消滅するため、いずれも問題ない。

　税務面の影響は、解散・清算の場合と合併の場合で基本的に差がないため、後は経営面への影響であるとか、従業員の雇用確保の問題など、経営的な観点から総合的に判断することになると考えられる。

事例　100％子法人の解散・清算
前提条件

　完全支配関係がある100％子法人を整理することとなった。解散・清算により整理するか、合併により整理するか検討している。子法人は、

含み益のある資産を有する一方において、親法人からの借入金を抱えている。

子法人の貸借対照表

現金及び預金	1,000,000	親法人借入金	35,000,000
土地	10,000,000	資本金	10,000,000
	（時価は30,000,000）	繰越利益剰余金	△34,000,000
合計	11,000,000	合計	11,000,000

Q

この含み益のある土地について課税関係を生じさせないで、親法人に移転したいと考えている。どのような方法が考えられるか。また、子法人の未処理欠損金を親法人に引き継ぐことは可能か。なお、未処理欠損金は15,000,000円であったものとする。

A

(1) 譲渡による移転の場合

子法人の土地を親法人に譲渡した場合、完全支配関係がある内国法人間の関係であるため、譲渡利益額20,000,000円が繰り延べられる（法法61条の11第1項）。ただし、子法人の残余財産が確定すると、親法人と子法人との間の完全支配関係が解消するため、子法人の最後事業年度の所得計算において、譲渡損益の戻入れ対象になり（法法61条の11第3項）、譲渡利益額20,000,000円が認識され、課税が発生する。未処理欠損金額も使い切って、残らないものと考えられる。

(2)　適格現物分配による移転の場合

　第1に、親法人の貸付金を免除する。含み益のある資産（弁済原資となりうる資産）が残っているにもかかわらず、債権放棄を行うため、寄附金に該当するものと考えられる。法人による完全支配関係があるため、寄附金の損金不算入（法法37条2項）、受贈益の益金不算入の規定（法法25条の2）が適用されることにより、親法人にも子法人にも課税関係は生じない[82]。

　第2に、残余財産として残った土地を残余財産の分配（＝税法上の現物分配）により親法人に移転する。完全支配関係のある内国法人間で行われており、株主は完全支配関係のある親法人のみであるため、適格現物分配に該当し（法法2条12号の15）、簿価移転の処理となり、課税関係は生じない（法法62条の5第3項、4項）。また、子法人の未処理欠損金額を親法人に引き継ぐ（法法57条2項）。

　ただし、支配関係継続要件（①残余財産確定の日の翌日の属する親法人の事業年度開始の日の5年前の日、②親法人の設立の日、③子法人の設立の日、以上のうち最も遅い日から残余財産確定の日まで支配関係が継続していること）を満たしているかどうかの確認が必要である。要件を満たしていない場合は、使用制限・引継ぎ制限両方に影響し得る。

(3)　合併による整理の場合

　100％子法人の吸収合併であるため、無対価合併を行うが、適格合併に該当する（法法2条12号の8イ、法令4条の3第2項1号）。土地は、帳簿価額のまま親法人に引き継がれる。また、子法人の未処理欠損

82　親法人においては、会計上債権放棄損を計上するが、別表4で全額加算するので、トータルでみると所得に影響はない。同様に、子法人においては、会計上債務免除益を計上するが、別表4で全額減算するので、トータルでみると所得に影響はない。

金額を親法人に引き継ぐ（法法57条２項）。

　ただし、支配関係継続要件（①親法人の合併事業年度開始の日の５年前の日、②親法人の設立の日、③子法人の設立の日、以上のうち最も遅い日から合併の時まで支配関係が継続していること）を満たしているかどうかの確認が必要である。要件を満たしていない場合は、使用制限・引継ぎ制限両方に影響し得る（法法57条３項、４項）。

3.　不採算会社の整理（完全支配関係がない場合）

　不採算の子法人を解散・清算により整理する場合、親法人による完全支配関係がない場合は、子法人の未処理欠損金額の引継ぎができない。

　子法人を合併により整理する場合は、完全支配関係がなくても、支配関係（50％超の関係）があり、他の適格要件を満たすことにより適格合併に該当する場合は、原則として子法人の未処理欠損金額を親法人に引き継げる。

　一方、親法人が子法人に対して貸付金等の債権を有している場合、解散・清算においては、子法人が資力喪失状態にあり貸倒損失の損金算入要件（法基通９−６−１、９−６−２）を満たすか、または子会社等を整理する場合の損失負担等（法基通９−４−１）を満たす場合でない限り、寄附金の損金不算入、受贈益の益金算入の適用により、課税関係が生じることが考えられる。損金算入要件を満たすケースは通常少ないと思われる。

　一方、合併の場合は、債権と債務が混同により消滅する。

　トータルでみると、合併の方が使い勝手がよい。

4.　関係会社との間の貸付金・借入金がある場合

事例　合併法人と被合併法人との間に債権・債務関係がある場合

前提条件

　同族一族が支配しているＡ社とＢ社との間で、以下の前提条件の下
で、合併を行うことになった。

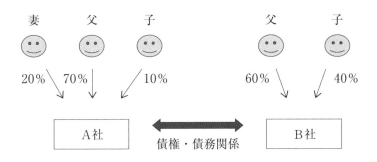

A社貸借対照表（単位：万円）			B社貸借対照表（単位：万円）		
諸資産	2,000	諸負債　1,000	諸資産 2,800	諸負債	2,000
B社貸付金	1,000	資本金　1,000		A社借入金	1,000
		剰余金　1,000		資本金	1,000
				剰余金	△1,200
				（青色欠損金 800あり）	

　Ａ社の父とＢ社の父は同一人物であるため、Ａ社とＢ社との間の関係
は、同一の者との間に完全支配の関係がある法人相互の関係であり、完
全支配関係がある。

　Ｂ社を整理することを検討しているが、解散・清算により整理する
か、Ａ社によるＢ社の吸収合併により整理するかを検討している。

(1) 繰越欠損金の引継ぎの可否

　解散・清算の場合は、A社とB社との間に株式の保有関係はないため、繰越欠損金のA社への引継ぎはない。一方、合併の場合、適格合併に該当する限り、原則としてB社の繰越欠損金はA社に引き継がれる。

(2) 債権・債務の整理について

　合併法人と被合併法人との間において、貸付金と借入金のように、債権・債務関係があった場合に、解散・清算の場合は、清算結了までの間に債権放棄によりその関係を消滅させる必要がある。

　寄附金が全額損金不算入、受贈益が全額益金不算入となるのは、法人による完全支配関係がある場合に限られるため、上記のように同一の者（個人およびその親族等）との間に完全支配関係がある法人相互の関係がある法人間には適用されない。この点、課税関係が生じる。

　一方、合併の場合は、債権と債務が混同により消滅する。

　以上から、この場面においては、合併の方が債権・債務の整理が行いやすい。

＜著者略歴＞

太田達也（おおた　たつや）

【主な経歴】

公認会計士・税理士

昭和34年、東京生まれ。

昭和56年、慶応義塾大学経済学部卒業。第一勧業銀行（現みずほ銀行）
　勤務を経て、

昭和63年、公認会計士第2次試験合格後、太田昭和監査法人（現EY新
　日本有限責任監査法人）入所。

平成4年、公認会計士登録。

　主に上場企業の監査業務を経験した後、現在同監査法人ナレッジ本部
にて会計・税務・法律など幅広い分野の助言・指導を行っている。豊富
な実務経験・知識・情報力を活かし、各種セミナー講師として活躍中。
実務に必須の事項を網羅した実践的な講義には定評がある。

【主な著書】

「改正商法の完全解説」、「『増資・減資の実務』完全解説」、「『役員給与
の実務』完全解説」、「『固定資産の税務・会計』完全解説」、「新会社法
の完全解説」、「『リース取引の会計と税務』完全解説」、「『債権処理の税
務・会計・法務』完全解説」、「『解散・清算の実務』完全解説」、「『純資
産の部』完全解説」、「事業再生の法務と税務」、「合同会社の法務・税務
と活用事例」、「決算・税務申告対策の手引」、「消費税の『軽減税率とイ
ンボイス制度』完全解説」、「『収益認識会計基準と税務』完全解説」、「『自
己株式の実務』完全解説」、週刊「経営財務」、週刊「税務通信」（以上、
税務研究会）、「新会社法と新しいビジネス実務」、「会社法決算のすべ
て」、「会社法決算書作成ハンドブック」、「四半期決算のすべて」（以上、

商事法務）、「不良債権の法務・会計・税務」、「会社分割の法務・会計・税務」、「金融商品の会計と税務」、「四半期決算の会計処理」、「四半期開示の実務」（以上、中央経済社）、「株主総会の財務会計に関する想定問答（共著）」、「例解　金融商品の会計・税務」（以上、清文社）、「減損会計実務のすべて」、「現物分配の法務・税務」（以上、税務経理協会）等、執筆多数。

　本書の内容に関するご質問は、税務研究会ホームページのお問い合わせフォーム（https://www.zeiken.co.jp/contact/request/）よりお願いいたします。なお、個別のご相談は受け付けておりません。

　本書刊行後に追加・修正事項がある場合は、随時、当社のホームページにてお知らせいたします。

同族会社のための「合併・分割」完全解説

平成29年 7 月10日	初版第一刷発行	（著者承認検印省略）
令和 4 年10月 5 日	改訂版第一刷発行	
令和 5 年 8 月30日	改訂版第二刷発行	

Ⓒ　著　者　　太　田　達　也

発行所　　税 務 研 究 会 出 版 局

週刊「税務通信」「経営財務」発行所

代表者　　山　根　　　毅

郵便番号100-0005
東京都千代田区丸の内 1-8-2（鉄鋼ビルディング）

https://www.zeiken.co.jp

乱丁・落丁の場合は，お取替え致します。　　印刷・製本　株式会社　朝陽会

ISBN 978-4-7931-2702-1